“十四五”职业教育国家规划教材

高等职业教育财务会计类富媒体智能型·项目化系列教材

U0791593

会计基本技能

KUAIJI JIBEN JINENG

（第三版）

林迎春　张红玲　主编

东北财经大学出版社
Dongbei University of Finance & Economics Press
大连

图书在版编目（CIP）数据

会计基本技能 / 林迎春，张红玲主编. —3版. —大连：东北财经大学出版社，2023.8（2024.8重印）
（高等职业教育财务会计类富媒体智能型·项目化系列教材）
ISBN 978-7-5654-4908-6

Ⅰ.会…　Ⅱ.①林… ②张…　Ⅲ.会计学-高等职业教育-教材　Ⅳ.F230

中国国家版本馆CIP数据核字（2023）第134276号

东北财经大学出版社出版
（大连市黑石礁尖山街217号　邮政编码　116025）
网　　址：http://www.dufep.cn
读者信箱：dufep@dufe.edu.cn
大连天骄彩色印刷有限公司印刷　东北财经大学出版社发行

幅面尺寸：185mm×260mm　字数：331千字　印张：14.75
2023年8月第3版　2024年8月第2次印刷

责任编辑：王天华　责任校对：惠恩乐
封面设计：原　皓　版式设计：原　皓

定价：39.00元

教学支持　售后服务　联系电话：（0411）84710309

如有印装质量问题，请联系营销部：（0411）84710711

第三版前言

为深入贯彻全国职业教育大会精神，落实《关于推动现代职业教育高质量发展的意见》要求，在职业教育专家的指导下，通过广泛的社会调研，经行业专家与专业教师共同研讨，我们编写了本教材。

本教材全面贯彻党的教育方针，落实立德树人根本任务，以职业技能的形成和职业能力的培养为重点，将培养德智体美劳全面发展的社会主义建设者和接班人与专业知识技能教育内容有机融合，坚持岗课赛证融通，以项目和技能点为中心组织学习内容。在内容的选取上，直接对应岗位需求，重点阐述点钞的具体方法与技巧、会计数字的书写等会计、财政、贸易、金融从业人员基本业务技能，力求做到复杂问题简单化、简单问题容易化、容易问题趣味化。与此同时，为了增强学生的岗位适应能力，本教材适当结合了行业和典型金融机构的规范操作标准，使得技能训练既能够有据可依，又方便测评。

本教材第三版是在第二版的基础上，适应时代发展要求，全面贯彻党的二十大精神和习近平新时代中国特色社会主义思想，坚持为党育人、为国育才，注重提高人才自主培养质量，着力造就拔尖创新人才，在写作内容和选取案例中更加突出中华优秀传统文化创造性转化与创新性发展成果的运用，体现专业内容中蕴含的哲学思想、人文精神、价值理念、道德规范。

本次修订时修改了体例，使层次更加清晰、简洁。本教材共设六个项目，包括会计数字书写技能，人民币鉴别、挑剔和兑换技能，点钞技能，数字录入与计算技能，珠算技能，会计档案的整理与保管技能等。为了提高会计基本技能课程的教学水平，突出技能型人才培养的针对性，本教材在重要技能点中设置了“同步训练”栏目，采用行动导向的教学方法，围绕工作任务，教师在做中教，学生在做中学，真正做到教、学、做合一；在每个项目末增加了“思政园地”“角色演练”“项目小结”“技能考核”板块，并将《中华人民共和国人民币管理条例》等补充阅读材料作为附录，供读者参考。为了帮助读者更好地学习和掌握会计基本技能，编者针对本教材的重点难点内容制作了27个微课，并在书后增加“微课索引”便于读者查找。

本教材由辽宁金融职业学院林迎春教授、张红玲副教授担任主编，辽宁金融职业学院张家鹤讲师担任副主编。辽宁奉达会计师事务所中级会计师李丹，中国建设银行沈阳融汇支行中级会计师、理财师董桂红，辽宁金融职业学院思政教师甘晓娟副教授参与编写。具体编写分工如下：林迎春编写项目一和项目三，董桂红编写项目二，张红玲编写项目四，张家鹤编写项日五，李丹编写项目六，甘晓娟编写思政内容，最后由林迎春总纂定稿。中山职业技术学院思想政治理论课教学部赵红梅教授对本教材的“课程思政融入点”的内容给予指导和帮助。

本教材既适用于高职高专财经商贸类各专业教学，也可作为社会相关从业人员的参考读物。在教材编写过程中，我们参考和借鉴了同行的相关教材，引用了其有关内容和研究成果，得到了有关部门人员、学校领导、专家和老师的大力支持，在此向各位致以诚挚的谢意。

在教材编写过程中，虽然编者尽了最大努力，但由于水平所限，加之时间仓促，疏漏与不足之处在所难免，希望各位同行及使用者批评指正！

编　者

2023年8月

目　录

项目一

会计数字书写技能

【知识点】

1. 中文大写数字的书写规范
2. 阿拉伯数字的书写规范

【技能点】

1. 单据填制
2. 单据审核

【课程思政融入点】

1. 了解阿拉伯数字在我国推广使用的历史。深刻理解“文明因交流而多彩，文明因互鉴而丰富”的深刻内涵，进一步增强文化自信
2. 培养学生严谨治学的学风和追求完美的工作作风。加强对学生的职业素质、职业道德的培养，促使学生养成精益求精、一丝不苟的良好习惯，以应对社会快速发展所带来的更高要求

引言

数字是会计核算中反映计算成果的记录。通常在账、表、凭证上书写的数字主要有两种形式：一种是汉字大写金额数字，主要用于填写收款收据、各种银行结算凭证、现金缴款单、发票等重要原始凭证；另一种是阿拉伯数字，通常用在各种原始凭证、账簿和报表上。数字书写是会计人员应掌握的基本功。重视数字书写，有助于会计人员素质的提高。

任务一 中文大写数字书写技能

一、中文大写数字的书写规范

中文大写数字主要用于支票、发票、传票、合同数据等重要票据。

中文大写数字庄重、笔画繁多、可防止篡改，有利于避免混淆和经济损失。书写时要准确、清晰、工整、美观。如果写错，要标明凭证作废，需要重新填写凭证。

中文大写金额与读数一致，由数字和数位词组成，两者缺一不可。

数字包括：零、壹、贰、叁、肆、伍、陆、柒、捌、玖。

数位词包括：拾、佰、仟、万、亿、元、角、分等。

二、中文大写数字书写的有关规定

（一）大写金额的书写规范

我国的《会计基础工作规范》规定：会计核算以人民币为记账本位币；收支业务以外国货币为主的单位，也可选定某种外国货币作为记账本位币，但是编制的会计报表应当折算为人民币反映。以人民币为记账本位币时，大写金额前若没有印制“人民币”字样，书写时，在大写金额前要冠以“人民币”字样。“人民币”与金额首位数字之间不得留有空隙，“人民币”后不得使用冒号，数字之间更不能留存空格，写数字与读数字的顺序要一致。若为外币，则必须冠外币名称，如美元、欧元、日元等。例如，“￥58.16”写为“人民币伍拾捌元壹角陆分”，“$9 861.00”写为“美元玖仟捌佰陆拾壹元整”。

（二）“整”字的用法

“整”的原始含义是“整数”，现将其作为截止符号在大写金额中使用，防止大写金额被人涂改。中文大写金额数字到“元”或者“角”为止的，在“元”或者“角”之后以“整”字收尾；大写金额数字有“分”的，“分”后面不再写“整”字。“整”字笔画较多，在书写数字时，常常将“整”字写为“正”字。在中文大写金额数字的书写方面，这两个字的作用是一样的。

（三）“零”字的用法

微课

汉字大写数字书写

在我国，小写通常用阿拉伯数字表示，大写数字“零”的写法主要取决于小写数字中“0”出现的位置。

1.数字尾部是“0”

数字尾部是“0”的，不管是一个“0”还是连续几个“0”，汉字大写写到非零数位后，用一个“整（正）”字结尾，不用“零”来表示。例如，“￥8.80”汉字大写金额为“人民币捌元捌角整”。又如，“￥300.00”应写成“人民币叁佰元整”。

2.数字中间是“0”

数字中间是“0”的，汉字大写应按照汉语语言规律、金额数字构成和防止涂改的要求进行书写。主要有以下几种常见情况：

（1）阿拉伯数字金额中间有一个“0”时，中文大写金额要写“零”字。例如，“￥402.67”中文大写金额应写为“人民币肆佰零贰元陆角柒分”。

（2）阿拉伯数字金额中间连续有几个“0”时，中文大写金额可以只写一个“零”字，读时也只读一个“零”。例如，“￥9 008.56”中文大写金额应写为“人民币玖仟零捌元伍角陆分”。

（3）阿拉伯数字金额角位是“0”而分位不是“0”时，中文大写金额“元”字后面应写“零”。例如，“￥749.08”中文大写金额应写为“人民币柒佰肆拾玖元零捌分”。

（4）阿拉伯数字金额元位是“0”，或者数字中间连续有几个“0”、元位也是“0”，但角位不是“0”时，中文大写金额可以写一个“零”，也可以不写“零”。例如，“￥32 560.24”中文大写金额应写为“人民币叁万贰仟伍佰陆拾元贰角肆分”，或者写为“人民币叁万贰仟伍佰陆拾元零贰角肆分”。又如，“￥6 907 321.00”中文大写金额应写为“人民币陆佰玖拾万柒仟叁佰贰拾壹元整”，或者写为“人民币陆佰玖拾万零柒仟叁佰贰拾壹元整”。

（四）“壹”字的用法

“壹拾几”的“壹”字，受口语化“拾几”的影响很容易漏掉。平时口语习惯说“拾几”，但“拾”字在中文大写时只代表数位，不是数字。“壹拾几”的“壹”字，在书写中文大写数字金额时不能遗漏。根据中文大写数字的要求，每笔金额必须由数字和数位词两个要素组成，将“壹”字去掉就意味着带有“壹”字这笔金额出现错误。例如，“￥18.00”中文大写金额应写为“人民币壹拾捌元整”。如果丢掉“壹”字只写“拾捌元整”，这是不正确的，而且容易被涂改。再如，“￥150 000.00”中文大写金额应写为“人民币壹拾伍万元整”。

【请注意】大写数字不能涂改。各种票据和结算凭证的中文大写金额一律不得涂改，如果写错，须作废凭证，重新填写。

（五）票据出票日期的书写规定

票据的出票日期必须使用中文大写。为了防止变造票据的出票日期，在填写月、日时，月为壹、贰和壹拾的，日为壹至玖和壹拾、贰拾、叁拾的，应在其前加“零”；日为拾壹至拾玖的，应在其前加“壹”。例如，“2月16日”应写成“零贰月壹拾陆日”。又如，“10月9日”应写成“零壹拾月零玖日”。现金支票票样如图1–1所示。

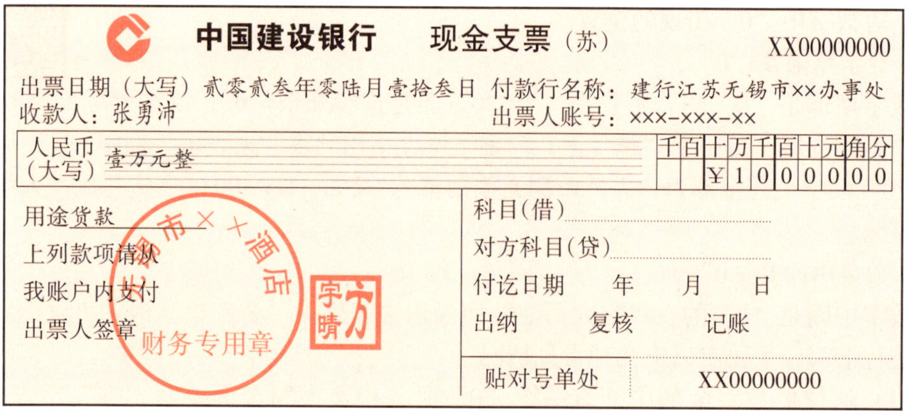
中国建设银行 现金支票（苏） XX00000000
出票日期（大写）贰零贰叁年零陆月壹拾叁日 付款行名称：建行江苏无锡市××办事处
收款人：张勇沛 出票人账号：×××–×××–××
人民币（大写）壹万元整 千 百 十 万 千 百 十 元 角 分 ￥1 0 0 0 0 0 0
用途货款
上列款项请从
我账户内支付
出票人签章
科目(借)
对方科目(贷)
付讫日期 年 月 日
出纳 复核 记账
贴对号单处 XX00000000

图1–1 现金支票票样

【请注意】票据出票日期使用小写填写的，银行不予受理。大写日期未按要求规范填写的，银行可予受理；但由此造成损失的，由出票人自行承担。

三、审查结算凭证中文大写数字的注意事项

各企业及银行在日常业务中填写凭证时，应使用中文大写金额数字。各企业开户单位向银行提交的各种结算凭证及支票，是银行为国民经济各部门及各单位办理资金划拨、现金存取的重要依据，也是记录经济业务和明确经济责任的书面证明。财政部、中国人民银行联合下发通知，规定了凭证的填写方法。银行在审查各种结算凭证时，在大、小写数字金额方面，除了要求准确外，还应注意以下事项：

（1）中文大写数字金额不得自造简化字，但有时书写中使用繁体字（如圆）也可以。

（2）中文大写数字金额到“角”为止，如果在“角”位后未写“整”字的，也可以通融。

（3）票据出票日期使用小写填写或大写日期未按要求规范填写的，银行均不受理。

（4）填写票据和结算凭证时，必须做到标准化、规范化、要素齐全、数字正确、字迹清楚、不错漏、不潦草，并且防止涂改。

（5）各单位在银行结算凭证的大写金额栏内，不得预印固定的“佰、拾、万、仟、佰、拾、元、角、分”字样。

（6）中文大写数字不能用中文小写数字代替，更不能与中文小写数字混合使用。

（7）中文大写数字写错或发现漏记，不能涂改，也不能用划线更正法，必须重新填写凭证。

转账支票的标准填写和记载事项如图1–2所示。

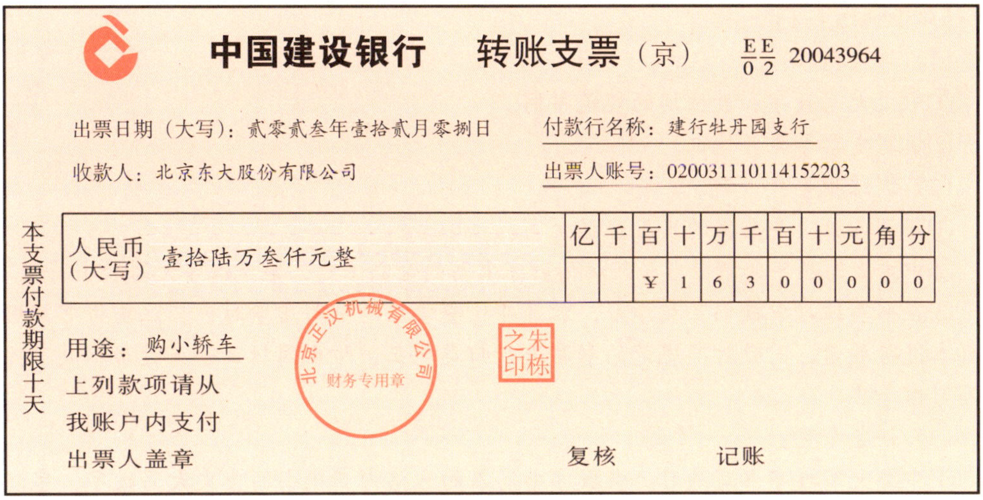
中国建设银行　转账支票（京）　$\frac{EE}{02}$ 20043964

出票日期（大写）：贰零贰叁年壹拾贰月零捌日　付款行名称：建行牡丹园支行

收款人：北京东大股份有限公司　出票人账号：0200311110114152203

本支票付款期限十天

人民币（大写）	壹拾陆万叁仟元整	亿	千	百	十	万	千	百	十	元	角	分
				¥	1	6	3	0	0	0	0	0

用途：购小轿车

上列款项请从

我账户内支付

出票人盖章

北京正汉机械有限公司 财务专用章

朱之栋印

复核　记账

图1-2　转账支票的标准填写和记载事项

【做中学1-1】列举大写金额的6种错误写法，并分析错误原因。

（1）小写金额6 500元。

大写金额的错误写法：人民币：陆仟伍佰元整

大写金额的正确写法：人民币陆仟伍佰元整

错误原因："人民币"后面多加一个冒号。

（2）小写金额3 150.50元。

大写金额的错误写法：人民币叁仟壹佰伍拾零元伍角整

大写金额的正确写法：人民币叁仟壹佰伍拾元零伍角整

错误原因：错写"零"的位置。

（3）小写金额105 000.00元。

大写金额的错误写法：人民币拾万伍仟元整

大写金额的正确写法：人民币壹拾万零伍仟元整

错误原因：漏写"壹"和"零"字。

（4）小写金额60 036 000.00元。

大写金额的错误写法：人民币陆仟万零叁万陆仟元整

大写金额的正确写法：人民币陆仟零叁万陆仟元整

错误原因：多写一个"万"字。

（5）小写金额35 000.96元。

大写金额的错误写法：人民币叁万伍仟零玖角陆分

大写金额的正确写法：人民币叁万伍仟元零玖角陆分

错误原因：漏写一个"元"字。

（6）小写金额150 001.00元。

大写金额的错误写法：人民币壹拾伍万元另壹元整

大写金额的正确写法：人民币壹拾伍万零壹元整

错误原因：将"零"写成"另"，多写一个"元"字。

【同步训练1-1】

（1）训练内容：

①中文大写数字和数位词的规范书写。

②填写支票等会计凭证。

（2）训练指导：

①强调各种重要票据的日期应该大写。

②中文大写数字金额应当与阿拉伯数字书写的金额一致，避免汉字大写和小写混写。

③在书写练习中提倡互相学习，教师在检查学生的书写质量时，应注意将书写规范的样本进行展示，同时对不规范的书写进行归类纠正，防止因纠正不及时而养成不良的书写习惯。

（3）任务布置：

①中文大写数字书写练习。在数字书写本的方格内正确书写中文大写数字，字迹要工整、清晰，字体大小匀称，排列整齐。

②大小写金额书写正误判断。判断表1-1中小写金额及其对应的大写金额，书写和转换是否规范、正确。正确的在“正误”栏打“✓”，错误的在“正误”栏打“×”并改正。

表1-1 大小写金额书写正误判断

题号	小写金额	正误	改正	大写金额	正误	改正
1	￥5 700.35			人民币伍千柒佰元叁角伍分		
2	￥50 006.0—			人民币伍万零陆元整		
3	￥45 600.00			人民币肆万伍仟陆佰元整		
4	￥68 725.40			陆万捌仟柒佰贰拾伍元肆角		
5	31 430.89			叁万壹仟肆佰叁十元零捌角		
6	100.71			人民币壹佰元柒角壹分整		
7	￥206			人民币贰佰零陆元整		
8	￥11.-			人民币拾壹元整		
9	￥150 001.00			人民币拾伍万另壹元整		
10	20.80			人民币贰拾元零捌角整		

任务二　阿拉伯数字书写技能

一、阿拉伯数字的书写要求

任何计算都离不开数字，计算的前提条件、计算过程和结果都是通过数字来表示和反映的。所有财务工作，如填写票据、凭证、账簿及报表时，都要进行数字书写。所以，正确书写阿拉伯数字，既是对一名会计人员的基本要求，也是会计人员基本素质的体现。熟练掌握阿拉伯数字的书写规范，既能提高会计人员的工作质量和效率，又能使信息使用者快速、全面、清晰地了解会计内容。

（一）正确

正确，是指对经济业务发生过程中的数字和文字要准确、完整地记录下来。这是会计书写的基本前提，是最基本的规范要求。只有正确地反映经济业务发生的全过程、内容及结果，书写才有意义。

（二）规范

规范，是指对有关经济活动的记录一定要符合会计法规的规定，符合对财务人员的要求。无论是记账、核算还是编制报表，都要书写规范、文字表述精辟，同时要严格按书写格式书写。

（三）清晰

清晰，是指账目条理清晰，使人一目了然。书写时字迹要清楚、容易辨认，无模糊不清及涂改现象。

（四）整洁

整洁，是指会计凭证、账簿、报表等干净、清洁。横排、竖排整齐分明，书写工整，不潦草，无大小不均、参差不齐等现象。

（五）美观

美观，是指结构安排合理，字迹流畅，字体大方。

微课

阿拉伯数字书写

二、阿拉伯数字的书写规范

阿拉伯数字的书写规范是指要符合手写体的规范要求。

（一）阿拉伯数字的书写格式

在有金额分位格的账表凭证上，主要是在账簿上，阿拉伯数字的书写应结合记账规则的需要，并且有其特定的要求。具体书写格式如图1-3所示。

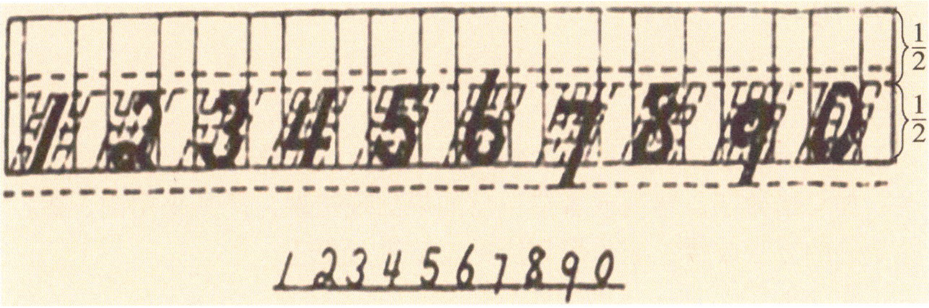

图1-3　阿拉伯数字的书写格式

（二）阿拉伯数字的书写要求

阿拉伯数字的具体书写要求如下：

（1）书写阿拉伯数字时，各数字从左至右，笔画顺序是自上而下、先左后右，并且每个数字的大小一致，数字排列的空隙应保持一定且同等距离，每个字的上下左右要对齐，在印有数位线的凭证、账簿、报表上，每一格只能写一个数字，不能几个数字挤在一个格里，更不能在数字中间留有空格。

（2）书写时，每个数字都应排列有序，并且要有一定的倾斜度。各数字的倾斜度要一致，一般要求上端向右倾斜45°到60°。字形要一致，流利美观。

（3）高度以账表格的1/2为准。每个数字要紧贴底线书写，但上端不可顶格，其高度约占全格的1/2，要为更正错误数字留有余地。

（4）除“7”和“9”上低下半格的1/4、下伸次行上半格的1/4外，其他数字都要靠在底线上；“6”竖上伸至上半格的1/4处；“0”不要有缺口，更不能带尾巴；“4”的顶端不封口。

（5）从最高位起，以后各格必须写完，没有数字用“0”添位。例如，“人民币叁仟贰佰元整”应写成“￥3 200.00”。

（6）会计工作人员要保持个人的独特字体和书写特色，以防止别人模仿或涂改。会计数字书写时，除“4”和“5”以外的数字，必须一笔写成，不能人为地增加数字的笔画。

（7）不要把“0”和“6”、“1”和“7”、“3”和“8”、“7”和“9”的书写混淆。

（8）阿拉伯数字表示的金额为小写金额。书写时，应采用人民币符号“￥”。“￥”是“元”字汉语拼音（yuan）第一个字母缩写的变形，它既代表了人民币的币制，又表示人民币“元”的单位。所以，小写金额前填写人民币符号“￥”以后，数字后面可不写“元”字。需要注意的是：“￥”与数字之间不能留有空格。书写人民币符号时，要注意“￥”与阿拉伯数字的明显区别，不可混淆。在填写会计凭证、登记会计账簿、编制会计报表时，数字必须按数位填入，金额要采用“0”占位到“分”为止。

（9）小写数字书写要采用“三位分节制”计数法。在写阿拉伯数字的整数部分时，可以从小数点向左按照“三位一节”用分位点“,”或空格分开，如8,541,630或8 541 630。分节号手写时用逗号，小数点手写时用一个圆点，两者不能混淆。小数点右侧无论有多少位都不准用分节号。

（10）书写数字的用笔要求。登记账表必须用蓝色或黑色钢笔填写，现金支票要求用碳素笔填写。除复写用铅笔或圆珠笔外，一般不得用铅笔或红笔写数，红笔只能在订正或出现赤字时使用。

三、阿拉伯数字的更正方法

在实际工作中，由于多种因素的影响，在书写凭证、账簿、报表等财务数据时会发生一些错误，如写错数字、错列或者错位。如果出现错误，严禁采用刮、擦、涂改或采用药水消除字迹的方法改错，应采用划线更正法进行更正。

划线更正法如下：

（1）把错误的阿拉伯数字全部划一道红线，表示注销，再重新把正确的阿拉伯数字写在错误数字的上方，而不应该在单个错误数字上面改错，被划线的全部错误数字的字迹必须清晰且可辨认。

（2）更正后，要在错误数字（已划线处）的左端加盖经手人及会计部门负责人印鉴，以示责任。

图1-4为正确的更正方法，图1-5为错误的更正方法。

				经手人	1 ~~1~~	5 ~~5~~	9 ~~3~~	3 ~~9~~	9 ~~9~~	7 ~~7~~ 负责人

图1-4　正确的更正方法

				经手人	1	5	9 ~~3~~	3 ~~9~~	9	7 负责人

图1-5　错误的更正方法

【同步训练1-2】

（1）训练内容：

①将阿拉伯数字1～9规范地书写出来。

②每分钟规范地书写出80个数字以上。

③没有位数分割线的凭证和账表上的阿拉伯数字的书写。

④有位数分割线的凭证和账表上的阿拉伯数字的书写。

（2）训练指导：

①注意字号不要写得过大，高度占账格的1/2。

②在书写练习中提倡互相学习，教师在检查学生的书写质量时，应注意将书写规范的样本进行展示，同时对不规范的书写进行归类纠正，防止因纠正不及时而养成不良的书写习惯。

③强化书写的流利性，以每分钟为记录单位进行速度与质量的综合监督。

（3）任务布置：

①阿拉伯数字书写练习。在数字书写本上规范书写阿拉伯数字，数字大小、斜度要一致，“6”升半格的1/4，“7、9”降半格的1/4。

②按照范例正确填写各行空缺的金额数字（见表1-2）。

表1-2　填写各行空缺的金额数字

会计凭证、账表上的小写金额栏									原始凭证上的大写金额栏
没有数位分割线	有数位分割线								
	十	万	千	百	十	元	角	分	
￥186.50				1	8	6	5	0	人民币壹佰捌拾陆元伍角整
￥68 725.42									
￥910.—									
￥5 556.10									
￥45.70									
￥1 111.55									
￥700.01									
￥30 030.80									

续表

会计凭证、账表上的小写金额栏									原始凭证上的大写金额栏
没有数位分割线	有数位分割线								
	十	万	千	百	十	元	角	分	
¥800.91									
¥10.16									
		8	2	2	1	5	9	7	
			9	0	0	0	4	7	
						1	7	4	
		8	0	3	5	7	0	8	
	8	6	0	1	0	4	0	0	
						4	8	1	
		9	8	0	1	0	0	0	
		3	2	0	1	4	0	7	
		4	6	2	0	9	2	2	
	5	0	1	8	0	6	6	0	
									人民币陆仟叁佰元零伍分
									人民币贰佰伍拾肆元伍角整
									人民币陆万零捌佰元整
									人民币贰万零肆佰肆拾壹元伍角玖分
									人民币叁拾万元零壹分
									人民币壹仟壹佰零陆元零肆分
									人民币贰角整
									人民币壹佰元整
									人民币陆仟零陆元捌角叁分

任务三　单据的填制与审核技能

单据，又称原始凭证，是在经济业务发生时，由业务经办人员直接取得或者填制，用以表明某项经济业务已经发生或说明其完成情况并明确有关经济责任的一种凭证。单据是填制记账凭证或登记账簿的原始依据，是重要的会计核算资料。各单位在经济业务发生时，不但必须取得或者填制单据，还应该将单据及时送交本单位会计机构或专职会计人员，以保证会计核算工作顺利进行。

一、单据填制的内容

单据品种繁多、格式各异，但为了准确反映和充分证明经济业务的发生和完成情况，都必须具备下列基本内容：凭证的名称；填制凭证的日期；填制凭证单位名称或者填制人姓名；经办人员的签名或者盖章；接受凭证单位名称；经济业务内容；数量、单价和金额。

二、单据填制的要求

单据是银行、单位和个人办理支付结算的重要依据，是记载经济业务和明确经济责任的一种书面证明。因此，单据的填制必须保证要素齐全、数字正确、字迹清晰、不错不漏，防止涂改。具体的填制要求如下：

（一）手续完备

从外单位取得的原始凭证，必须盖有填制单位的印章；从个人处取得的原始凭证，必须有填制人员的签名或者盖章。自制原始凭证必须有经办单位负责人或者其指定的人员签名或者盖章。对外开出的原始凭证，必须加盖本单位印章。

（二）记录真实

原始凭证所列的经济业务内容和数字，必须真实可靠，符合实际情况。凡填有大写和小写金额的原始凭证，大写与小写金额必须相符。

（三）内容完整

原始凭证所列的项目必须逐项填列齐全，不得遗漏、省略。

（四）书写规范

会计数字的书写采用规范的手写体书写，数字清晰，符合会计工作的要求，保持个人独特字体和书写特色，以防止别人模仿或涂改。

（五）正确订正

原始凭证有错误的，应由出具单位重开或者订正，订正处应当加盖出具单位印章。原始凭证金额有错误的，应当由出具单位重开，不得在原始凭证上订正。

（六）填制及时

各种原始凭证一定要及时填写，并按规定的程序及时送交会计机构、会计人员进行审核，并据以编制记账凭证。

三、单据的填制

（一）支票的填制

1. 支票正联的填制

（1）出票日期：填写支票填开当天的日期。日期必须大写，以防止变造日期。

（2）收款人：填写收款单位或个人的名称。

（3）付款行名称：填写付款单位开户行名称。

（4）出票人账号：填写付款单位在开户行的账号。

（5）金额：大写按要求规范填写。大小写金额一致，并在小写最高位

微课

单据填制与审核

的前一格填写人民币符号“¥”。

（6）用途：填写所付款项的用途。

（7）小写金额下方的空格栏：采用支付密码的，可在此填写支付密码。

（8）出票人签章：应加盖银行预留印章。加盖印章时要用力、清晰。

支票的填制如图1-6所示。

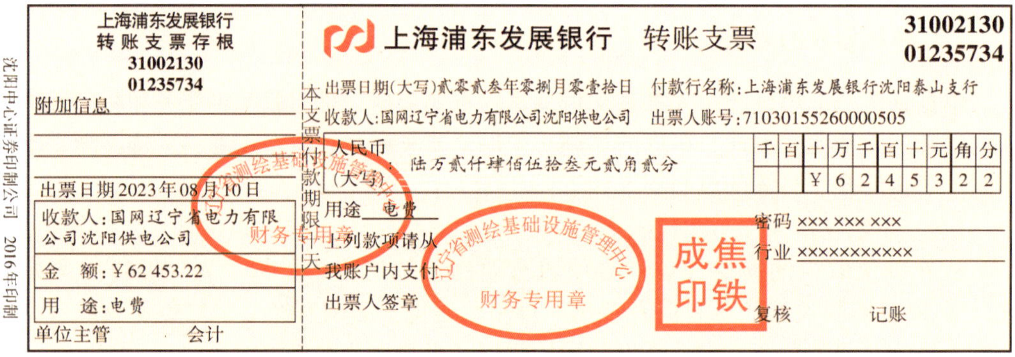

沈阳中心证券印制公司 2016年印制

上海浦东发展银行
转账支票存根
31002130
01235734
附加信息
出票日期2023年08月10日
收款人：国网辽宁省电力有限公司沈阳供电公司
金 额：¥62 453.22
用 途：电费
单位主管 会计

上海浦东发展银行 转账支票 31002130 01235734
本支票付款期限十天
出票日期（大写）贰零贰叁年零捌月零壹拾日 付款行名称：上海浦东发展银行沈阳泰山支行
收款人：国网辽宁省电力有限公司沈阳供电公司 出票人账号：71030155260000505

人民币（大写）	千	百	十	万	千	百	十	元	角	分
陆万贰仟肆佰伍拾叁元贰角贰分			¥	6	2	4	5	3	2	2

用途 电费
上列款项请从
我账户内支付
出票人签章
密码 xxx xxx xxx
行业 xxxxxxxxxxx
复核 记账
辽宁省测绘基础设施管理中心 财务专用章
成焦印铁

图1-6 支票的填制

2.支票存根联的填制

（1）附加信息：与正联背面填写内容相同。

（2）出票日期：用小写填写与正联相同的日期。

（3）收款人：与正联所填内容相同。

（4）金额：用小写填写与正联相同的金额。

（5）用途：与正联所填内容相同。

（6）单位主管、会计：由单位财务负责人、会计签名或盖章。

（二）银行汇票的填制

银行汇票必须记载下列事项：

（1）标明“银行汇票”的字样；

（2）无条件支付的委托；

（3）确定的金额；

（4）申请人名称；

（5）收款人名称；

（6）出票日期；

（7）出票人签章。

银行汇票票样如图1-7所示。

（三）商业汇票的填制

商业汇票必须记载下列事项：

（1）标明“商业承兑汇票”或“银行承兑汇票”字样；

（2）无条件支付的委托；

（3）确定的金额；

（4）出票人名称；

（5）收款人名称；

（6）出票日期；

（7）出票人签章。

上述记载事项缺一不可，否则商业汇票无效。

银行承兑汇票票样如图1-8所示。

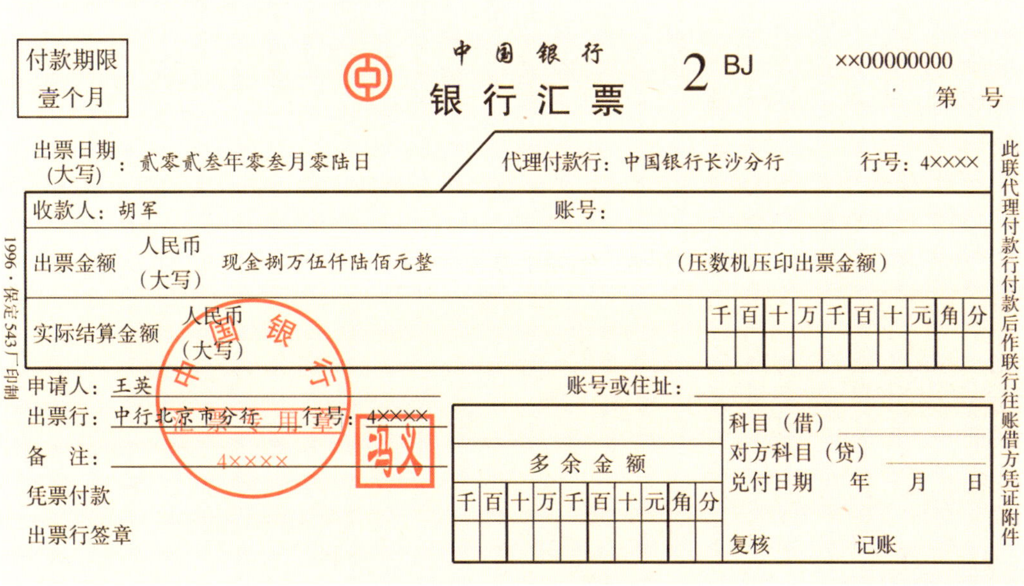
付款期限 壹个月

中国银行

银行汇票

2 BJ ××00000000

第　号

出票日期（大写）：贰零贰叁年零叁月零陆日

代理付款行：中国银行长沙分行　行号：4××××

收款人：胡军　账号：

出票金额　人民币（大写）　现金捌万伍仟陆佰元整　（压数机压印出票金额）

实际结算金额　人民币（大写）

千	百	十	万	千	百	十	元	角	分

申请人：王英　账号或住址：

出票行：中行北京市分行　行号：4××××

备　注：

凭票付款

出票行签章

多余金额

千	百	十	万	千	百	十	元	角	分

科目（借）

对方科目（贷）

兑付日期　年　月　日

复核　记账

此联代理付款行付款后作联行往账借方凭证附件

1996·保定543厂印制

中国银行 汇票专用章 4××××

冯义

图1-7　银行汇票票样

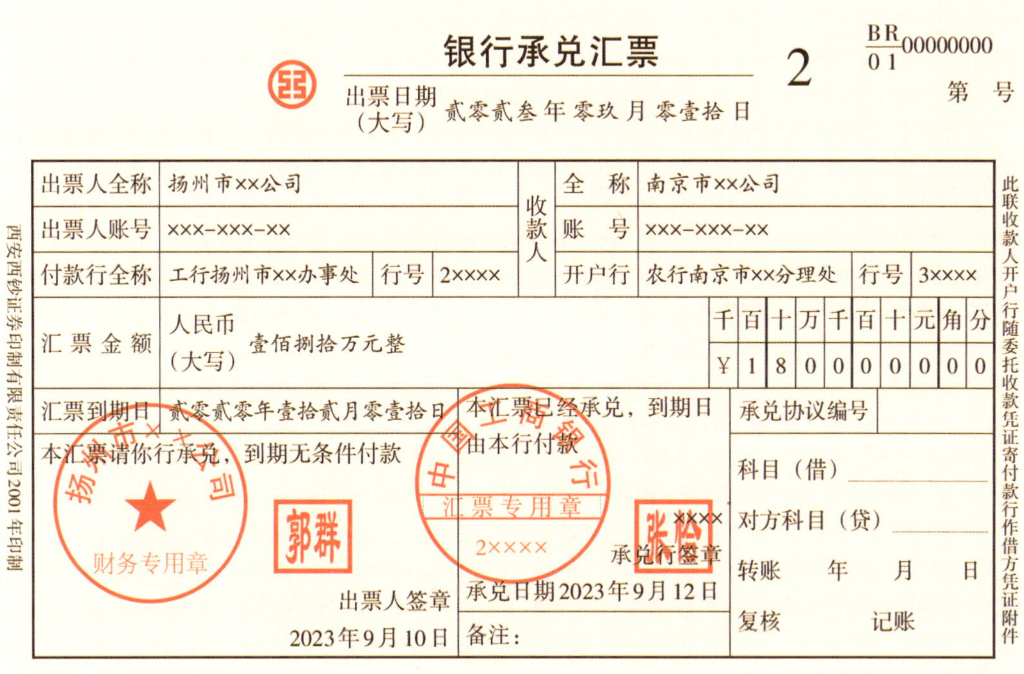
银行承兑汇票

2 BR 01 00000000

第　号

出票日期（大写）贰零贰叁年零玖月零壹拾日

出票人全称	扬州市××公司	收款人	全　称	南京市××公司	
出票人账号	×××-×××-××		账　号	×××-×××-××	
付款行全称	工行扬州市××办事处　行号 2××××		开户行	农行南京市××分理处	行号 3××××

汇票金额　人民币（大写）壹佰捌拾万元整

千	百	十	万	千	百	十	元	角	分
¥	1	8	0	0	0	0	0	0	0

汇票到期日　贰零贰零年壹拾贰月零壹拾日

本汇票请你行承兑，到期无条件付款

出票人签章

2023年9月10日

本汇票已经承兑，到期日由本行付款

承兑行签章

承兑日期2023年9月12日

备注：

承兑协议编号

科目（借）

对方科目（贷）

转账　年　月　日

复核　记账

此联收款人开户行随委托收款凭证寄付款行作借方凭证附件

西安西钞证券印制有限责任公司2001年印制

扬州市××公司 财务专用章

郭群

中国工商银行 汇票专用章 2××××

张××

图1-8　银行承兑汇票票样

【同步训练1-3】

（1）训练内容：

①填写单据和结算凭证。

②填写发票和原始凭证。

（2）训练指导：

①注重强调大写书写规范，正确地填制各种凭证，强化实际操作能力。

②在书写练习中提倡互相学习，教师在检查学生的书写质量时，应注意将书写规范的样本进行展示，同时对不规范的书写进行归类纠正，防止因纠正不及时而养成不良的书写习惯。

（3）任务布置：2023年3月8日，采购科赵永宁出差借款，出纳李小西签发现金支票，到银行提取现金3 000元。

①以赵永宁的名义填写借款单，如图1-9所示。

借款单

年　月　日

借款单位：	
借款理由：	
借款金额：人民币（大写）	¥
本单位负责人意见：	借款人：

会计主管审批：　　付款方式：　　出纳：

图1-9　借款单

②以李小西的名义填写现金支票（如图1-10和图1-11所示），并登记现金支票使用登记簿（见表1-3），由会计主管孙中华审核。

中国建设银行
现金支票存根
07858403
附加信息

出票日期　年　月　日

收款人：	
金　额：	
用　途：	

单位主管　会计

四达实业股份有限公司 财务专用章

中国建设银行　现金支票　07858403

出票日期（大写）　年　月　日　付款行名称：
收款人：　出票人账号：

本支票付款期限十天

人民币（大写）	千	百	十	万	千	百	十	元	角	分

用途
上列款项请从
我账户内支付

出票人签章　复核　记账

四达实业股份有限公司 财务专用章　赵明印

图1-10　现金支票正面

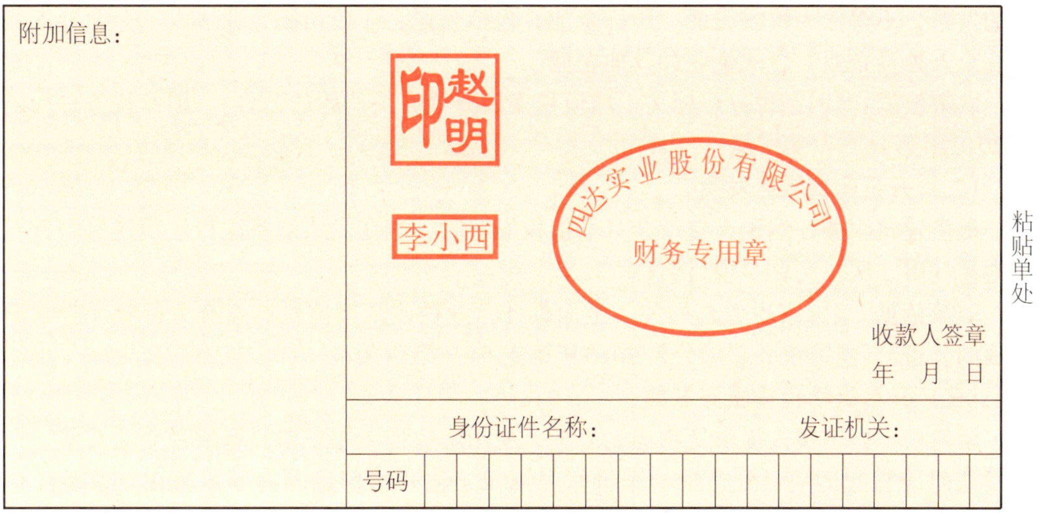
附加信息：

赵明印

李小西

四达实业股份有限公司
财务专用章

收款人签章
年　月　日

身份证件名称：　　　　发证机关：

号码

粘贴单处

图1-11　现金支票背面

表1-3　现金支票使用登记簿

日期	支票号码	收款单位	金额	用途	领用人	核准人
2023年3月8日	07858403	本单位	￥3 000	备用金	李小西	孙中华

③2023年3月10日，赵永宁出差回来，报销完毕，交回余款220元。以李小西名义填写收款收据，如图1-12所示。

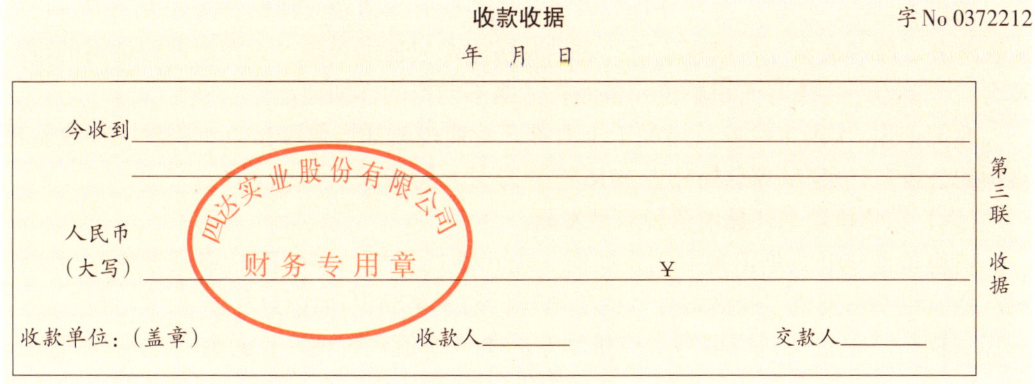
收款收据　　字No 0372212

年　月　日

今收到________

人民币
（大写）________　￥

四达实业股份有限公司
财务专用章

收款单位：（盖章）　　收款人________　　交款人________

第三联　收据

图1-12　收款收据

四、九种常见发票开具注意事项

（一）开具增值税普通发票

自2017年7月1日起，购买方为企业的，销售方为其开具增值税普通发票时，应在购买方“纳税人识别号”栏填写购买方的纳税人识别号或统一社会信用代码。不符合规定的发票，不得作为税收凭证。所称企业，包括公司、非公司制企业法人、企业分支机构、个人独资企业、合伙企业和其他企业。

政策依据：《国家税务总局关于增值税发票开具有关问题的公告》（国家税务总局公告2017年第16号）第一条。

（二）开具建筑服务发票

提供建筑服务，纳税人自行开具增值税发票时，应在发票的备注栏注明建筑服务发生地县（市、区）名称及项目名称。

政策依据：《国家税务总局关于全面推开营业税改征增值税试点有关税收征收管理事项的公告》（国家税务总局公告2016年第23号）第四条。

（三）开具货物运输服务发票

增值税一般纳税人提供货物运输服务，使用增值税专用发票和增值税普通发票，开具发票时应将起运地、到达地、车种车号以及运输货物信息等内容填写在发票备注栏中，如内容较多可另附清单。

政策依据：《国家税务总局关于停止使用货物运输业增值税专用发票有关问题的公告》（国家税务总局公告2015年第99号）第一条。

（四）保险机构开具代收车船税发票

保险机构作为车船税扣缴义务人，在代收车船税并开具增值税发票时，应在增值税发票备注栏中注明代收车船税税款信息。具体包括：保险单号、税款所属期（详细至月）、代收车船税金额、滞纳金金额、金额合计等。

政策依据：《国家税务总局关于保险机构代收车船税开具增值税发票问题的公告》（国家税务总局公告2016年第51号）。

（五）开具销售不动产发票

销售不动产，纳税人自行开具或者税务机关代开增值税发票时，应在发票“货物或应税劳务、服务名称”栏填写不动产名称及房屋产权证书号码（无房屋产权证书的可不填写），“单位”栏填写面积单位，备注栏注明不动产的详细地址。

政策依据：《国家税务总局关于全面推开营业税改征增值税试点有关税收征收管理事项的公告》（国家税务总局公告2016年第23号）第四条。

（六）销售机动车开具增值税专用发票

销售机动车开具增值税专用发票时，应正确选择机动车的商品和服务税收分类编码。增值税专用发票“规格型号”栏应填写机动车车辆识别代号/车架号，“单位”栏应选择“辆”，“单价”栏应填写对应机动车的不含增值税价格。汇总开具增值税专用发票，应通过机动车发票开具模块开具《销售货物或应税劳务、服务清单》，其中的规格型号、单位、单价等栏次也应按照上述增值税专用发票的填写要求填开。

政策依据：《国家税务总局 工业和信息化部 公安部关于发布〈机动车发票使用办法〉的公告》（国家税务总局 工业和信息化部 公安部公告2020年第23号）第八条。

（七）销售机动车开具机动车销售统一发票

销售机动车开具机动车销售统一发票时，应遵循以下规则：

1. 按照“一车一票”原则开具机动车销售统一发票，即一辆机动车只能开具一张机动车销售统一发票，一张机动车销售统一发票只能填写一辆机动车的车辆识别代号/车架号。

2. 机动车销售统一发票的“纳税人识别号/统一社会信用代码/身份证明号码”栏，销售方根据消费者实际情况填写。如消费者需要抵扣增值税，则该栏必须填写消费者的统一社会信用代码或纳税人识别号，如消费者为个人则应填写个人身份证明号码。

政策依据：《国家税务总局 工业和信息化部 公安部关于发布〈机动车发票使用办法〉的公告》（国家税务总局 工业和信息化部 公安部公告2020年第23号）。

（八）开具出租不动产发票

1. 出租不动产，纳税人自行开具或者税务机关代开增值税发票时，应在备注栏注明不动产的详细地址。

2. 个人出租住房适用优惠政策减按1.5%征收，纳税人自行开具或者税务机关代开增值税发票时，通过新系统中征收率减按1.5%征收开票功能，录入含税销售额，系统自动计算税额和不含税金额，发票开具不应与其他应税行为混开。

政策依据：《国家税务总局关于全面推开营业税改征增值税试点有关税收征收管理事项的公告》（国家税务总局公告2016年第23号）第四条。

（九）开具销售预付卡发票

1. 单用途商业预付卡业务发票处理

（1）单用途商业预付卡发卡企业或者售卡企业销售单用途商业预付卡，或者接受单用途商业预付卡持卡人充值取得的预收资金，不缴纳增值税。售卡方可向购卡人、充值人开具增值税普通发票，不得开具增值税专用发票。

（2）持卡人使用单用途商业预付卡购买货物或服务时，货物或者服务的销售方应按照现行规定缴纳增值税，且不得向持卡人开具增值税发票。

（3）销售方与售卡方不是同一个纳税人的，销售方在收到售卡方结算的销售款时，应向售卡方开具增值税普通发票，并在备注栏注明“收到预付卡结算款”，不得开具增值税专用发票。

2. 支付机构预付卡业务发票处理

（1）支付机构销售多用途卡取得的等值人民币资金，或者接受多用途卡持卡人充值取得的充值资金，不缴纳增值税。支付机构可向购卡人、充值人开具增值税普通发票，不得开具增值税专用发票。

（2）持卡人使用多用途卡，向与支付机构签署合作协议的特约商户购买货物或服务，特约商户应按照现行规定缴纳增值税，且不得向持卡人开具增值税发票。

（3）特约商户收到支付机构结算的销售款时，应向支付机构开具增值税普通发票，并在备注栏注明“收到预付卡结算款”，不得开具增值税专用发票。

政策依据：《国家税务总局关于营改增试点若干征管问题的公告》（国家税务总局公告2016年第53号）第四条。

五、常见单据的审核

（一）增值税专用发票的审核

1. 审核凭证名称

外来凭证单据必须有明确的名称，以便于凭证的管理和业务处理。增值税专用发票上必须注明“增值税专用发票”字样。

2. 审核基本要素

在确认增值税发票是税务部门允许使用的专用发票的基础上，根据《会计基础工作规范》的规定，进行其基本要素构成的完备性检查，即审核凭证的名称，凭证填制日期和编号，接受单位名称，经济业务内容，数量、单价和金额，填制凭证单位名称及经办人的签名并盖章等。

3. 审核接受单位名称

审核接受单位名称，即通常所说的“抬头”。审核凭证上“抬头”是否与本单位名称相符，有无添加、涂改的现象。如果不符，应查清为什么在本单位报销，防止把其他单位或私人购物的发票拿来报销。

4. 审核发票号码、开票日期和报销日期

（1）审核同一单位出具的凭证，其号码与日期是否矛盾。如果同一单位出具的凭证较多，可以通过摘要排序发现。例如，某单位开出的14667号发票的日期是2020年9月，而同本中14682号发票的开具日期却为2019年7月，后经审核，该事项严重违纪。

（2）审核凭证开具的日期与报销日期是否异常。一般情况下，上述两者的日期不会间隔太长。如果较长，则要查明原因。

5. 审核填写内容

发票中各项内容填写不规范、不齐全、不正确，涂改现象严重，是虚假原始支出凭证的主要表现。如凭证字迹不清，“开票人”仅填姓氏，不使用国家法定计量单位、随意以“桶”“袋”“车”来度量，或货物名称填写不具体，或胡乱填写其他物品名称。

6. 审核金额

具体检查以下方面：数量乘单价是否等于金额，税额是否等于金额乘以增值税税率，价税合计是否等于金额加税额，分项金额相加是否等于合计数，小写金额是否与大写金额一致，阿拉伯数字是否涂改。

7. 审核是否“阴阳票”

采用增值税专用发票办理结算业务，复写是必不可少的环节。对于背面无复写痕迹的专用发票（通常称“阴阳票”），存在“大头小尾”的可能性，必须查明原因。

8. 审核限额

出于票证管理的需要，有的发票规定最高限额为“千”位，但是开票人却在发票上人为地增添一栏“万”位。发票开票金额不得超过最高限额。

9. 审核经济内容

审核增值税专用发票与填写的经济内容是否一致。

10. 审核印章

主要检查印章是否符合规定。这里所说的印章，是指具有法律效力和特定用途，能够证明单位身份和性质的图章，包括公章、财务专用章、发票专用章、结算专用章等。增值税专用发票需要盖“发票专用章”。虚假发票印章的一般特征表现为：印章本身模糊，或盖章时有意用力不够以致不清晰；不是采用符合规定的发票专用章而是乱盖其他印章，张冠李戴，有的甚至不盖印章。

11. 审核报销手续

重点检查增值税专用发票报销必须经过的程序。例如，采购货物的入库有无经手人、验收人，还必须按单位的审批制度、程序、权限，由相应单位负责人审批。通过上述程序的审核，认定增值税专用发票的真实性、合法性，从而防止虚假和舞弊的发生。

（二）转账支票的审核

收款单位财务人员收到付款单位交来的支票后，应对支票进行审查，以免收进假支票或无效支票。对支票的审核应包括以下内容：

（1）支票填写是否清晰，是否用碳素墨水笔填写。

（2）支票的各项内容是否填写齐全，是否在签发单位盖章处加盖单位印章，大小写金额和收款人有无涂改，其他内容如有改动是否加盖了预留银行印鉴。

（3）支票收款人是否是本单位。

（4）支票大小写金额是否正确，两者是否相符。

（5）支票是否在付款期限内。

（6）背书转让的支票其背书是否正确，是否连续。

收款单位财务人员对受理的转账支票审核无误后，即可填制一式两联进账单，连同支票一并送交其开户银行。

开户银行审核无误后即可在进账单第一联上加盖“转讫”章退回收款单位。收款单位根据盖章退回的进账单第一联编制银行存款收款凭证。

（三）银行汇票的审核

银行汇票是出票银行签发的，由其在见票时按照实际结算金额无条件支付给收款人或者持票人的票据。银行汇票的出票银行为银行汇票的付款人。单位和个人的各种款项结算，均可使用银行汇票。银行汇票具有使用灵活、票随人到、兑现性强等特点，适用于先收款后发货或钱货两清的商品交易。

银行汇票可以用于转账，标明“现金”字样的银行汇票也可以用于支取现金。银行汇票的付款期限为出票日起一个月，超过付款提示期限不付货款的持票人须在票据权利时效内向出票银行作出说明，并提供本人身份证或单位证明，持银行汇票和解讫通知向出票银行请求付款。

对银行汇票的审核应包括以下内容：

（1）日期的写法是否正确。票据的出票日期必须使用中文大写。

（2）收款人名称是否准确。收款人名称应与预留印鉴名称一致，不能多字也不能少字、错字。

（3）大写金额书写是否正确，与小写金额是否一致。

（4）用途是否合理。

（5）正面是否加盖单位预留印鉴，加盖位置是否适当，如是否盖到下面的条码上、是否有重影等。

（6）是否有支付密码（在有圈存器的情况下）。

（7）票面有无涂改。

（8）背面是否加盖单位预留印鉴背书。

（9）是否填写取款人姓名和证件号码。

六、单据审核的要求

为了正确核算和监督各种经济业务事项，保证会计核算资料的真实、正确和合法，凭证单据取得或填制完成以后，财会部门和经办业务有关部门的人员必须对其进行审核，并及时将凭证单据送交会计机构。审核要求如下：

（1）核对外来凭证单据上各个记载事项是否与实际业务相符，对与实际业务不相符的凭证单据，财务人员应该拒绝办理相应的业务。

（2）外来凭证单据上的各项内容应该无遗漏项，尤其是收款单位、付款单位等项目，财务人员对缺项的外来凭证单据应该拒绝受理，并责成有关经办人员负责外来凭证单据的更换。

（3）外来凭证单据同样不能有任何涂改，涂改的外来凭证单据无效，需要开票单位重新开具。财务人员同样不能以涂改后的凭证单据为依据办理相应的业务。

（4）核对外来凭证单据的大、小写金额是否相符，对大、小写金额不相符的外来凭证单据，财务人员应该拒绝办理。

（5）外来凭证单据上是否有开票单位的财务专用章或者发票专用章，印章是否清晰。财务人员对没有开票单位印章的凭证单据，应责成有关人员补盖印章；印章不清晰的，应要求有关人员补盖清晰的印章。

（6）外来凭证单据如果为无碳复写多联的，收据联应该为复写字迹，不能直接用笔书写；如果不是复写字迹，而是直接用笔书写，财务人员应该拒绝办理。

（7）外来凭证单据应该为相关部门认可的正式票据，如税务部门监制的发票、财政部监制的行政事业单位资金往来结算收据等。

（8）对不能取得相关正式发票的，财务人员应该责成相关的业务人员写出正式的书面说明，按照授权管理制度和审批权限，报相关的领导人员进行审批，并在书面说明上签署意见，财务人员按照领导的批示办理相应的业务。

（9）对普通的没有得到认可的单据，财务人员应该拒绝受理，只有取得正式的票据后，才能作为办理财务事项的依据。

（10）相关人员按照公司授权管理等制度的规定，应该在外来的凭证单据后面或者适当的位置签字，包括经办人的签字、领款人的签字、负责人的签字。如为负责人的签字，应该签上“同意”两个字。凡是签字人，在签字的同时，要签署日期。

（11）出纳人员应该在上述审核完毕、凭证单据都合规的情况下支付相应的款项，并加盖“现金付讫”的印章。

思政园地

阿拉伯数字并不是阿拉伯人发明的，而是印度人发明的，实际应该列为印度语言，只是先传播到阿拉伯，然后传向世界的，所以称之为“阿拉伯数字”。3世纪，古印度的一位科学家巴格达发明了阿拉伯数字。最古老的计数目大概至多到3，为了要设想“4”这个数字，就必须把2和2加起来，“5”是2加2加1，“3”这个数字是2加1得来的，大概较晚才出现了用手的五指表示“5”这个数字和用双手的十指表示“10”这个数字。这个原则实际也是数学计算的基础。公元700年，团结在伊斯兰教下的阿拉伯人征服了周围的民族，建立了东起印度、西从非洲到西班牙的撒拉孙大帝国。后来，这个伊斯兰大帝国分裂成东、西两个国家。由于这两个国家的各代君王都重视文化和艺术，所以两国的首都都非常繁荣，而其中特别繁华的是东都——巴格达，西来的希腊文化、东来的印度文化都汇集到了这里。阿拉伯人将这两种文化理解消化，从而创造了独特的阿拉伯文化。大约1400年，阿拉伯人征服了旁遮普地区，他们惊讶地发现：被征服地区的数学比他们先进。后来，阿拉伯人把这种数字传入西班牙。10世纪，又由教皇热尔贝·奥里亚克传到欧洲其他国家。

1202年，意大利出版了一本重要的数学书籍《计算之书》，书中广泛使用了由阿拉伯人改进的印度数字，它标志着新数字在欧洲使用的开始。这本书共分十五章。在第一章开头就写道：“印度的九个数字是‘9、8、7、6、5、4、3、2、1’，用这九个数字以及阿拉伯人叫作‘零’的记号‘0’，任何数都可以表示出来。”14世纪，中国印刷术传到欧洲，更加速了印度数字在欧洲的推广与应用。印度数字逐渐为全欧洲人所采用。西方人接受了经阿拉伯传来的印度数字，忽视了古代印度人，认为是阿拉伯人的功绩，因而称其为阿拉伯数字，这个错误的称呼一直延续至今。

阿拉伯数字传入我国大约是13世纪到14世纪。由于我国古代有一种数字叫“算筹”，写起来比较方便，所以阿拉伯数字当时在我国没有得到及时的推广运用。20世纪初，随着我国对外国数学成就的吸收和引进，阿拉伯数字在我国才开始慢慢使用，因而阿拉伯数字在我国推广使用仅有100多年的历史。如今，阿拉伯数字已成为人们在学习、生活和交往中最常用的数字了。

（资料来源：百度百科）

正确规范流利书写阿拉伯数字是我国会计人员应掌握的基本功。重视会计工作中数字的训练有助于会计人员素质的提高。原始凭证是经济业务事项发生或完成时取得或填制的，是经济业务事项发生或完成的书面证明。在经济活动中，非法取得或填制、伪造或变造原始凭证以骗取收入，会计人员依据不真实的原始凭证进行核算，结果导致一系列的会计信息失真。因此，治理造假，应从原始凭证这一源头抓起。按照《中华人民共和国会计法》和《会计基础工作规范》的要求填制原始凭证，对发生的经济业务事项，必须填制或取得原始凭证并及时送交会计机构，而会计机构、会计人员按国家统一的会计制度的规定对原始凭证进行审核，其中对于完全符合要求的原始凭证，应及时据以编制记账凭证入账；对于真实、不合法的原始凭证，会计机构、会计人员有权不予接受，并向单位负责人报告；对于真实、合法、合理但内容不够完整的、填写有错误的原始凭证，应退回给有关经办人员，由其负责将有关凭证补充完整、更正错误或重开后，再办理正式会计手续。

角色演练

【任务】书写会计数字，填制单据。

【角色】财务会计人员、银行柜员、办公室文员。

【情境】

（1）出纳李玲要办理汇款业务，指导客户填写汇款凭证。

（2）以班级为单位，组织部分同学在教室黑板上写出中文大写数字，再组织同学一起评判书写是否正确；将全班同学分组，给出一些小写数字金额，将这些小写数字金额平分到每个小组，每组同学可以相互讨论，写出相应的中文大写金额，按准确率排名。

（3）准备会计原始凭证，分发给每位同学，并给出该凭证填制所需要的数据、资料，要求学生独立完成填制，从中评出书写最规范、要素填制最齐全的凭证，给予相应的奖励。

（4）以班级为单位，将全班同学分组，组织同学们在数字书写本上书写阿拉伯数字5分钟，然后组与组之间相互交换数字书写本，进行评判，判断数字书写是否规范，评出书写最好的小组给予表扬和奖励。

（5）出纳李玲持转账支票来到银行办理收款入账，指导客户填写进账单，并审核凭证。

项目小结

中文大写数字的书写应注意以下几点：（1）中文大写金额是由数字和数位词两部分组成的，两者缺一不可。（2）中文大写金额栏应冠以货币的名称（如人民币），数字应紧接在“人民币”的后面书写，中间不得留有空格。（3）金额没有角分时，一定加“整”字收尾。（4）“壹拾几”的“壹”字不得漏写。（5）中文大写数字出错，必须重新填写，不能改写数字。

阿拉伯数字的书写应注意以下几点：（1）笔画要自上而下、先左后右。（2）要整体向右倾斜45°到60°。（3）大小一致，“6”可以略高出其他数字1/4，“7”和“9”下端应出底线1/4。（4）“0”不能有缺口。（5）数位对齐。（6）比较大的数字的书写要采用“三位分节制”。（7）阿拉伯数字书写练习时要用钢笔，一个一个写，不能连笔写。

更正错误时采用划线更正法。即使一笔数字中只有一个数字错误，也要将全部数字注销至分位，不允许用涂改、刮擦或挖补的方式更正，更不允许用消字药水。

书写态度必须端正，并且应认真练习，使数字的书写规范化、完整化，做到美观大方，符合经济工作的要求。

技能考核

一、阿拉伯数字书写检测标准

阿拉伯数字书写检测标准见表1-4。

表1-4　阿拉伯数字书写检测标准

项目	工具	时间	数量（个）	等级
阿拉伯数字书写	账页和笔	5分钟	400～450	初级
			451～500	中级
			501以上	高级

二、阿拉伯数字书写考核

要求：10分钟内完成下列各题，根据书写的速度和准确率评定成绩。

（一）数字与财经专用汉字的书写

零	壹	贰	叁	肆	伍	陆	柒	捌	玖	拾	佰	仟	万	亿	整

（二）大小写人民币金额的正确书写

1. 小写：150 796.23　　大写：________________

2. 小写：301 060.25　　大写：________________

3. 大写：肆万零叁佰零陆元零捌分　　小写：________________

4. 大写：玖拾伍万零柒佰元叁角整　　小写：________________

（三）支票的正确填写

填写转账支票（如图1-13所示）。

日期：2023年8月11日

金额：702 910.06元

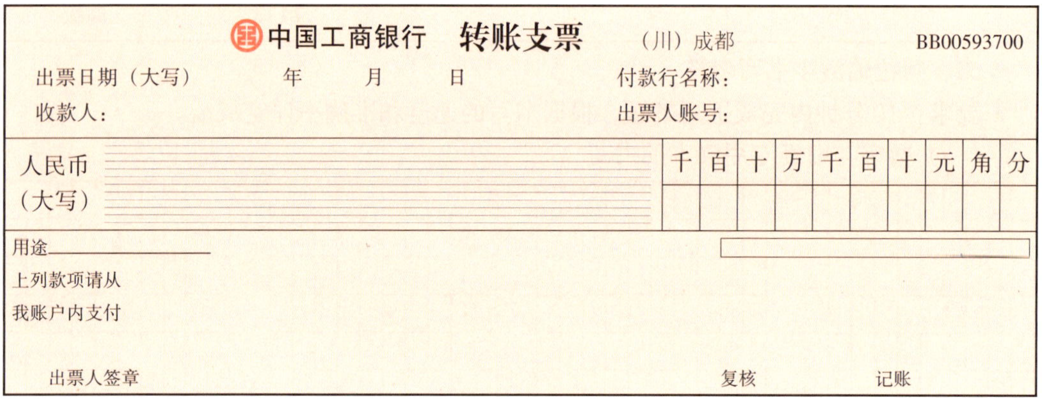

中国工商银行　转账支票　（川）成都　BB00593700

出票日期（大写）　年　月　日　付款行名称：

收款人：　出票人账号：

人民币（大写）	千	百	十	万	千	百	十	元	角	分

用途________

上列款项请从

我账户内支付

出票人签章　复核　记账

图1-13　转账支票

项目二

人民币鉴别、挑剔和兑换技能

【知识点】

1. 了解人民币
2. 第五套人民币的防伪特征
3. 了解假人民币
4. 假币的处理程序

【技能点】

1. 识别假人民币
2. 人民币的挑剔和兑换

【课程思政融入点】

1. 增强法治意识，善于运用法治思维。出纳、银行柜员的工作每日接触大量现金，要知法懂法，能够拒绝利益诱惑，依法遵章办事。塑造良好职业形象。无论业务繁忙与否，在保证工作效率的同时与客户交流都要语气和缓、礼貌，笑容亲切
2. 保持严谨认真的工作态度。在快速办理收、付现金，处理审核凭证和计息时不出任何差错和遗漏。提高应变能力。在办理假币收缴遇到客户情绪过激时，要沉着冷静，运用专业知识、语言技巧，耐心地与客户沟通，安抚客户，解决矛盾

引言

货币被称为一个国家的“名片”。它既是价值尺度、流通手段，又是反映民族文化和精神风貌的艺术品。它是一个国家综合实力的体现，是一国政治、经济、文化、艺术、科技等方面的综合反映。发行新版人民币是我国目前社会稳定、经济发展、文化艺术繁荣、科技进步的有力证明。

虽然各国钞票的文字、形式不同，但归纳起来，不外乎包含以下内容：货币发行机构、货币单位名称、货币券别（面值）、年版、号码、行长章、图案和盲人标记等。

任务一　人民币特征识别技能

一、人民币的发行历史

《中华人民共和国中国人民银行法》第三章第十六条规定：“中华人民共和国的法定货币是人民币。”中国人民银行是国家管理人民币的主管机关，负责人民币的设计、印制和发行。人民币单位为元（圆），简写为“RMB”，以“￥”为代号，国际货币符号为“CNY”（China Yuan）。人民币辅币的单位为角、分。1元等于10角，1角等于10分。中华人民共和国成立后至今，我国共发行了五套人民币。

（一）第一套人民币

1948年12月1日，中国人民银行成立并发行第一套人民币（如图2-1所示），共12种面额62种版别。其中：1元券2种、5元券4种、10元券4种、20元券7种、50元券7种、100元券10种、200元券5种、500元券6种、1 000元券6种、5 000元券5种、10 000元券4种、50 000元券2种。

统一发行人民币是为了迎接全国解放采取的一项重大措施，它清除了国民党政府发行的各种货币，结束了国民党统治下几十年的通货膨胀和中国近百年外币、金银币在市场流通买卖的历史，促进了人民解放战争的全面胜利，在中华人民共和国成立初期的经济恢复时期发挥了重要作用。

（二）第二套人民币

第二套人民币自1955年3月1日起开始发行，同时收回第一套人民币。第二套人民币和第一套人民币的折合比率为1∶10 000。第二套人民币有1分、2分、5分、1角、2角、5角、1元、2元、3元、5元、10元11种面额。其中：1元券2种，5元券2种，1分、2分和5分各有纸币、硬币2种。为了便于流通，自1957年12月1日起发行1分、2分、5分3种硬币，并与纸分币等值流通。1961年3月25日和1962年4月20日分别发行了黑色1元券和棕色5元券，分别对票面图案、花纹进行了调整和更换。由于印刷大面值钞票对技术的要求高，因此，在当时的情况下，3元、5元、10元由苏联代印。

图2-1　第一套人民币

第二套人民币如图2-2所示。

图2-2　第二套人民币

第二套人民币的主题思想明确，印刷工艺先进，主辅结构合理，图案颜色新颖。主景图案集中体现了我国社会主义建设的风貌，表现了中国共产党革命的战斗历程和各族人民大团结的主题思想。在印制工艺上，除了分币外，其他券别全部采用胶凹套印，凹印版是用我国传统的手工雕刻方法制作的，具有独特的民族风格，其优点是版纹深、墨层厚，有较好的反假防伪功能。

（三）第三套人民币

第三套人民币自1962年4月20日起开始发行，有1角、2角、5角、1元、2元、5元、10元7种面额13种版别。其中：1角券别有4种（包括1种硬币），2角、5角、1元券别各有2种（包括1种硬币）。1966年和1967年，我国先后两次对1角纸币进行改版，主要是增加满版水印，调整背面颜色。第三套人民币如图2–3所示。

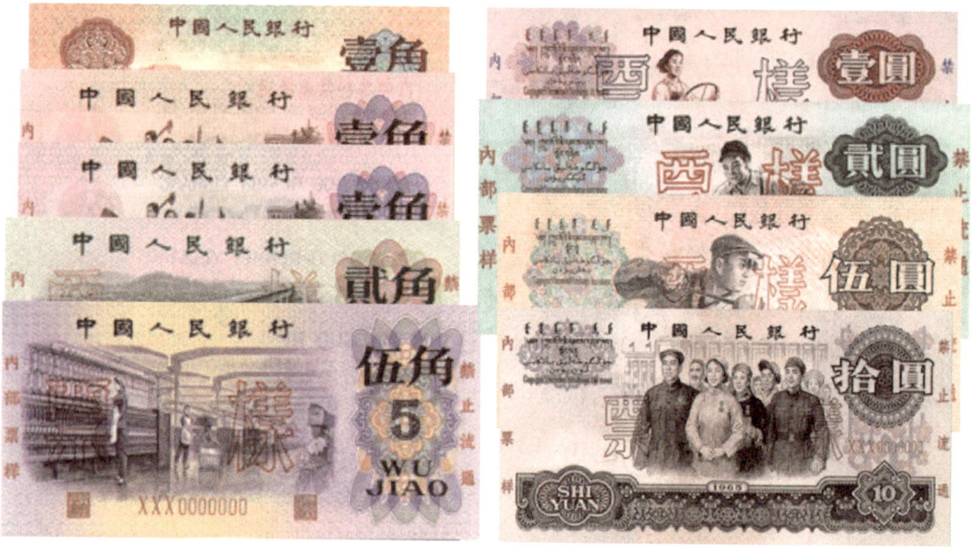

图2–3　第三套人民币

第三套人民币票面设计图案比较集中地反映了当时国民经济以农业为基础、以工业为主导、工农轻重并举的方针。在印刷工艺上，第三套人民币继承和发扬了第二套人民币的技术传统和风格。在制版过程中，第三套人民币精雕细刻，将机器和传统的手工相结合，图案、花纹线条精细，油墨配合合理，色彩新颖明快，票面纸幅较小，图案美观大方。

（四）第四套人民币

为了适应经济发展的需要，进一步健全中国的货币制度，方便流通使用和交易核算，中国人民银行自1987年4月27日起开始发行第四套人民币。第四套人民币有1角、2角、5角、1元、2元、5元、10元、50元、100元9种面额。其中：1角、5角、1元券别有纸币、硬币2种。与第三套人民币相比，第四套人民币增加了50元、100元大额人民币。为了适应反假人民币工作的需要，1992年8月20日发行了改版后的1990年版50元、100元券，增加了安全线。第四套人民币如图2–4所示。

第四套人民币在设计思想、风格和印制工艺上都有了一定的创新和突破。主景图案集中体现了在中国共产党领导下，中国各族人民意气风发、团结一致、建设中国特色社会主义的主题思想。在设计风格上，第四套人民币保持和发扬了中华民族的艺术传统。在印制工艺上，主景全部采用大幅人物头像水印，雕刻工艺复杂；钞票纸分别采用了满版水印和固定人像水印，不仅表现出了线条图景，而且表现出了明暗层次，工艺技术水平很高，进一步提高了中国印钞工艺技术水平和钞票防伪能力。

图2-4 第四套人民币

（五）第五套人民币

第五套人民币自1999年10月1日起在全国陆续发行。第五套人民币有100元、50元、20元、10元、5元、1元、5角和1角8种面额。其中：1角、5角、1元券别各有纸币、硬币2种。第五套人民币根据市场流通的需要，增加了20元面额，取消了2元面额，使面额结构更加合理。

2005年8月31日对第五套人民币进行了一定的改版，被称为2005年版第五套人民币。2015年对100元人民币进行了改版。与第四套人民币相比，第五套人民币的防伪技能由十几种增加到二十几种，主景人像、水印、面额数字均较以前放大，便于识别。第五套人民币如图2-5所示。

第五套人民币继承了中国印制技术的传统经验，借鉴了国外钞票设计的先进技术，在防伪性能和适应货币处理现代化方面有了很大提高。各面额货币正面均采用毛泽东头像，底衬采用中国著名花卉图案，背面主景图案选用有代表性的、富有民族特色的图案，充分体现了中国悠久的历史和壮丽的山河，弘扬了中国的民族文化。

二、第五套人民币的设计特点及票面特征

（一）第五套人民币的设计特点

第五套人民币体现了现代钞票的版面设计，具有以下特点：

第一，改变了原有的边框式设计结构。第一套人民币采用的是封闭式结构，第二、三套人民币采用的是半封闭式结构，第四套人民币采用的是半开放式结构，而到第五套人民币采用的是完全开放式结构，增加了防伪的设计空间。

第二，将国际上先进的计算机辅助设计方法与中国传统手工绘制工艺相结合，既保留了中国钞票的传统设计风格和特点，又具有鲜明的时代特征。

图2-5　第五套人民币

第三，票面简洁、线纹清晰、色彩艳丽。人民币背面选取了我国名胜古迹的图案，充分体现了中华民族深厚的文化底蕴和鲜明的民族特色。

第五套人民币正面及背面如图2-6所示。

图2-6　第五套人民币正面及背面

现代货币（纸币）90%以上采用人物头像，主要是因为公众特别熟悉，具有国家象征意义，有很强的防伪性。第五套人民币的正面即以毛泽东头像为核心图案，如图2-7所示。

图2-7　以人物头像作为人民币正面图案

（二）第五套人民币的票面特征

1. 第五套人民币（纸币）的票面特征

第五套人民币（纸币）的票面特征见表2-1。

表2-1　第五套人民币（纸币）的票面特征

纸币面值			100元	50元	20元	10元	5元	1元
主色调			红色	绿色	棕色	蓝黑色	紫色	橄榄绿
长（mm）			155	150	145	140	135	130
宽（mm）			77	70	70	70	63	63
正面	主景		毛泽东头像					
	左侧	行名	中国人民银行					
		数字	100	50	20	10	5	1
		面额	壹佰圆	伍拾圆	贰拾圆	拾圆	伍圆	壹圆
		图案	椭圆形花卉	花卉				
	左上角		中华人民共和国国徽图案					
	右下角		盲文面额图案					
	正面		横竖　双号码		左下角　双色横号码			
背面	主景		人民大会堂	布达拉宫	桂林山水	长江三峡	东岳泰山	杭州西湖
	右上方：（1）“中国人民银行”的汉语拼音字母 （2）蒙古族、藏族、维吾尔族、壮族四个少数民族文字的“中国人民银行”字样和面额							

2. 第五套人民币（硬币）的票面特征

第五套人民币（硬币）2019年版的票面特征见表2-2。

表2-2　第五套人民币（硬币）2019年版的票面特征

硬币		1元	5角	1角
硬币色泽		镍白色	镍白色	钢白色
直径（mm）		22.5	20.5	19
正面	行名	中国人民银行		
	面额	1元	5角	1角
	汉语拼音字母	YIYUAN	WUJIAO	YIJIAO
	年号	2019		
背面	图案	菊花	荷花	兰花
	行名的汉语拼音字母	ZHONGGUO RENMIN YINHANG		
	材质	钢芯镀镍	钢芯镀镍	不锈钢
	币外缘	圆柱面，印有“RMB”字样	多边形，币外缘为间断丝齿，共有6个丝齿段，每个丝齿段由8个齿距相等的丝齿组成	圆柱面，正面边部增加圆点

三、第五套人民币的防伪特征

第五套人民币运用先进的科学技术，在防伪性和适应货币处理现代化方面有了很大的提高。随着时代的进步，以及反假技术要求的进一步提高，2005年版逐渐取代了1999年版。

（一）2005年版第五套人民币的公众防伪特征

1. 固定人像水印

各券别固定人像水印均位于各票面正面左侧空白处，迎光透视，可以看到立体感很强的水印。100元、50元纸币的固定水印为毛泽东头像图案；20元、10元、5元、1元纸币的固定水印分别为荷花、月季花、水仙花和兰花图案。

2. 安全线

100元、50元、20元、10元、5元纸币票面正面中间偏左，均有一条安全线。100元、50元纸币的安全线，迎光透视，分别可以看到缩微文字“RMB100”和“RMB50”；10元、5元纸币安全线均为开窗式，即安全线局部埋入纸张中，局部裸露在纸面上，开窗部分分别可以看到由缩微字符“￥10”“￥5”组成的图案；20元纸币，迎光透视，则是一条明暗相间的安全线。

3. 光变油墨面额数字

100元、50元纸币票面正面左下方分别印有“100”“50”字样，与票面垂直角度观察分别为绿色和金色，倾斜一定角度则分别变为蓝色和绿色。

4. 白水印

各面额纸币票面正面在双色异型横号码下方，迎光透视，分别可以看到透光性很强的数字白水印。

5. 阴阳互补对印图案

在纸币票面正面人像水印右侧中间有一个圆形局部图案，迎光透视，均可以看到正背图案合并组成一个完整的古钱币图案。

6. 胶印缩微文字

纸币各券别正面或背面胶印图案中，多处均有缩微文字。各券别的缩微文字如下：100元券为“RMB”和“RMB100”；50元券为“50”和“RMB50”；20元券为“RMB20”；10元券为“RMB10”；5元券为“RMB5”；1元券为“人民币”和“RMB1”字样。

7. 雕刻凹版印刷

各券别主景毛泽东头像、中国人民银行行名、国徽、面额数字、盲文面额标记和背面主景图案（20元、1元纸币除外）等均采用雕刻凹版印刷，用手指触摸有明显凹凸感。各券别正面主景均为毛泽东头像，采用手工雕刻凹版印刷工艺，形象逼真、传神，凹凸感强，易于识别。

8. 隐形面额数字

各券别正面右上方均有一个装饰图案，将票面置于与眼睛接近平行的位置，面对光源平面旋转45°或90°，分别可看到面额数字“100”“50”“20”“10”“5”“1”字样。

对照图2-8进行人民币防伪辨识。

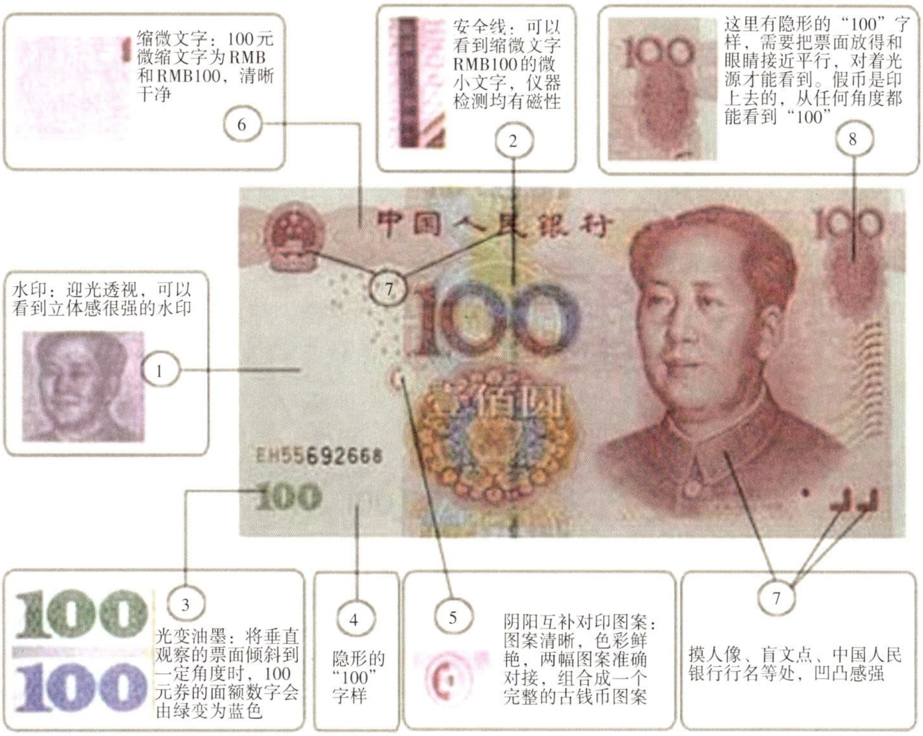

图2-8　人民币公众防伪特征

除图2-8列示的公众防伪特征外，人民币还有凹印手感线、双色异型横号码、胶印接线印刷、凹印接线印刷、凹印缩微文字、无色荧光油墨印刷图案、无色荧光纤维、有色荧光油墨印刷图案、特种标记、磁性号码、专用纸张等防伪特征。

（二）第五套人民币2005年版与1999年版的异同

2005年版第五套人民币保持了1999年版第五套人民币的主图案、主色调和规格，从构成货币的基本要素来说，不是发行一套新的人民币。由于在印制生产工艺、防伪措施方面进行了改进和提高，并将年版号改为“2005年”，因此2005年版第五套人民币是对1999年版第五套人民币的继承、创新和提高。

1.两者的相同点

（1）2005年版第五套人民币的规格、主景图案、主色调、中国人民银行行名、面额数字、花卉图案、国徽、盲文面额标记、民族文字等票面特征，均与1999年版第五套人民币相同。

（2）2005年版第五套人民币100元、50元纸币的固定人像水印、手工雕刻头像、胶印微缩文字、雕刻凹版印刷等防伪特征，均与1999年版第五套人民币50元纸币相同。

（3）2005年版第五套人民币20元纸币的规格、主景图案、主色调、中国人民银行行名、面额数字、花卉图案、国徽、盲文面额标记、民族文字等票面特征，固定花卉水印、手工雕刻头像、胶印微缩文字、双色横号码等防伪特征，均与1999年版第五套人民币20元纸币相同。

（4）2005年版第五套人民币10元、5元纸币的规格、主景图案、主色调、中国人民银行行名、面额数字、花卉图案、国徽、盲文面额标记、民族文字等票面特征，固定花卉水印、白水印、全息磁性开窗安全线、手工雕刻头像、胶印微缩文字、雕刻凹版印刷、双色横号码等防伪特征，均与1999年版第五套人民币5元纸币相同。

2. 两者的不同点

（1）调整了防伪特征布局。2005年版第五套人民币100元、50元纸币的正面左下角胶印对印图案调整到正面主景图案左侧中间处，光变油墨面额数字左移至原胶印对印图案处，背面右下角胶印对印图案调整到背面主景图案右侧中间处。

（2）调整了防伪特征。

① 隐形面额数字。调整了隐形面额数字的观察角度。正面右上方有一个装饰性图案，将票面置于与眼睛接近平行的位置，面对光源做上下倾斜晃动，可以看到面额数字。

② 全息磁性开窗安全线。将原磁性微缩文字安全线改为全息磁性开窗安全线。背面中间偏右，有一条开窗安全线，开窗部分可以看到由微缩字符组成的全息图案，仪器检测有磁性。

③ 双色异形横号码。将原横竖双号码改为双色异形横号码。正面左下角印有双色异形横号码，左侧部分为暗红色，右侧部分为黑色。字符由中间向左右两边逐渐变小。

（3）增加了防伪特征。

① 白水印。2005年版第五套人民币20元纸币，迎光透视，可以看到透光性很强的水印面额数字。

② 凹印手感线。2005年版第五套人民币各券别纸币的正面主景图案右侧，有一组自上而下规则排列的线纹，采用雕刻凹版印刷工艺印制，用手指触摸，有极强的凹凸感。

③ 阴阳互补对印图案。2005年版第五套人民币20元纸币的正面左下角和背面右下角均有一个圆形局部图案，迎光透视，可以看到正面和背面的局部图案合并为一个完整的古钱币图案。

（4）2005年版第五套人民币各券别纸币的背面主景图案下方的面额数字后面，增加了人民币单位元的汉语拼音“YUAN”；年号改为“2005年”。第五套人民币1角硬币的材质由铝合金改为不锈钢。

（5）2005年版第五套人民币取消了各券别纸币纸张中的红蓝彩色纤维。

2005年版第五套人民币100元、50元、20元、10元、5元纸币和1角硬币及其改进说明如图2-9至图2-14所示。

图2-9　2005年版第五套人民币100元纸币

图2-10　2005年版第五套人民币50元纸币

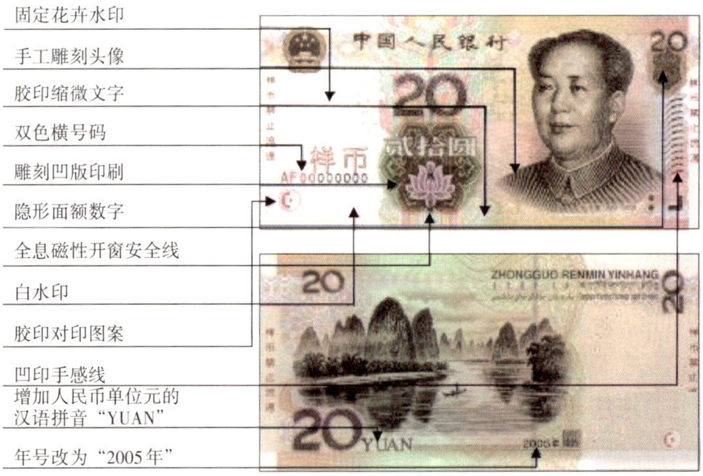

图2-11　2005年版第五套人民币20元纸币

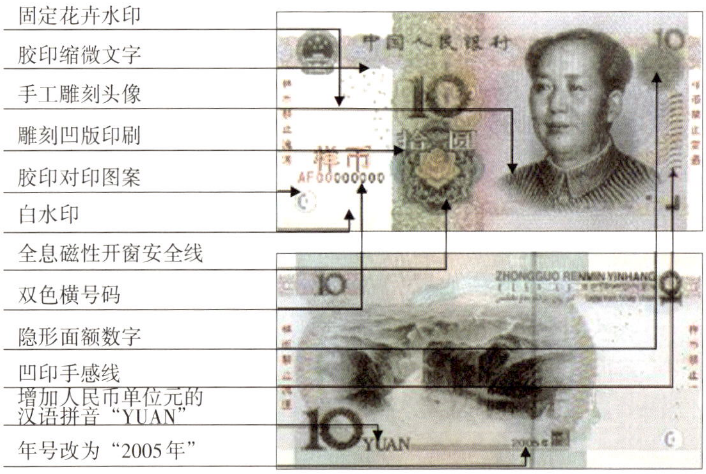

图2-12　2005年版第五套人民币10元纸币

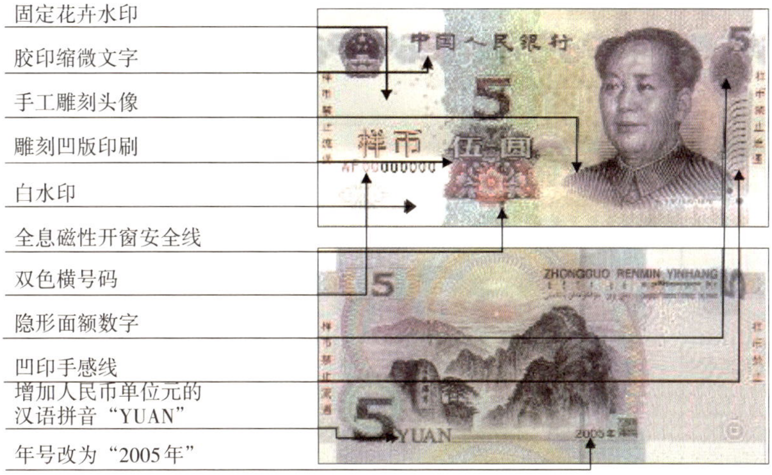

图2-13　2005年版第五套人民币5元纸币

图2-14　2005年版第五套人民币1角硬币

（三）2015年版第五套人民币100元纸币的防伪特征

中国人民银行于2015年11月21日起发行2015年版第五套人民币100元纸币。

微课

第五套人民币及100元纸币票面特征

2015年版第五套人民币100元纸币在保持2005年版第五套人民币100元纸币规格、正背面主图案、主色调、中国人民银行行名、国徽、盲文和汉语拼音行名、民族文字等不变的前提下，对部分图案做了调整，对整体防伪性能进行了提升。2015年版第五套人民币100元纸币发行后，与同面额流通人民币等值流通。2015年版第五套人民币100元纸币及其改进说明如图2-15、图2-16所示。

【同步训练2-1】

（1）训练内容：手持各版本人民币，准确描述其票面全部特征，要求描述准确、特征位置点无偏差。

（2）训练指导：掌握流通人民币的特征，为后续技能的学习与训练提供必备的基础。训练时，对人民币票面特征的识别和描述要进行反复演练。初学时，常常出现描述不到位和特征不全的现象，应多加练习。

（3）任务布置：分别拿出100元、50元、20元、5元、1元纸币，针对公众防伪特征进行训练。

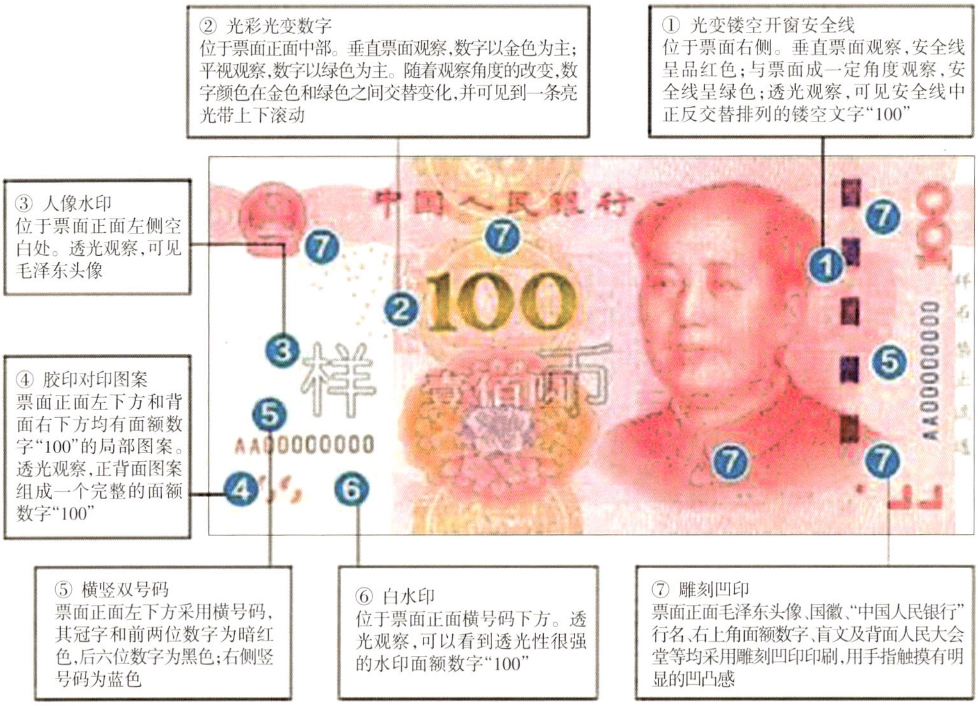

图2-15 2015年版第五套人民币100元纸币

图2-16 2015年版与2005年版第五套人民币100元纸币比较

（四）2019年版第五套人民币的特征

中国人民银行于2019年8月30日发行了2019年版第五套人民币50元、20元、10元、1元纸币和1元、5角、1角硬币。

1. 票面特征

（1）纸币特征。2019年版第五套人民币50元、20元、10元、1元纸币分别保持2005年版第五套人民币50元、20元、10元纸币和1999年版第五套人民币1元纸币规格、主图案、主色调、“中国人民银行”行名、国徽、盲文面额标记、汉语拼音行名、民族文字等要素不变，提高了票面色彩鲜亮度，优化了票面结构层次与效果，提升了整体防伪性能。

①50元纸币。正面中部面额数字调整为光彩光变面额数字“50”；调整装饰团花的样式；左侧增加装饰纹样，调整横号码、胶印对印图案的样式，取消左下角光变油墨面额数字；右侧增加动感光变镂空开窗安全线和竖号码，调整毛泽东头像、右上角面额数字的样式，取消凹印手感线。背面调整主景、面额数字、胶印对印图案的样式，取消全息磁性安全线和右下角局部图案，年号改为“2019年”。

微课

2019年版第五套人民币及50元纸币视频介绍

②20元纸币。正面中部面额数字调整为光彩光变面额数字“20”；调整装饰团花的样式；取消全息磁性安全线；左侧增加装饰纹样，调整横号码、胶印对印图案的样式；右侧增加动感光变镂空开窗安全线和竖号码，调整毛泽东头像、右上角面额数字的样式，取消凹印手感线。背面调整主景、面额数字、胶印对印图案的样式，取消右下角局部图案，年号改为“2019年”。

③10元纸币。正面中部面额数字调整为光彩光变面额数字“10”；调整装饰团花的样式；取消全息磁性安全线；左侧增加装饰纹样，调整横号码、胶印对印图案的样式；右侧增加动感光变镂空开窗安全线和竖号码，调整毛泽东头像、右上角面额数字的样式，取消凹印手感线。背面调整主景、面额数字、胶印对印图案的样式，取消右下角局部图案，年号改为“2019年”。

④1元纸币。正面中部调整面额数字、装饰团花的样式；左侧增加装饰纹样、面额数字白水印；调整横号码的样式；取消左下角装饰纹样；右侧调整毛泽东头像的样式，取消凹印手感线。背面调整主景、面额数字的样式，取消右下角局部图案，年号改为“2019年”。

（2）硬币特征。2019年版第五套人民币1元、5角、1角硬币分别保持1999年版第五套人民币1元、5角硬币和2005年版第五套人民币1角硬币外形、外缘特征、“中国人民银行”行名、汉语拼音面额、人民币单位、花卉图案、汉语拼音行名等要素不变，调整了正面面额数字的造型，对背面花卉图案适当收缩。

① 1元硬币。直径由25毫米调整为22.25毫米。正面面额数字“1”轮廓线内增加隐形图文“¥”和“1”，边部增加圆点。材质保持不变。

② 5角硬币。材质由钢芯镀铜合金改为钢芯镀镍，色泽由金黄色改为镍白色。正背面内周缘由圆形调整为多边形。直径保持不变。

③ 1角硬币。正面边部增加圆点。直径和材质保持不变。

2.防伪特征

（1）纸币特征。

①50元纸币。

a. 光彩光变面额数字。位于票面正面中部。改变钞票观察角度，面额数字“50”的颜色在绿色和蓝色之间变化，并可见一条亮光带上下滚动。

b. 动感光变镂空开窗安全线。位于票面正面右侧，改变钞票观察角度，安全线颜色在红色和绿色之间变化，亮光带上下滚动。透光观察可见“¥50”。

c. 雕刻凹印。票面正面毛泽东头像、国徽、“中国人民银行”行名、装饰团花、右上角面额数字、盲文面额标记及背面主景等均采用雕刻凹版印刷，触摸有凹凸感。

d. 人像水印。位于票面正面左侧。透光观察，可见毛泽东头像水印。

e. 白水印。位于票面正面左下方。透光观察，可见面额数字“50”。

f. 胶印对印图案。票面正面左下角和背面右下角均有面额数字“50”的局部图案。透光观察，正背面图案组成一个完整的面额数字“50”。

2019年版第五套人民币50元纸币如图2-17所示。

纸币正面

纸币背面

注：①光彩光变面额数字；②动感光变镂空开窗安全线；③雕刻凹印；④人像水印；⑤白水印；⑥胶印对印图案。

图2-17　2019年版第五套人民币50元纸币

②20元纸币。

微课

2019年版第五套人民币及20元纸币视频介绍

a. 光彩光变面额数字。位于票面正面中部。改变钞票观察角度，面额数字“20”的颜色在金色和绿色之间变化，并可见一条亮光带上下滚动。

b. 光变镂空开窗安全线。位于票面正面右侧，改变钞票观察角度，安全线颜色在红色和绿色之间变化，亮光带上下滚动。透光观察可见“￥20”。

c. 雕刻凹印。票面正面毛泽东头像、国徽、“中国人民银行”行名、装饰团花、右上角面额数字、盲文面额标记及背面主景等均采用雕刻凹版印刷，触摸有凹凸感。

d. 花卉水印。位于票面正面左侧。透光观察，可见花卉图案水印。

e. 白水印。位于票面正面左下方。透光观察，可见面额数字“20”。

f. 胶印对印图案。票面正面左下角和背面右下角均有面额数字“20”的局部图案。透光观察，正背面图案组成一个完整的面额数字“20”。

2019年版第五套人民币20元纸币如图2-18所示。

纸币正面

纸币背面

注：①光彩光变面额数字；②光变镂空开窗安全线；③雕刻凹印；④花卉水印；⑤白水印；⑥胶印对印图案。

图2-18　2019年版第五套人民币20元纸币

③10元纸币。

a. 光彩光变面额数字。位于票面正面中部。改变钞票观察角度，面额数字“10”的颜色在绿色和蓝色之间变化，并可见一条亮光带上下滚动。

b. 光变镂空开窗安全线。位于票面正面右侧，改变钞票观察角度，安全线颜色在红色和绿色之间变化。透光观察可见“￥10”。

c. 雕刻凹印。票面正面毛泽东头像、国徽、“中国人民银行”行名、装饰团花、右上角面额数字、盲文面额标记及背面主景等均采用雕刻凹版印刷，触摸有凹凸感。

微课

2019年版第五套人民币及10元纸币视频介绍

d. 花卉水印。位于票面正面左侧。透光观察，可见花卉图案水印。

e. 白水印。位于票面正面左侧下方。透光观察，可见面额数字“10”。

f. 胶印对印图案。票面正面左下角和背面右下角均有面额数字“10”的局部图案。透光观察，正背面图案组成一个完整的面额数字“10”。

2019年版第五套人民币10元纸币如图2-19所示。

纸币正面

纸币背面

注：①光彩光变面额数字；②光变镂空开窗安全线；③雕刻凹印；④花卉水印；⑤白水印；⑥胶印对印图案。

图2-19　2019年版第五套人民币10元纸币

④1元纸币。

微课

2019年版第五套人民币及1元纸币视频介绍

a. 雕刻凹印。票面正面毛泽东头像、国徽、“中国人民银行”行名、装饰团花、右上角面额数字、盲文面额标记等均采用雕刻凹版印刷，触摸有凹凸感。

b. 花卉水印。位于票面正面左侧。透光观察，可见花卉图案水印。

c. 白水印。位于票面正面左侧下方。透光观察，可见面额数字“1”。

2019年版第五套人民币1元纸币如图2-20所示。

纸币正面

纸币背面

注：①雕刻凹印；②花卉水印；③白水印。

图2-20　2019年版第五套人民币1元纸币

微课

2019年版第五套人民币及1元硬币视频介绍

（2）硬币特征。

①1元硬币。

a. 隐形图文。在硬币正面面额数字轮廓内，有一组隐形图文“￥”和“1”。从特定角度可以观察到“￥”，从另一角度可以观察到“1”。

b. 外缘滚字。在硬币外缘的圆柱面，有等距离分布的三组字符“RMB”。

2019年版第五套人民币1元硬币如图2-21所示。

硬币正面　　硬币背面

硬币外缘

注：①隐形图文；②外缘滚字。

图2-21　2019年版第五套人民币1元硬币

②5角硬币。

间断丝齿。在硬币外缘的圆柱面，共有六个丝齿段，每个丝齿段有八个丝齿相等的丝齿。2019年版第五套人民币5角硬币如图2-22所示。

硬币正面　　硬币背面

硬币外缘

注：①间断丝齿。

图2-22　2019年版第五套人民币5角硬币

微课

2019年版第五套人民币及5角硬币视频介绍

微课

2019年版第五套人民币及1角硬币视频介绍

③1角硬币。

正面边部增加圆点，直径和材质保持不变。2019年版第五套人民币1角硬币如图2-23所示。

图2-23 2019年版第五套人民币1角硬币

2019年版第五套人民币50元、20元、10元、1元纸币和1元、5角、1角硬币发行后，与同面额流通人民币等值流通。

任务二 假人民币识别技能

不法分子制造假人民币的手段不断更新，仿真程度也越来越高，已从过去的手工描绘、木版、石版发展到今天的照相印版、机制套印、拓印、彩色复印机复印等手段，这使得假币更加逼真，欺骗性更大。为此，财经类专业人员必须掌握识别真假人民币的基本要领和常识，反复实践，摸索经验，不断提高鉴别假人民币的能力。

一、假人民币的概念

假人民币是指仿照真人民币纸张、图案、水印、安全线等原样，利用各种技术手段非法制作的伪币。假人民币包括伪造币和变造币。伪造币是指仿照真币原样，利用各种手段非法重新仿制的各类假票币。变造币是指在真币基础上或以真币为基本材料，通过挖补、剪接、涂改、揭层等办法，使原币改变数量、形态，实现升值的假货币。

假币的种类包括机制、拓印、复印、照相、描绘、石版、木版、蜡版、油印等。其中，电子扫描分色制版印刷的机制假币数量最多，伪造水平最高，危害性最大。

机制假币是指采用电子扫描分色机或照相机进行分色制版，并通过自动、半自动、大中小型印刷机印制而成的假币。其主要特征是：纸张以草浆为主，纸面平滑，纸质无挺度，在紫外线的照射下有荧光反应；水印加盖在纸张的表面，在紫外线的照射下，水印图案清晰可见；油墨灰暗无光泽；线条、花纹图案多为点状结构，接线出现重叠或断裂。现今，机制假币约占假币总量的98%，它已成为当前反假人民币斗争中首要打击的对象。图2-24为已经发现的机制假币示例。

图2-24　已经发现的机制假币示例

变造假币是将真人民币通过拼凑、揭页、涂改等手法，使之升值的假币，这类假币占发现假币总数的1%。图2-25为已经发现的变造假币示例。

图2-25 已经发现的变造假币示例

二、第五套人民币假币的特点

（一）伪造固定人像、花卉水印

一种是在纸张夹层中涂上白色浆料，迎光透视，水印所在位置的纸张明显偏厚；另一种是在票面的正面、背面或正背面同时使用无色或淡黄色油墨印刷类似水印的图案，该图案无须迎光透视也清晰可见，立体感较差。

（二）伪造安全线

第一种是在钞票表面用深色油墨印刷一个线条来伪造全埋式安全线。

第二种是在纸张夹层中放置金属或聚酶类线状物来伪造全埋式安全线，该线状物与纸张结合较差，极易抽出。线上的缩微文字也较为粗糙。

第三种是使用双层纸张。在正面的纸张上，对应开窗位置流出断口，用以伪造全息开窗安全线，这种伪造的安全线与纸张结合较差，线表面无全息图案。

第四种是用银色金属油墨间断地印刷在纸张表面，或采用烫金的方式在纸张表面间断地烫上金属膜来伪造全息开窗安全线。

（三）伪造雕刻凹版印刷图案

假人民币的正面主景图案大多由细点或实线条组成，图案颜色不正，缺乏层次，明暗过渡不自然。特别是人像图案目光无神，发丝线条模糊，无凹凸感。但是，目前也发现有一部分假币在凹印图案部位涂抹胶水或压痕来模仿凹印效果。

（四）伪造隐形面额数字

假人民币的隐形面额数字是使用无色油墨印刷而成的，图文线条与真币差别较大，即使从与票面垂直的角度观察也可以看见。

（五）伪造胶印、凹印缩微文字

在放大镜下观察，假人民币的缩微文字模糊不清或文字不全。

（六）伪造光变油墨面额数字

一种用普通单色油墨平版印刷，无真币特有的颜色变换特征，用手触摸无凹凸感；另一种是使用珠光油墨印刷，其变色特征与真币有明显区别。如新版100元假币，使用绿色珠光油墨伪造光变面额数字，虽有一定的光泽，但其线条粗糙，只有绿色珠光效应，无变色效果。

（七）伪造有色、无色荧光图案

在紫外光下观察，假人民币要么是无色荧光图案，要么颜色及亮度与真币有一定差别。

微课

人民币假币的识别

三、识别假人民币

识别假人民币主要采取以下方法（以50元和100元为例）：

（一）眼看

一看水印。迎光透视钞票，如果看到图像清晰、层次分明、立体浮雕感强的水印，则是真币；如果透视无此效果，或不迎光透视也能看到“水印”，则是假币。如果钞票使用久了，水印部位出现污迹轮廓，而又有透视效果的，则是真币。人像水印和白水印如图2-26所示。

图2-26　人像水印和白水印

二看胶印对印图案。票面正面左下方和背面右下方均有面额数字“100”的局部图案。迎光观察，正背面组成一个完整的面额数字“100”。面额数字“100”的局部图案如图2-27所示。

图2-27　面额数字“100”的局部图案

三看纸质。如果钞票纸表面光洁、细腻挺括，则是真币；如果纸质绵软，表面不够平整且能看出纸纤维的，则是假币。

四看图案、图像。看钞票正面和背面的图案、图像等的结构和表现，以及它们的色彩、色调，与真币进行比较，观察有无差异。

【提示】人民币的图案颜色协调，图案、图像层次丰富，富有立体感，人物形象表情传神，色调柔和亮丽；票面中的水印立体感强，层次分明，灰度清晰；安全线牢固地与纸张黏合在一起，并有特殊的防伪标记；阴阳互补对印图案完整、精确；各种线条粗细均匀，直线、斜线、波纹线明晰、光洁。

【同步训练2-2】

（1）训练内容：直观式检验法识别假币，反复进行“十看”能力的培养。一看颜色，二看水印，三看人像，四看安全线，五看缩微文字，六看红蓝彩色纤维，七看隐形面额数字，八看光变油墨面额数字，九看阴阳互补对印，十看横竖双号码（异型号码）。

（2）训练指导：直观式检验法应用性很强，并且快速易行，训练中对人民币的“十看”技术要进行反复演练。初学时常常对假币有似像非像的感觉，应指导学生多看，也可以借助仪器确认人民币真伪。

（3）任务布置：

①对不同面值的人民币进行看的防伪反假训练。

②同学之间互相检查并考核“十看”的直观式检查法。

③把若干张真钞和假钞混放在一起，看看谁能快速找出假钞。

（二）手摸

一摸雕版凹印。用手触摸票面雕版凹印部位的毛泽东头像、国徽、“中国人民银行”行名、右上角面额数字及背面的人民大会堂等主景图案，如有凹凸感觉，则是真币；如无此感觉，则是假币。雕刻凹版印刷如图2-28所示。

正面

图2-28 雕刻凹版印刷

二摸盲文点。用手触摸盲文点，如有凹凸的感觉，且盲文点的个数和排列形状与人民币一致，则是真币；否则是假币。

三摸安全线。用手轻轻抚摸安全线的部位，如有微凸的感觉，则是真币；无此感觉，则是假币。

【提示】依靠手指触摸钞票的感觉来分辨人民币的真伪。人民币是采用特种原料，由专用抄造设备抄制的印钞专用纸张机印制，其手感光滑，厚薄均匀，坚挺有韧性，票面上的行名、盲文、国徽和主景图案一般采用凹版印刷工艺，用手轻轻触摸，有凹凸感，手感与摸普通纸感觉不一样。

【同步训练2-3】

（1）训练内容：

①整体触摸训练：对钞票的整体进行触摸，感觉钞票的质地，包括三个方面的感觉：一是光滑度；二是厚薄均匀度；三是坚挺韧性。

②重点部位触摸训练：行名、盲文、国徽和主景图案的触摸，感觉凹凸感。

（2）训练指导：触摸训练凭的是手感，对于这项技术的掌握，可以考虑在训练中分两步走。

第一步，看摸结合，边摸边看。

第二步，闭眼摸。触摸时双眼闭上，注意力全部集中在手指上，边摸边感觉。同时，训练中可以结合配备的验钞机，反复摸、试、看，也提倡同学间相互交流，共同提高对假币的鉴别能力。

（3）任务布置：

①让学生准备2005年版各种面值的纸质人民币各1张，对不同面值的人民币进行触摸防伪反假训练。

②同学之间互相检查是否熟练掌握人民币识别方法。

（三）耳听

通过抖动使钞票发出响声，根据声音来判断人民币的真假。人民币是用专用特制纸张印制而成的，主要成分为棉短绒和高质量木浆，具有耐磨、韧性强、挺括、不易折断，以及抖动时声音响脆等特点。手持钞票用力抖动，手指轻弹或两手一张一弛轻轻地对称拉动钞票，均能发出清脆响亮的声音。

【提示】手持钞票凭空抖动，或手持钞票两端一松一紧地横向轻轻拉动，如果发出清脆的声音，则是真币；如果发出沉闷的声音，则是假币（假币纸张绵软、韧性差、易断裂）。

【同步训练2-4】

（1）训练内容：耳听式检验法识别假币。

①手的配合技术训练："一抖、二弹、三拉动"，练习手对钞票的控制技术，这项技术的训练既要有力，又不能因用力过猛损伤钞票。

②细听细辨训练：对于钞票发出的响声，应反复试听，通过清脆响亮的声音来辨别人民币的真伪。

（2）训练指导：耳听式检验法的训练包括两个方面：一是手的配合，手对钞票的操作力度和动作频率都会对钞票声音的发出造成影响，训练时应注意这个环节。二是耳朵的听辨能力，开始时可以把钞票贴近耳朵，侧耳细听，边听边辨，经过反复试听，能够对"清脆响亮"有清晰的感觉。同时，在训练中可以结合配备的验钞仪器，进行对比判断。

（3）任务布置：

①对不同面值的人民币进行听的防伪反假训练。

②把若干张真钞和假钞混放在一起，看看谁能快速找出假钞。

（四）晃

1. 光彩光变面额数字

（1）2015年版100元纸币和2019年版20元纸币。数字位于票面正面中部。垂直观察数字以金色为主，平视观察，数字以绿色为主。随着观察角度的改变，数字颜色在金色和绿色之间交替变化，并可见一条亮光带上下滚动。光彩光变面额数字如图2-29所示。

图2-29 光彩光变面额数字

（2）2019年版50元纸币和10元纸币。数字位于票面正面中部。改变钞票观察角度，数字颜色在绿色和蓝色之间变化，并可见一条亮光带上下滚动。

2. 光变镂空开窗安全线

2015年版100元和2019年版50元、20元、10元纸币，位于票面正面右侧。垂直票面观察，安全线呈品红色；改变钞票观察角度，安全线颜色在红色和绿色之间变化，亮光带上下滚动。透光观察，可见安全线中正反交替排列的镂空文字“100”“50”“20”“10”。光变镂空开窗安全线如图2-30所示。

图2-30 光变镂空开窗安全线

（五）仪器检测

仪器检测是指借助一些简单工具或专用鉴别仪器进行钞票真伪识别的方法。如借助放大镜来观察票面线条清晰度、胶、凹印缩微文字等；或用荧光检测，检验纸张有无荧光反应。人民币有一到两处荧光文字，呈淡黄色。假币大多不含荧光纤维，缺少荧光图案，即使有荧光图案，其颜色往往不正，亮度偏暗，呈惨白色。

用紫外灯光照射票面，可以观察钞票纸张和油墨的荧光反应。将真币置于紫光灯下，票面颜色无刺眼现象；假币则出现刺眼的蓝白光。但用这种方法检测时，有时个别真币由于接触过肥皂粉等，也会出现刺眼的蓝白光。因此，用紫光检测时还必须观察其他特征。

另外，还可借助仪器检测人民币的黑色横号码的磁信号来辨别人民币的真伪。

人民币假币识别技术工作流程如图2-31所示。

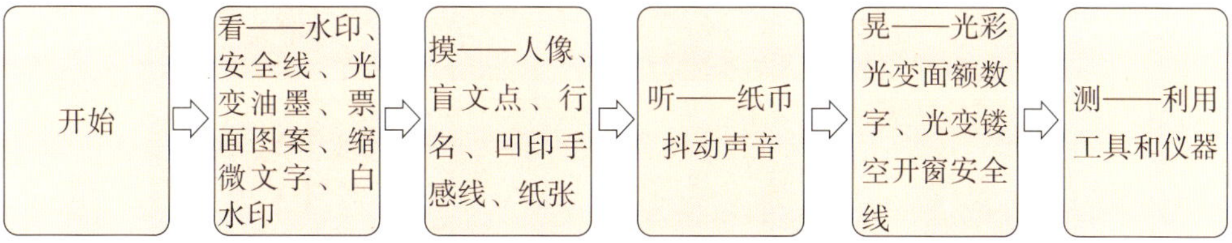

图2-31　假币识别技术工作流程

【同步训练2-5】

（1）训练内容：仪器检测法识别假币。

①安装验钞机，接通电源。

②准备100张待检测人民币，其中夹杂若干张假币（可用练功钞代替）。

（2）训练指导：

①将待检测的人民币放入验钞机，观察验钞机的反应，看是否有假币提示。

②验钞机检验出的假币，会通过语音、文字、停机等方式进行提示。

（3）任务布置：

①对不同面值的人民币进行测的防伪反假训练。

②把若干张真钞和假钞混放在一起，看看谁能快速找出假钞。

四、假币的处理程序

日常生活中发现假币，应立即就近送交银行鉴定，并履行向公安机关和银行举报、提供有关详情、协助破案的义务。单位的财会出纳人员，在收付现金时若发现假币，应立即送交附近银行鉴别。假币没收权属于银行、公安机关和司法部门。

（一）假币的收缴

金融机构在办理业务时发现假币，由该金融机构两名以上业务人员当面予以收缴。对假人民币纸币，应当面加盖“假币”字样的戳记（如图2-32所示）；对假外币纸币及各种假硬币，应当面以统一格式的专用袋加封，封口处加盖“假币”字样戳记，并在专用袋上标明币种、券别、面额、张（枚）数、冠字号码、收缴人、复核人名章等细项。收缴假币的金融机构（以下简称收缴单位）向持有人出具中国人民银行统一印制的“假币收缴凭证”，并告知持有人如对被收缴的货币真伪有异议，可向中国人民银行当地分支机构或中国人民银行授权的当地鉴定机构申请鉴定。收缴的假币，不得再交予持有人。

图2-32 “假币”字样的戳记

金融机构在收缴假币过程中有下列情形之一的，应当立即报告当地公安机关，并提供有关线索：

（1）一次性发现假人民币20张（枚）（含20张、枚）以上、假外币10张（含10张、枚）以上的；

（2）属于利用新的造假手段制造假币的；

（3）有制造贩卖假币线索的；

（4）持有人不配合金融机构收缴行为的。

办理假币收缴业务的人员，应当取得“反假货币考试合格证书”。“反假货币考试合格证书”由中国人民银行印制。中国人民银行各分行、营业管理部、省会（首府）城市中心支行负责对所在省（自治区、直辖市）金融机构有关业务人员进行培训、考试和颁发“反假货币考试合格证书”。金融机构对收缴的假币实物进行单独管理，并建立假币收缴代保管登记簿。

（二）假币的鉴定程序

（1）持有人对被收缴货币的真伪有异议，可以自收缴之日起3个工作日内，持“假币收缴凭证”直接或通过收缴单位向中国人民银行当地分支机构或中国人民银行授权的当地鉴定机构提出书面鉴定申请。中国人民银行分支机构和中国人民银行授权的鉴定机构应当无偿提供鉴定货币真伪的服务，鉴定后应出具中国人民银行统一印制的“货币真伪鉴定书”，并加盖货币鉴定专用章和鉴定人名章。

中国人民银行授权的鉴定机构，应当在营业场所公示授权证书。

（2）中国人民银行分支机构和中国人民银行授权的鉴定机构应当自收到鉴定申请之日起2个工作日内，通知收缴单位报送需要鉴定的货币。收缴单位应当自收到鉴定单位通知之日起2个工作日内，将需要鉴定的货币送达鉴定单位。

（3）中国人民银行分支机构和中国人民银行授权的鉴定机构应当自受理鉴定之日起15个工作日内，出具“货币真伪鉴定书”。因情况复杂不能在规定期限内完成的，可延长至30个工作日，但必须以书面形式向申请人或申请单位说明原因。

（4）对盖有“假币”字样戳记的人民币纸币，经鉴定为真币的，由鉴定单位交收缴单位按照面额兑换完整券退还持有人，收回持有人的“假币收缴凭证”，盖有“假币”字样戳记的人民币按损伤人民币处理；经鉴定为假币的，由鉴定单位予以没收，并向收缴单位和持有人开具“货币真伪鉴定书”和“假币没收收据”。

对收缴的外币纸币和各种硬币，经鉴定为真币的，由鉴定单位交收缴单位退还持有人，并收回“假币收缴凭证”；经鉴定为假币的，由鉴定单位将假币退回收缴单位，并向收缴单位和持有人出具“货币真伪鉴定书”。

（5）中国人民银行分支机构和中国人民银行授权的鉴定机构鉴定货币真伪时，应当至少有两名鉴定人员同时参与，并作出鉴定结论。

（6）中国人民银行各分支机构在复点清分金融机构解缴的回笼款时发现假人民币，应经鉴定后予以没收，向解缴单位开具“假币没收收据”，并要求其补足等额人民币回笼款。

（7）持有人对金融机构作出的有关收缴或鉴定假币的具体行政行为有异议，可在收到“假币收缴凭证”或“货币真伪鉴定书”之日起60个工作日内向直接监管该金融机构的中国人民银行分支机构申请行政复议，或依法提起行政诉讼。

（8）持有人对中国人民银行分支机构作出的有关鉴定假币的具体行政行为有异议，可在收到“货币真伪鉴定书”之日起60个工作日内向其上一级机构申请行政复议，或依法提起行政诉讼。

（三）罚则

金融机构有下列行为之一，但尚未构成犯罪的，由中国人民银行给予警告、罚款，同时，责成金融机构对相关主管人员和其他直接责任人给予相应纪律处分：

（1）发现假币而不收缴的；

（2）未按照本办法规定程序收缴假币的；

（3）应向中国人民银行和公安机关报告而不报告的；

（4）截留或私自处理收缴的假币，或使已收缴的假币重新流入市场的。

上述行为涉及假人民币的，对金融机构处以1 000元以上、5万元以下的罚款；涉及假外币的，对金融机构处以1 000元以下的罚款。

任务三 人民币挑剔和兑换技能

一、人民币的挑剔

微课

残缺污损人民币挑剔与兑换

伴随我国经济的快速发展，商品流通量与日俱增。市场上流通的货币量也随之增加，损伤货币、毁坏货币，以及混放货币现象时有发生，因而，中国人民银行要求，必须对货币进行整理清点，在整理清点的同时，进行挑剔和真伪辨别，使之数目清楚、整齐美观，以便保证货币的正常运转。金融机构将挑剔出来的损、伤、残、破、旧人民币上缴当地中国人民银行分支机构。

（一）损伤票币挑剔的原则

市场上流通的人民币，有一部分因长期流通磨损破旧的损伤票币，在整点票币时应随时挑剔。在挑剔损伤票币时，既要考虑公众使用的方便和市场上票币的整洁，又要贯彻节约的原则。

（二）损伤票币挑剔的标准

（1）纸币票面缺少面积在20平方毫米以上的。

（2）纸币票面裂口2处以上，长度每处超过5毫米的；裂口1处，长度超过10毫米的。

（3）纸币票面有纸质绵软，起皱较明显，脱色、变色、变形，不能保持其票面防伪功能等情形之一的。

（4）纸币票面污渍、涂写字迹面积超过2平方厘米的；不超过2平方厘米，但遮盖了防伪特征之一的。

（5）硬币有穿孔、裂口、变形、磨损、氧化，以及文字、面额数字、图案模糊不清等情形之一的。

二、人民币的兑换

单位和个人在经济活动中或日常生活中需要兑换人民币时，银行应随时满足需求，给予无偿兑换。单位和个人持有的残缺、污损人民币不能流通时，银行可以根据兑换规定进行全额或部分兑换。

（一）票币兑换业务的种类

票币兑换业务可分为以下三种：

第一种是用大面额人民币调换小面额人民币业务。这项业务是调剂市场主、辅币流通比例的主要手段，它直接为商品交易的顺利进行服务。

第二种是用小面额人民币调换大面额人民币业务。这项业务是为了方便客户存储、携带人民币。

第三种是残缺、污损人民币兑换业务。这项业务是为了保持市场流通人民币的整洁，维护人民币形象和人民群众的利益。

（二）票币兑换业务的办理

1. 主、辅人民币兑换业务

凡来银行兑换主、辅人民币的客户，都应按现金整点要求将现金整理好，并填写“现金兑换单”，填清券别、张数、金额，以及兑换的券别、张数、金额，到银行指定兑换窗口进行兑换。将“现金兑换单”与兑换的现金一同交给银行指定兑换窗口经办员，经办员经核对无误后按照“现金兑换单”填写的券别配款。客户接到兑换好的款项时，应在柜台前当面点清，核对无误后方可离开。

2. 残缺、污损人民币兑换业务

（1）残缺、污损人民币的兑换标准。残缺、污损人民币是指票面撕裂、缺损，或因自然磨损、侵蚀，外观、质地受损，颜色变化，图案不清晰，防伪特征受损，不宜再继续流通使用的人民币。残缺、污损人民币应及时到各商业银行办理兑换。残缺、污损人民币的兑换分全额兑换和半额兑换两种情况。

①全额兑换。对于能辨别面额，票面剩余3/4（含3/4）以上，图案、文字能按原样连接的残缺、污损人民币，金融机构应向持有人按原面额全额兑换。票面剩余3/4（含3/4）以上如图2-33所示。

图2-33　票面剩余3/4（含3/4）以上

②半额兑换。对于能辨别面额，票面剩余1/2（含1/2）至3/4以下，图案、文字能按原样连接的残缺、污损人民币，金融机构应向持有人按原面额的一半兑换。纸币呈正十字形缺少1/4的，按原面额的一半兑换。票面剩余1/2（含1/2）至3/4以下如图2-34所示。

图2-34　票面剩余1/2（含1/2）至3/4以下

兑付额不足1分的，不予兑换；5分按半额兑换的，兑付2分。

③不予兑换。不予兑换的残缺、污损人民币包括以下情况：a.票面残缺1/2以上者；b.票面污损、熏焦、水湿、油渍、变色、不能辨别真假者；c.故意挖补、涂改、剪贴、拼凑、揭去一面者。不予兑换的残缺、污损人民币，由中国人民银行打洞作废，不得流通使用。票面残缺1/2以上如图2-35所示。

图2-35 票面残缺1/2以上

（2）残缺、污损人民币兑换业务的办理。凡办理人民币存取款业务的金融机构（以下简称金融机构）应无偿为公众兑换残缺、污损人民币，不得拒绝兑换。在办理损伤票币兑换业务时，必须严格按照中国人民银行制定的《中国人民银行残缺污损人民币兑换办法》和《残缺人民币兑换办法内部掌握说明》所规定的标准来办理，做到兼顾国家和人民群众的利益，维护人民币信誉。

（三）票币兑换业务的处理程序

（1）由客户填写"票币兑换清单"，金融机构兑换专柜人员审核无误后，顺时逐笔登记在票币兑换登记簿中。

（2）金融机构兑换专柜人员向残缺、污损人民币持有人说明认定的兑换结果。不予兑换的残缺、污损人民币，退回原持有人。

① 残缺、污损人民币持有人同意金融机构认定结果的，兑换的残缺、污损人民币若为纸币，金融机构应当面将带有本行行名的"全额"或"半额"戳记加盖在票面上；若为硬币，金融机构应当面使用专用袋密封保管，并在袋外封签上加盖"兑换"戳记。

② 残缺、污损人民币持有人对金融机构认定结果有异议的，经持有人要求，金融机构应出具认定证明并退回该残缺、污损人民币。持有人可凭认定证明到中国人民银行分支机构申请鉴定，中国人民银行应自申请日起5个工作日内作出鉴定并出具鉴定书。持有人可持中国人民银行的鉴定书及可兑换的残缺、污损人民币到金融机构进行兑换。

三、使用人民币的注意事项

人民币是中华人民共和国的法定货币，爱护人民币是每个公民的义务。使用人民币的注意事项包括：

（1）携带、放置、收付人民币时要平铺整理，不要乱揉乱折。

（2）不得在人民币上计数、写字、乱涂乱画、乱盖印章戳记。

（3）在出售鱼、肉、油脂、酱菜等商品时，最好采取一人售货、另一人收款的办法营业。如有困难，应放置一条干净毛巾供收款时擦手，以免将人民币弄脏。

（4）防止化学药物对人民币的腐蚀。生活中不要将肥皂、洗涤剂与人民币放在一起，以免票币腐蚀、变色。

（5）单位对收进的残缺、污损人民币，应随时剔出，及时交存开户银行，不要再对外找补。

（6）用机具收款时，应避免损伤人民币。

（7）不要在金属币上穿孔、磨边、轧薄、剪口等，以免使硬币变形和受损。

（8）对不宜继续使用的残缺、污损人民币要及时粘补，随时到银行营业部门办理兑换。

（9）对于在人民币上涂写、乱画，以及乱折、乱揉等不爱护人民币的行为，应加以劝阻。

【同步训练2-6】

（1）训练内容：手持不同程度残缺、污损的人民币，准确描述并指出其全部残缺、污损的部位，并且提出兑换方案。

（2）训练指导：

①掌握残缺、污损人民币的确认标准，能够准确识别和描述残缺、污损人民币。

②掌握残缺、污损人民币的兑换标准，能够进行残缺、污损人民币兑换。

残缺、污损人民币的识别和描述要进行反复演练，以免出现描述不到位和兑换方案不当的现象。

（3）任务布置：

①对收集到的残缺、污损的人民币进行描述，准确说出兑换的标准。

②同学之间互相提问并考核。

思政园地

小李毕业后进入银行工作。他所在网点附近有一个知名的大型批发市场，每天来办理大额现金业务的客户常常在柜台前面排起长队。虽然大额现金一般都是用机器清点，但按业务规定人工必须要清点两遍，同时还要完成拆把、清点、扎把、盖章等一系列操作。

因为是新员工，小李业务技能不熟练、操作慢，难免有时被客户责怪。面对客户不信任的眼光，小李郁闷过、焦虑过。也就是在这时，他认识到点钞是银行业务人员的基本功，是业务技能水平最直接的体现。不服输的小李暗下决心，一定要闯过这道难关。为此，他开始着手制订训练计划，给自己规定了“四个一点”：早起一点、晚睡一点、中午少休息一点、平时少娱乐一点。积攒出来的时间都用来练习业务技能。

每天晚上下班回家，不管多晚，小李总要拿出10多把点钞券练上一两个钟头。无论是走在上班路上还是坐在服务窗口前，他都在反复思考，琢磨点钞、验钞技能。节假日更是放弃休息，抓紧一切时间苦练，一遍又一遍、一天又一天，经过半年多的刻苦练习，原来办理一笔20万元现金的存入业务需要一刻钟，到了后来时间压缩到只需要五六分钟，服务效率明显提高。他服务的窗口，排队的人也逐渐多了起来。

在附近市场从事猪肉批发生意的刘先生，他经手的现金不仅油渍斑斑，而且偶尔夹杂假钞，周边其他银行都以各种理由推托，不愿意为他办理存款业务。每天为了存款，他赔尽了笑脸、受够了白眼。当刘先生第一次走进小李所在的银行网点，把钱交到小李手上时，小李二话不说，麻利地清点、整理好，对挑出的假币还一一告知哪里不对，没有一丝不耐烦。刘先生一下子就认定了他，以后来网点存钱，宁愿多等几个客户也要坚持在小李的服务窗口办业务。刘先生不仅把自己的300多万元存款、理财产品转到了小李所在的银行网点，还介绍了10多位朋友和下游商户到这里。小李高效优质的服务得到了客户的认可，不仅是网点公认的业务小能手，也是营销小明星。

（资料来源：南方都市报）

强化服务要求会计人员树立服务意识，提高服务质量，努力维护和提升会计职业的良好社会形象。

服务质量是管理水平的体现，它将企业的文化内涵和员工的精神风貌展现在公众面前。高水平的服务人员应做到：诚实守信，优质服务；热情接待，语言文明；不因客户性别、肤色、民族、身份等差异而区别对待；尊重客户，接递客户手中的现金、单据、卡证时，不抛掷；确认客户存款或取款的具体数额时，不高声大喊；当客户前来办理某些较为琐碎而毫无利润可言的业务时，如大钞兑换小钞、兑换残钞等，要有求必应，不推辞。

一个人只有对服务对象有爱心、能善待，才能激发敬业和“精业”意识；只有对自己的工作精益求精，才能体现出人生价值。在科技高速发展、知识不断更新的时代，一个人只有不断学习和充实，才能提高工作质量和效率，在竞争中立于不败之地。

角色演练

【任务】识别假人民币。

【角色】财务会计人员、银行柜员等。

【情境】

（1）以班级为单位，通过投影仪展示不同面值、套数的人民币。以提问的形式要求同学们对每张人民币作出正确的判断，并组织同学对第一、二、三、四套人民币的优缺点进行讨论、总结。

（2）在课堂上组织一次关于第五套人民币的讨论。课前要求同学们搜集相关资料，课上组织同学们踊跃发言，老师充当记录员，最后由老师根据同学们的发言总结出第五套人民币的设计、印制特点。

（3）在课堂上组织一次关于货币发行、流通方面法律法规的知识问答。为了提高同学们的积极性，可以考虑将班级分成若干个小组，授课老师预先准备好相关的题目，采取小组抢答的形式，看哪组同学答得又快又准。

（4）在课堂上组织一次关于假币种类及辨别方法的讨论。课前要求同学们查找资料。课上组织同学们踊跃发言，老师充当记录员，最后由老师根据同学们的发言总结出假币的种类、假币的简易辨别方法，以及“一看、二摸、三听、四晃、五测”法的主要内容。

项目小结

本项目共分3个任务，对人民币特征识别、假人民币识别，以及人民币挑剔和兑换等进行了讲解和训练。我国迄今为止共发行了五套人民币，目前市场上流通的是第五套人民币。第五套人民币的防伪特征主要有固定水印、手工雕刻头像、隐形面额数字、胶印缩微文字、雕刻凹版印刷、冠字号码、红蓝彩色纤维、安全线、光面油墨数字、阴阳互补对印图案和白水印等，这11项防伪特征可以用看、摸、听、晃和测五种简易识别方法进行识别。发现假人民币应当上缴当地银行或公安部门，银行收缴假币的程序应符合《中华人民共和国人民币管理条例》的规定。人民币在流通使用过程中出现残缺、污损，要根据《中国人民银行残缺污损人民币兑换办法》及《残缺人民币兑换办法内部掌握说明》规定的标准来办理。

技能考核

说出第五套人民币100元券正面（如图2-36所示）标注部位的防伪特征名称。

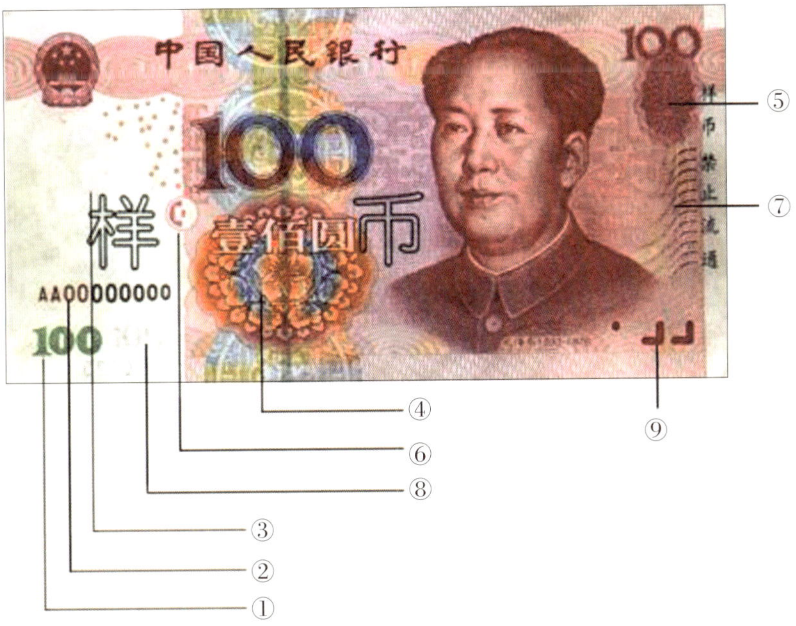

图2-36　第五套人民币100元券正面

项目三
点钞技能

【技能点】

1. 单指单张点钞技能
2. 单指多张点钞技能
3. 四指四张点钞技能
4. 五指拨动点钞技能
5. 扇面点钞技能
6. 钞票扎把技能
7. 整点硬币技能
8. 机器点钞技能

【课程思政融入点】

1. 通过“熟能生巧”成语典故以及相关名言，让学生懂得成功的决定因素来自一个人的主观努力。“幸福都是奋斗出来的”，“新时代是奋斗者的时代”
2. 技能操作熟练、精益求精，做好现金的收付。现金盘点表、缴款单填写准确、完整。养成良好的沟通能力和团队协作能力

引言

点钞又称票币整点，它是指按照一定的方法查清票币的数额，即整理、清点钞票的工作，在银行泛指清点各种票币。点钞包括整点纸币和整点硬币。

随着广大从业人员实践经验的日益丰富，点钞方法也在不断地改进和提高。目前点钞方法种类繁多，概括起来可以划分为手工点钞和机器点钞两大类。手工点钞，即不依靠任何机具，完全用手指拨（捻）的动作来清点钞票的技术。根据持票姿势的不同，手工点钞又可划分为手按式点钞方法和手持式点钞方法。手按式点钞方法，是指将钞票放在台面上操作的方法；手持式点钞方法，是在手按式点钞方法的基础上发展而来的，其速度远比手按式点钞方法的速度快，因此手持式点钞方法的应用比较普遍。本项目介绍的均为手持式点钞方法。

任务一　单指单张点钞技能

单指单张点钞是指用手指一次点一张钞票的点钞方法。它适用于初点、复点和整点各种新、旧、大、小面额的钞票。由于这种点钞方法是逐张清点，便于在清点中挑剔损伤券和鉴别真伪，特别适宜清点散把钞票及残破较多的钞票。单指单张点钞的操作要领如下：

微课

手持式单指单张点钞法

一、拆把持钞

将钞票横放在桌面上，一般放在点钞员正胸前。用左手中指和无名指夹住钞票的左端中间，食指和中指在上面，中指弯曲，食指伸直；无名指和小指放在钞票下面并自然弯曲。左手拇指在钞票边沿约占票面的1/3处用力将钞票向上翻起呈瓦形，手腕向里转动90°，使钞票正面朝向身体，食指伸向腰条将其勾断，并用拇指捏住钞票里侧边缘向外推，食指协助拇指，使钞票打开呈微扇形并做好点钞准备。

二、清点

拆把后，左手（持钞手）稍斜，正面对胸前。右手捻钞，捻钞时从右上角开始。用右手拇指尖向下捻动钞票的右上角，每捻下一张，接着用无名指将捻开的钞票弹拨下来，一捻一弹，连续动作，直至点完。

要注意拇指不要抬得太高，捻动钞票的动作幅度不宜太大，只用指头的第一关节做轻微动作。而无名指的弹拨动作要适当配合，将点捻下来的钞票往怀里方向弹，每捻下一张弹一次，要注意轻点快弹，所谓“三分捻、七分弹”，说的就是这一要领。食指在钞票背面托住少量钞票配合拇指工作，随着钞票的捻出向前移动，以及时托住另一部分钞票。中指翘起，不要触及票面，以免妨碍无名指的动作。左手拇指也要配合动作，当右手将钞票下捻时，左手拇指要随即向后移动，并用指尖向外推动钞票，以利于捻钞时下钞均匀。在这一环节，要注意右手拇指捻动钞票时，主要负责将钞票捻开，下钞主要靠无名指弹拨。

【提示】下拉幅度不超过1.5cm；扇面最宽不超过3cm；三分捻力、七分弹力。

单指单张点钞动作如图3-1所示。

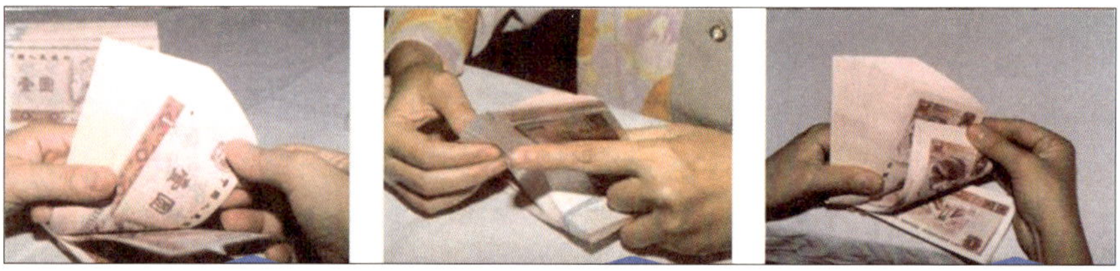

正面　　背面　　点数

图3-1　单指单张点钞动作

三、挑出残破钞券

在清点过程中，如果发现残破钞票，应按剔旧标准将其挑出。为了不影响点钞速度，点钞时不要急于抽出残破钞票，只要用右手中指、无名指夹住残破钞票将其折向外边，待点完100张后再将残破钞票挑出，补上完整钞票即可。

四、计数

由于单指单张每次只捻一张钞票，计数也必须一张一张地计，直至计到100张。而从“1”到“100”的数字中，绝大多数是两位数，计数速度往往跟不上捻钞的速度，所以必须巧计。通常可采用分组计数法。

分组计数法：1、2、3、4、5、6、7、8、9、一；1、2、3、4、5、6、7、8、9、二；……；1、2、3、4、5、6、7、8、9、十。这样正好100张。这种方法是将100个数编成10个组，每组都由10个一位数字组成，前面9个数都表示张数，最后一个读数“一、二……十”既表示这一组的第10张，又表示这个组的组序号码，即第几组。这样，在点数时计数的频率与捻钞的速度能基本吻合。

这种计数方法既简捷迅速，又省力好记，有利于准确计数。计数时应做到心、眼、手三者密切配合。

五、扎把

钞票每100张为1把。扎把是点钞的一道重要程序，有一定的技巧和质量标准，既要扎得快，又要扎得紧。目前全国普遍使用的扎把方法有半圈拧结法、夹条缠绕法和压条缠绕法。这几种扎把方法普遍适用于各种手工点钞（包括机器点钞），本项目任务六中将对这几种扎把方法进行详细讲解。压条缠绕扎把如图3-2所示。

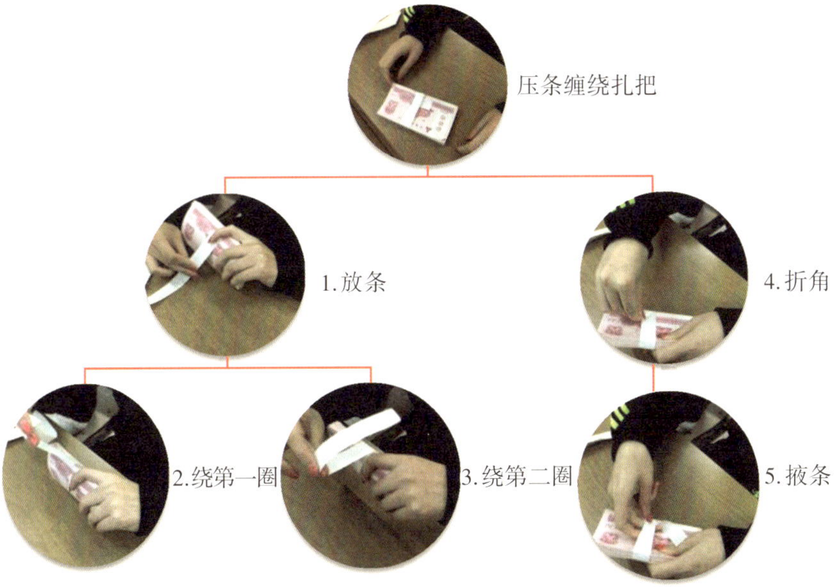

图3-2　压条缠绕扎把

六、盖章

盖章是点钞过程的最后一个环节，在捆钞条上加盖点钞员名章，表示对此把钞票的质量、数量负责，所以每个出纳员点钞后均要盖章，而且图章要盖得清晰，以看得清行号、姓名为准。盖章如图3-3所示。

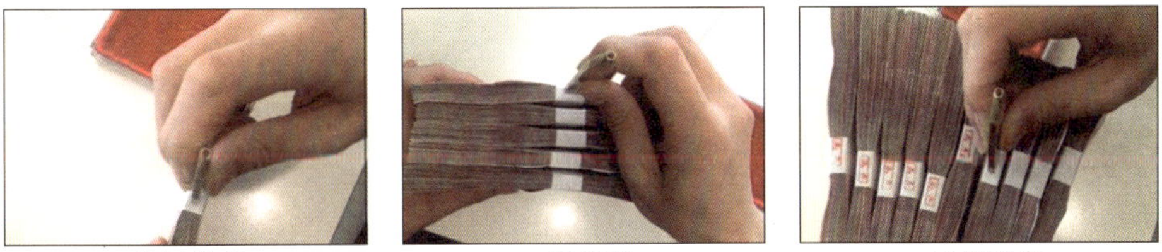

单把盖章　　5把盖章　　10把盖章

图3-3　盖章

【提示】名章要清晰端正地盖在钞票侧面的捆钞条上。

总之，单指单张点钞首先要注意拇指小关节的活动频率与耐力，捻钞时肌肉要放松，因为拇指捻钞的快慢直接影响点钞的速度。其次，捻钞时拇指要轻捻，无名指要快弹，同时拇指不宜抬得过高，点钞的幅度要小（拇指接触钞票的面积）。

此种点钞方法姿势优美、轻松自如，不但点钞速度快、准确率高，而且适用面广，较易挑残和识别伪钞。

【同步训练3-1】

（1）训练内容：

①左右手配合好，并且默读“一捻二弹”，力争每个动作都到位，从第1张到第100张，反复多遍直到动作熟练。

②将训练分组进行，每组连续操作5把（每把100张），并逐把进行复核。

（2）训练指导：单指单张点钞技术的特点，决定了这种方法在实践中的广泛应用。初学时，往往出现双手操作配合不到位、口数与手捻脱节的现象，良好的训练方法可以避免上述现象的发生。在训练中，“严格要求、规范操作”是基本原则。训练中应从以下几个方面进行考虑：

①重视职业理念的建立。在训练中，职业理念的建立十分重要。从开始接触练功券时，学生就要时刻将自己置身于工作岗位之中，把手中点数的练功券看成一张张人民币，树立责任意识，培养严谨作风，将整个学习与训练的过程当成良好习惯的养成过程。

②把好单项技术关，为综合技术的提高奠定坚实的基础。

a.坐姿训练。操作前，先进行坐姿训练，身体坐正，上身坐直，胸部稍挺，双肩自然下垂，两小臂轻置在桌沿上。

b.左手技术训练。手腕向里扣，使手心对着身体。注意中指与无名指夹钞要有力度，使扇面自始至终保持不变形，张与张之间均匀错开。大拇指只是扶挡钞票立面，虎口打开，防止虎口呈闭合状态而将钞票捏得过死。保持钞票立面与桌面垂直。

c.右手捻钞技术训练。右手捻钞技术是至关重要的环节，动作要轻、连、稳。

轻：大拇指捻钞的力度不要过大，所谓“三分捻力、七分弹力”，其道理也就在此。

连：动作连贯。

稳：动作幅度小，每张的下拉距离尽可能小，并且自始至终保持匀速，防止出现前快后慢的现象。

操作前，右手与左手一起半握拳，手腕向里扣，使双掌心对着身体方向。找准大拇指的触钞点，用大拇指右侧触钞，防止出现大拇指全指肚触钞带来的弊病。

（3）任务布置：

①反复练习单指单张点钞技术。

②练习计数，从有声到无声。

③分组练习，相互进行抽测。

④经过一段时间的练习，达到10分钟内运用单指单张点钞法清点练功券2 000张。

任务二　单指多张点钞技能

微课

手持式单指双张点钞法

单指多张点钞，是指用单指单张点钞的持票方式，每次捻两张或两张以上钞票的点钞方法。这是在单指单张点钞技术的基础上发展而来的一种技术。单指多张点钞捻动钞票的频率慢，但每次捻下钞票的张数多，计数简单省力，故可以减轻操作人员的脑力劳动。但是单指多张点钞不能全面观察票面，不利于挑剔损伤券和假币。所以，单指多张点钞一般适用于做复点工作。

单指多张点钞的操作要领除了计数方法与单指单张点钞有些不同外，其他都基本相同。

一、清点

清点时，右手拇指指肚放在钞票的右上角，拇指指尖略超过票面。如果点2张，先用拇指指肚捻下第1张，再用拇指尖捻下第2张；如果点3张及3张以上，同样先用拇指肚捻下第1张，然后捻下第2张，最后用拇指尖捻下第3张。要注意拇指均衡用力，捻的幅度也不要太大，食指、中指在钞票后面配合拇指捻动，将无名指向怀里弹。为增大审视面，点数时眼睛要从左侧向右看，这样容易看清张数、残破币和假币。

单指多张清点动作如图3-4所示。

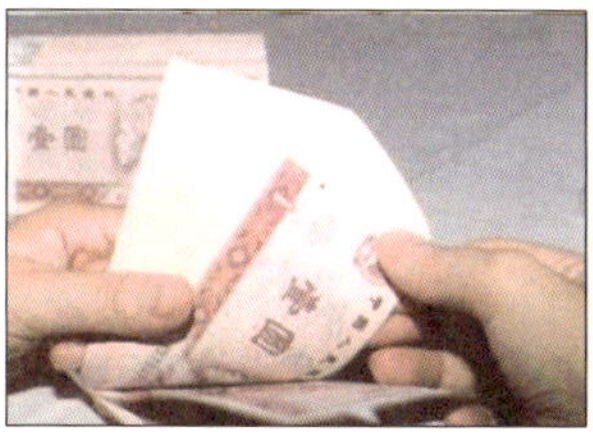

正面

背面

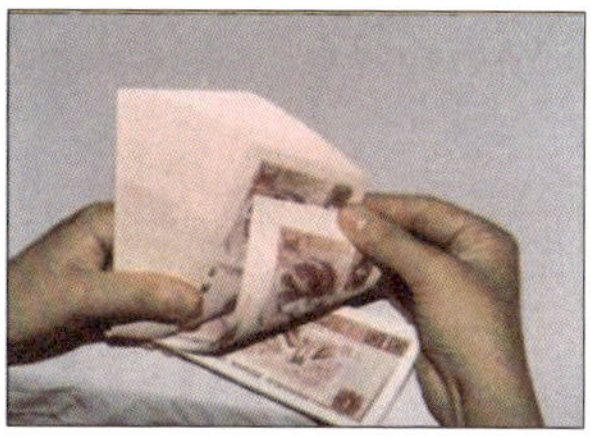

双张点数

图3-4　单指多张清点动作

二、计数

由于一次捻下多张，因此应采用分组计数法，以每次点的张数为组计数。如点3张，即以3张为一组计数，每捻3张计一个数，33组余1张就是100张；又如点5张，即以5张为一组计数，每捻5张计一个数，20组就是100张。以此类推。

【提示】大拇指的技术很关键，右手大拇指的捻拉幅度要比单指单张明显加大，并且适度加力，防止捻重张。

三、扎把

清点完后，将钞票蹾齐并扎把。扎把的操作要领在本项目任务六中将详细介绍。

四、盖章

扎好把的钞票均需要加盖清点人名章。

【同步训练3-2】

（1）训练内容：

①左手正确持钞，右手大拇指捻钞时，适当增大触钞面积，每次捻2张，一次弹出，并且分组计数，从第1组到第50组，完成100张清点。

②将训练分组进行，每组连续操作5把（每把100张），并逐把复核。

（2）训练指导：

①单指多张点钞的重点在于右手大拇指的捻钞技术。当右手大拇指触钞时，捻动第1张钞票，使第1张稍向下移；紧接着右手大拇指指尖适当加力，捻动第2张，用无名指将2张同时弹出，拇指同时上滑复位接着下一组的操作。

②计数方法采用自然数法，减小计数难度，加大操作力度。

（3）任务布置：

①拿出事先准备好的练功券，反复练习单指多张点钞技术。

②同学之间互相检查，看谁的持钞姿势正确、捻钞动作连贯。

③分组练习，互相抽点。

④课后每天至少完成10分钟点钞练习。

任务三　四指四张点钞技能

微课

四指四张点钞法

四指四张点钞，也称四指拨动点钞，是指右手食指、中指、无名指、小指四指共捻四张钞票的点钞方法。它适用于收款、付款和整点工作，是一种适用广泛、适合柜面收付款业务的点钞方法。它的优点是速度快、效率高。由于每指点一张，票面可视幅度较大，看得较为清楚，因此有利于识别假币和挑剔损伤券。四指四张点钞的操作要领如下：

一、持钞

钞票横立，左手持钞。持钞时，手心朝胸前，手指向下，中指在票前，食指、无名指、小指在后，将钞票夹紧；以中指为轴心，五指自然弯曲，中指第二关节顶住钞票，向外用力，小指、无名指、食指、拇指同时向手心方向用力，将钞票压成U形，U形口朝里（这里要注意食指和拇指要从右上侧将钞票往里轻压，呈微扇形）；手腕向里转动90°，使钞票的凹面向左但略朝里，凸面朝外向右；中指和无名指夹住钞票，食指移到钞票外侧面，用指尖管住钞票，以防下滑，大拇指轻轻按住钞票外上侧，既防钞票下滑又要配合右手清点；左手将钞票移至胸前约20厘米的位置，右手五指同时蘸水，做好清点准备。四指四张点钞持钞动作如图3-5所示。

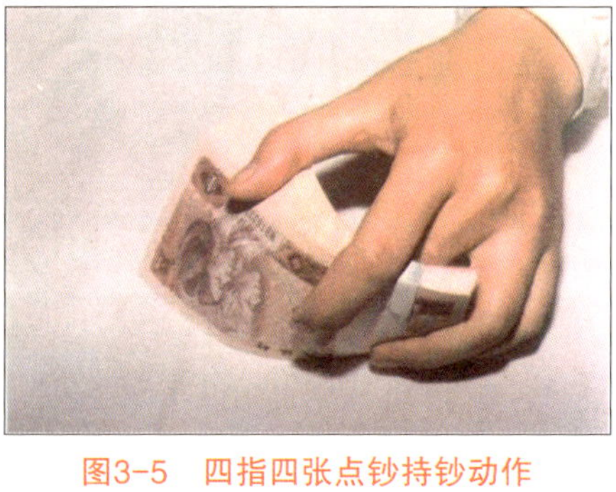

图3-5　四指四张点钞持钞动作

【请注意】食指和拇指要从右上侧将钞票往里轻压，呈微扇形。

二、清点

两只手的摆放要自然。一般左手持钞时略低一点，右手手腕抬起高于左手。清点时，右手拇指轻轻托住内上角里侧的少量钞票；其余四指自然并拢，弯曲成弓形；食指在上，中指、无名指、小指依次略低，四个指尖呈一条斜线。然后从小指开始，四个指尖依次各捻下一张，四指共捻四张。接着以同样的方法清点，循环往复，点完25次即点完100张。

【请注意】

（1）捻钞票时动作要连续，当食指捻下本次最后一张时，小指要紧紧跟上，每次不要间歇。

（2）捻钞的幅度要小，手指离票面不要过远，四个指头要一起动作，以提高往返速度。

（3）四个指头与票面的接触面要小，应用指尖接触票面进行捻动。

（4）右手拇指随着钞票的不断下捻向前移动，托住钞票，但不能离开钞票，每当右手捻下一次钞票，左手拇指就要推动一次，两指同时松开，使捻出的钞票自然下落，再按住未点的钞，循环往复，使下钞顺畅自如。四指四张点钞清点动作如图3-6所示。

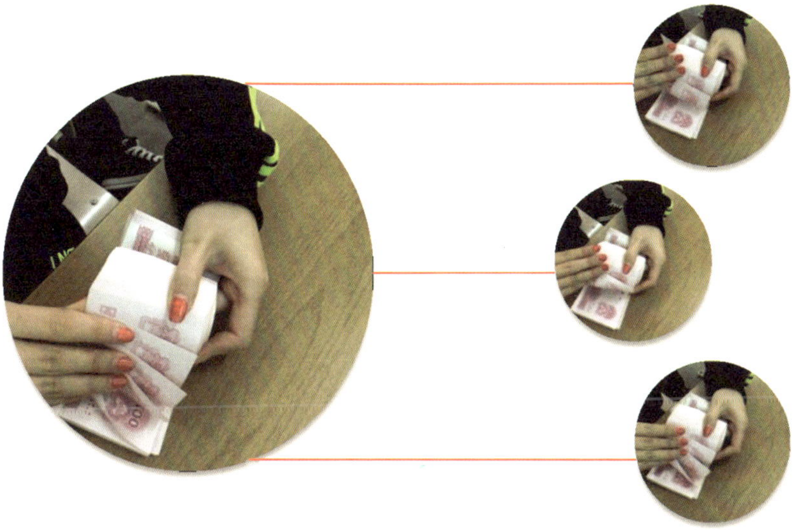

图3-6 四指四张点钞清点动作

【特别提示】右手每个手指要均匀用力，特别是无名指用力要够，防止出现滑过但未捻动的现象。

三、计数

采用分组计数法。以四个指头顺序捻下四张为一次，每次为一组，25次即25组，即为100张。

四、扎把与盖章

扎把与盖章的方法与单指单张的方法相同。

【同步训练3-3】

（1）训练内容：

①左手持钞训练。将钞票整理好，左手掌心向上使钞票左端约1/3置于掌心，右手将剩余2/3掀起，使钞票成U形握在手中，同时左手的食指自然弯曲，顶住钞票掀起的部分。

②右手清点方法训练。点钞时，右手四指不宜抬得过高，要并拢弯曲，由小指开始，依次用无名指、中指、食指指肚摩擦钞票的左上角。

③点数训练。四张一组，食指落指时数，采用自然数计数方法。

（2）训练指导：着重练习四指关节的灵活性，左手拇指与食指的配合要得当。拇指压得过紧，钞票不易捻开；过松，则容易出现双张。

（3）任务布置：

①拿出事先准备好的练功券，反复练习四指四张点钞技术。

②同学之间互相检查，看谁的持钞姿势正确、点钞动作连贯。

③分组进行抽测，然后筛选出优秀选手，进行组与组之间的角逐。

微课

五指拨动点钞法

任务四　五指拨动点钞技能

五指拨动点钞，是指用右手五个手指依次拨动的点钞方法。它适用于收款、付款和整点工作，优点是效率高、计数省力。五指拨动点钞的操作要领如下：

一、拆把持钞

钞票的左端放于左手掌心，左手无名指、小手指夹住钞票的左下端，右手将钞票的另一端向上折起，左手拇指与中指沿钞票的两侧伸出卡住钞票，拇指稍高于中指，中指稍用力，使钞票右上角向后倾斜成弧形，以便于清点，食指弯曲抵住钞票背面上方。五指拨动点钞持钞动作如图3-7所示。

左手持钞

正面

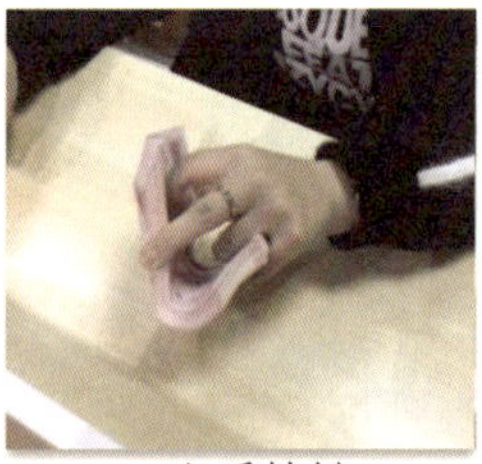

左手持钞

侧面

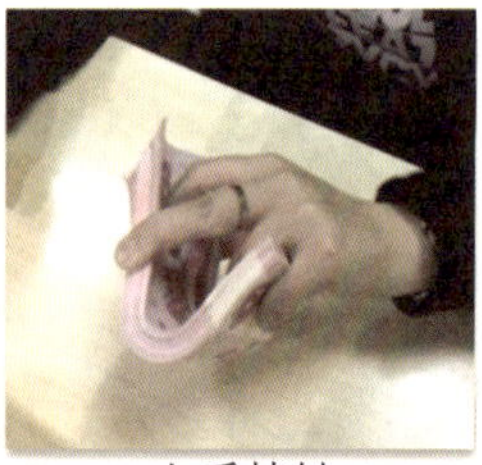

左手持钞

背面

图3-7　五指拨动点钞持钞动作

二、清点

清点时右手拇指指尖按于钞票内上角向外拨点，食指、中指、无名指和小手指依次由钞票外角向内拨点，一指清点一张，一次点五张为一组，手指拨动的幅度尽量缩小，动作连贯。五指拨动点钞清点动作如图3-8所示。

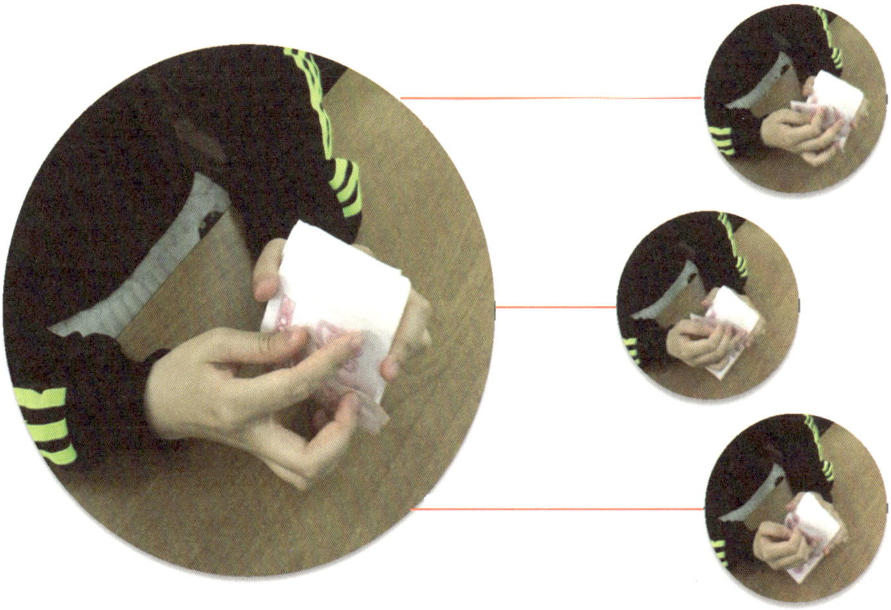

图3-8　五指拨动点钞清点动作

三、计数

采用分组计数，从小指拨下钞票时开始计数，每五张为一组计一次数，计满20次，即为100张。

四、扎把

清点完后，将钞票蹾齐并扎把。扎把的操作要领在本项目任务六中将详细介绍。

五、盖章

扎好把的钞票均需要加盖清点人名章。

【同步训练3-4】

（1）训练内容：

①左手持钞。将钞票握在手心里，食指弯曲，顶在钞票的后方。

②右手清点。右手拇指顺时针向右拨钞，其他手指依次（食指、中指、无名指、小指）逆时针向左拨钞。

③点数。小拇指落指时开始数，五张一组，采用自然数方法计数。

（2）训练指导：注意手形要小，成半握拳状。动用全部手指参与清点，动作连贯。

（3）任务布置：

①拿出事先准备好的练功券，反复练习五指拨动点钞技术。

②同学之间互相检查，看谁的持钞姿势正确、点钞动作优美。

③分组进行抽测，然后筛选出优秀选手，进行组与组之间的角逐。

任务五　扇面点钞技能

扇面点钞，是指把钞票捻成扇面状进行清点的方法。这种点钞方法速度快，是手工点钞中效率最高的一种。但它只适合清点新票币，不适合清点新、旧、破混合钞票。扇面点钞的操作要领如下：

一、持钞

左手拇指在票前下部约1/4处，将钞票竖拿起，食指、中指、无名指和小指在钞票后，拇指与其他任何一指在钞票的前后两面对称轴心处捏住，无名指和小指弯向手心。右手拇指在左手拇指的上端，用虎口从右侧卡住钞票成瓦形。此时的持钞动作如图3-9所示，左、右手的中指、无名指和小指重叠在一起，右手食指、虎口、拇指抱住钞票准备开扇。

图3-9　扇面点钞持钞动作

二、开扇

开扇是扇面点钞的一个重要环节，扇面要开得均匀，为点数打好基础，做好准备。其方法如下：以左手的拇指和中指为轴，右手食指将钞票向胸前左下方压弯，然后猛向右方闪动，同时右手拇指在票前向左上方推动钞票，食指、中指在票后面用力向右捻动；左手拇指在钞票原位置向逆时针方向画弧捻动，食指、中指在票后面用力向左上方捻动，右手手指逐步向下移动，至右下角时即可将钞票推成扇面形。如有不均匀的地方，可双手持钞抖动，使其均匀。打开扇面时，左右两手一定要配合协调，不要将钞票捏得过紧。如果点钞时

微课

扇面点钞法

采取一按10张的方法，扇面要开得小些，以便于点钞。扇面点钞开扇动作如图3-10所示。

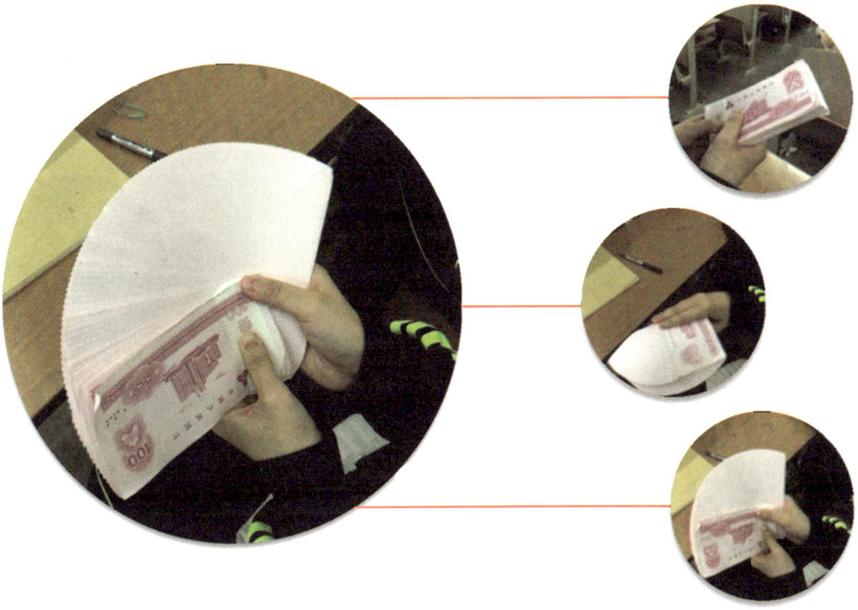

图3-10　扇面点钞开扇动作

【请注意】左手拇指不要捏得太紧，协助右手将扇面均匀打开，防止出现叠张现象。

三、点数

左手持扇面，右手中指、无名指、小指托住钞票背面，拇指在钞票右上角1厘米处，一次按下5张或10张；按下后，用食指压住，拇指继续向前按第二次，以此类推。同时，左手应随右手向内转动扇面，以迎合右手按动，直到点完100张为止。扇面点钞点数动作如图3-11所示。

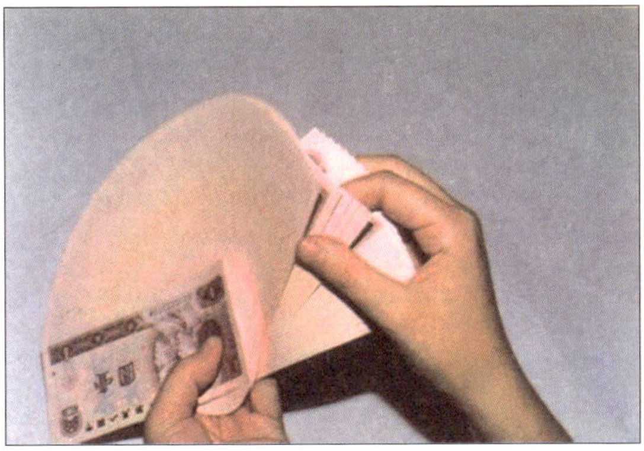

图3-11　扇面点钞点数动作

四、计数

采用分组计数法。每次以5张为一组，计满20组为100张；一次以10张为一组，计满10组为100张。

五、合扇

清点完毕合扇时，将左手向右倒，右手托住钞票右侧向左合拢，左右手指向中间一起用力，使钞票竖立在桌面上，两手松拢轻蹾，把钞票蹾齐，准备扎把。合扇动作如图3-12所示。

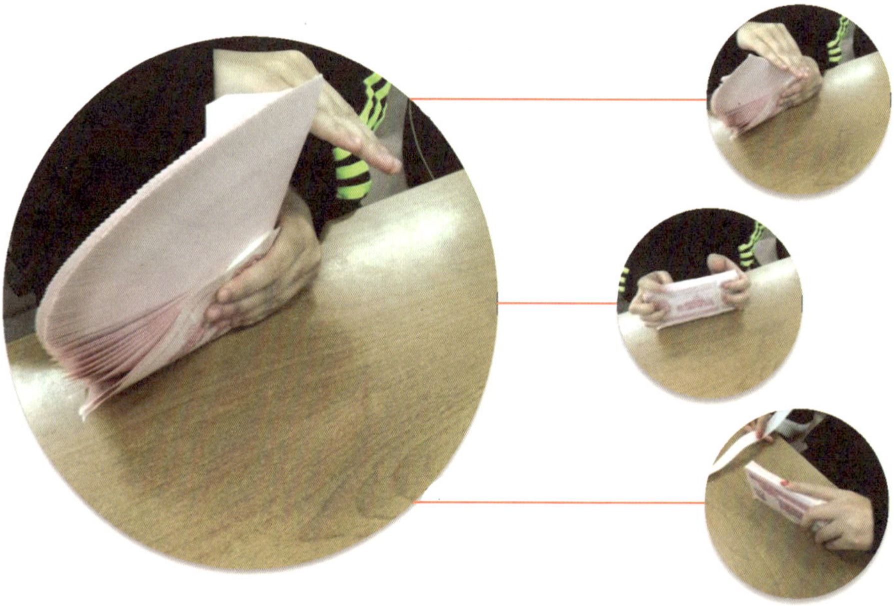

图3-12　合扇动作

【请注意】扇面点钞应注重开扇和点数两个环节。首先，扇面要开得均匀，使捻、甩在同一时间内一次完成，达到一次开扇。其次，点数时，眼、手要配合得当。也就是说，眼睛先看所按下的张数，随后手才能按下，这样才能保证点数的准确与速度。

扇面点钞主要流行于我国东北地区，特点是点钞速度快、工作效率较高，适用于清点钞票和复点款项工作；其缺点是不便于剔残和识别假钞。

六、扎把

清点完后，将钞票蹾齐并扎把。

七、盖章

扎把后的钞票均需要加盖清点人名章。

【同步训练3-5】

（1）训练内容：

①左右手协调配合。用双手开扇，反复练习，将扇面均匀打开。

②右手单手点数。拇指点数，食指将清点过的钞票隔开。

③分组计数。每5张一组，完成100张清点。

④分组进行训练，每组连续操作5把（每把100张），并逐把复核。

（2）训练指导：

①在扇面点钞的技术训练中，应注意把技术重点放在开扇上，因为只有扇面均匀整齐，才能保证清点准确。开扇时，左右手要同方向，钞票向左压，由里侧向右捻开。右手的食指、中指、无名指依次向右捻的同时，手腕抖甩钞票，将钞票均匀打开。

②初步练习开扇时，可以将扇面的张度开大一点。

③采用分组计数的方法，每5张为一组计数。

（3）任务布置：

①反复练习扇面点钞技术。

②同学之间互相检查，看谁的开扇动作标准、快速。

③规范持钞、开扇、清点、合扇的动作。

④分组进行抽测，然后筛选出优秀选手，进行组与组之间的角逐。

任务六　钞票扎把技能

一、平摊整理

整理现金时，应先挑出损伤券，然后按券别（100元、50元、20元、10元、5元等）、完整券和损伤券进行分类整点、扎把、捆扎。

二、拆把持钞

成把清点时，要先将捆钞条拆下。拆把时，既可将捆钞条脱去，以保持其原状，也可将捆钞条用手指勾断。通常初点时，采用脱去捆钞条的方法，以便复点时查找发现的差错；复点时，一般将捆钞条勾断。

三、手工扎把

微课

扎把

扎把技术是纸币清点中的一个重要环节，在手工点钞和机器点钞中，腰条捆扎的速度对于提高点钞整体速度起到了不可忽视的作用。

（一）扎把要求

捆扎现金要每100张为1把，用腰条在钞票中间扎好；不足100张的，要将腰条捆扎在钞票一端的1/3处，并将张数、金额写在腰条的正面。

凡经整点的现金，必须在腰条上加盖经办人名章。每10把钞票用细绳以双十字形捆扎为1捆，在顶端加贴封签，并加盖捆扎人名章。

（二）扎把方法

1.半圈拧结法

半圈拧结法的操作要领如下：

（1）持钞、拿条。扎把时，左手横持已蹾齐的钞票，拇指在前，食指压在上侧，其余三指捏在钞票后面，右手拇指和中指拿纸条的1/3处。

（2）放条。把纸条的2/3处放在钞票上侧中间，用左手食指将纸条压住，右手食指勾住钞票背面纸条的一端，使纸条的两端在钞票的背面吻合捏紧。

（3）扭结。左手稍用力握住钞票，使之成为斜瓦形，左手腕向外转动，右手捏住纸条向怀里转动，随后双腕还原，同时将右手两端的纸条拧半圈。

（4）掖条。用食指将纸条顺斜瓦掖下。

半圈拧结法扎把如图3-13所示。

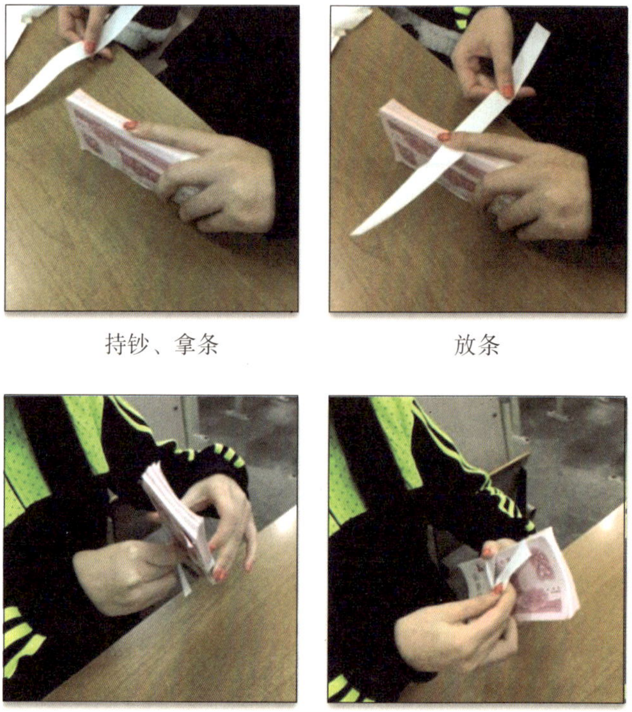

持钞、拿条　　放条

扭结　　掖条

图3-13　半圈拧结法扎把

【同步训练3-6】

（1）训练内容：

①左右手配合下列训练：持钞、拿条、放条、扭结、掖条、整理钞票等。动作连贯、协调。

②自查、互查捆钞的质量。

③将捆好的钞票右手捏紧、左手持章，清晰地将名章盖在钞票的侧捆条上。

（2）训练指导：

①训练时，首先告知学生什么是合格的捆扎技术，以及如何评价各个环节的质量。

②注意指导学生掌握好捆扎的松紧度，在扭结中左手将钞票握住，并且纵向握出弧度（瓦形）。捆扎完毕后，要在桌面上将整把钞票按平整。

③为了保证松紧适度，注意扭结时位置不能变。

（3）任务布置：

①反复练习半圈拧结法扎把技术。

②同学之间互相检查是否达到测评标准。

③完成拆把、点钞、捆扎、盖章全过程。

2. 夹条缠绕法

夹条缠绕法的操作要领如下：

（1）夹条。扎把时，先将钞票蹾齐，左手拇指在前，其余四指在后，横握钞票上侧左半部分，用食指将钞票上侧中间分开一条缝，用右手拇指、食指和中指捏住竖起纸条（留出约5厘米长）的一端，插入缝内约2厘米处。

（2）缠绕。右手拇指、食指和中指这三个手指前后换位绕钞票缠2圈（或1圈）。

（3）折角。左手将钞票下侧放在点钞台上稍压成小瓦形，右手将缠绕的纸条稍用力拉紧。

（4）掖条。左手食指压住拉紧的纸条，右手拇指和食指将纸条余端向右折叠，形成45°时，掖入缠绕好的纸条即可。

夹条缠绕法扎把如图3-14所示。

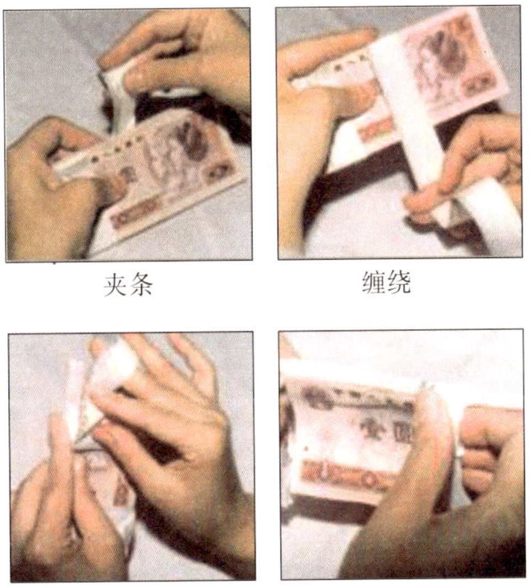

夹条　缠绕

折角　掖条

图3-14　夹条缠绕法扎把

【同步训练3-7】

（1）训练内容：

①左右手配合下列训练：夹条、缠绕、折角、掖条、整理钞票等。动作连贯、协调。

②自查、互查捆钞的质量。

③将捆好的钞票右手捏紧、左手持章，清晰地将名章盖在钞票的侧捆条上。

（2）训练指导：

①训练时，首先告知学生什么是合格的捆扎技术，以及如何评价各个环节的质量。

②注意指导学生掌握好捆扎的松紧度，在缠绕中左手将钞票握住，并且纵向握出弧度（瓦形）。捆扎完毕后，要在桌面上将整把钞票按平整。

③为了保证松紧适度，强调左手握钞时应掌握合适的弧度。如果弧度过大，则捆扎后无法将钞面整理平整；如果弧度过小或者没有弧度，则会造成捆扎无力，从而出现松动。

（3）任务布置：

①反复练习夹条缠绕法扎把技术。

②同学之间互相检查是否达到测评标准。

③完成拆把、点钞、捆扎、盖章全过程。

3. 压条缠绕法

压条缠绕法的操作要领如下：

（1）放条。左手横捏住钞票，右手食指、中指在外，拇指在里。右手横向捏住纸条左端，留出约7厘米长，放在钞票背面中间。

（2）缠绕。用左手食指和中指压住纸条，用右手向怀里绕钞票缠2圈。

（3）折角。

（4）掖条。

压条缠绕法扎把如图3-15所示。

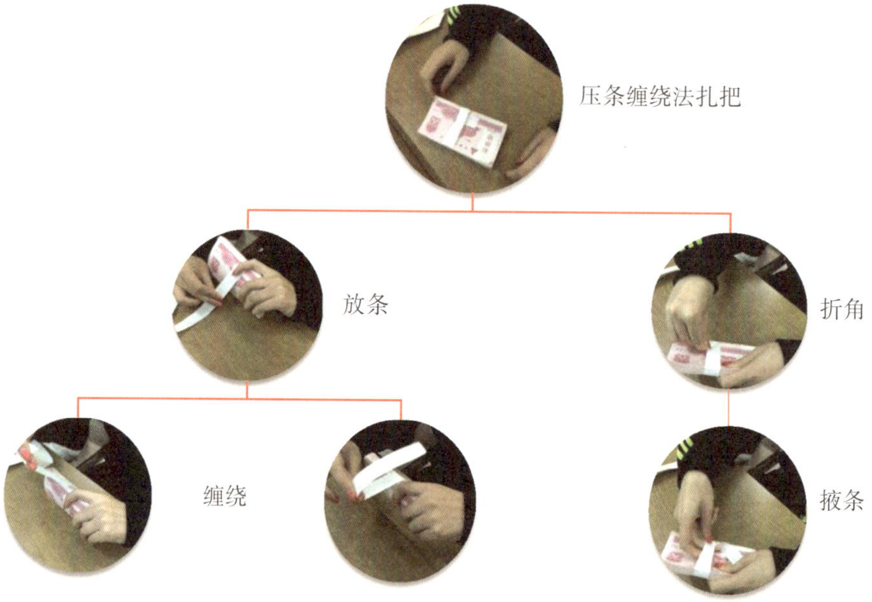

图3-15 压条缠绕法扎把

【同步训练3-8】

（1）训练内容：

①左右手配合下列训练：压条、缠绕、折角、掖条、整理钞票等。动作连贯、协调。

②自查、互查捆钞的质量。

③将捆好的钞票左手捏紧、右手持章，清晰地将名章盖在钞票的侧捆条上。

（2）训练指导：

①由于压条缠绕法有两种不同的起绕点，所以训练时既要让学生体会各种方法的不同，又要让学生巩固与夹条缠绕法相同的各个环节。

②注意指导学生掌握好捆扎的松紧度，在缠绕中左手将钞票握住，并且纵向握出弧度（瓦形）。捆扎完毕后，要在桌面上将整把钞票按平整。

③为了保证松紧适度，强调左手握钞时应掌握合适的弧度。如果弧度过大，捆扎后就无法将钞面整理平整；如果弧度过小或者没有弧度，就会造成捆扎无力，从而出现松动。

（3）任务布置：

①反复练习压条缠绕法扎把技术。

②同学之间互相检查是否达到测评标准。

③完成拆把、点钞、捆扎、盖章全过程。

四、机器捆钞

（一）捆钞机简介

捆钞机是光、机、电一体化的产品，是为了完成金融系统的纸币捆扎工作而研制的捆钞设备，它将压紧、捆扎、转位、烫合等工序自动完成，大大提高了工作效率及自动化办公程序。

国内的捆钞机主要分为以下三类：

第一类是机械式捆钞机。通过杠杆、螺旋或液压机械按压后由手工捆扎，因此工作人员的劳动强度较大，且操作不规范。

第二类是半自动式捆钞机。半自动式捆钞机是将纸币置入固定位置，按动工作键后，用电脑控制实现其中一个或连续的两个动作，其间需要工作人员两次手动转向，才可完成捆扎。一般每捆需要35秒，部分机型可以达到28秒以下。半自动式捆钞机如图3-16所示。

图3-16　半自动式捆钞机

第三类是全自动式捆钞机。工作人员把捆扎的现金放在工作台上，按下自动捆扎键后，不需要转向和反复施压，即可完成捆扎，而且速度较快，一般每捆的速度低于20秒，部分机型可以达到13～14秒。采用全自动式捆钞机可以真正地把操作人员从重复的劳动中解放出来，同时可以大大提高工作效率。全自动式捆钞机如图3-17所示。

图3-17　全自动式捆钞机

最新型的全自动式捆钞机采用微电脑控制，使用了最先进的非接触烫合方式，一次压紧，完成三道捆扎，成型更平整，避免了多次压钞，能够真正保护钞票不受损伤。该机具有智能人机对话功能，工作状态清晰显示，故障屏幕自动提示，封闭捆扎，操作简单，安全可靠。由于工作时三道同时捆扎，且不需要转位，所以速度更快。外置带盒装置使更换捆扎带更为简单，从而减轻了操作人员的工作强度，提高了工作效率，是一款理想的金融办公自动化设备。

（二）捆钞机的操作

1. 机械式捆钞机的操作及注意事项

（1）机械式捆钞机的操作。

① 做好捆钞前的准备工作。使用捆钞机捆钞，首先要仔细检查捆钞机各部位是否正常。手动捆钞机要检查手柄、齿轮上下运动是否自如。电动和液压捆钞机在捆钞前要打开开关各转一次，检查马达是否正常，液压管道有无漏油现象。检查完毕后，调整机器螺丝，使之适合所捆券别的松紧程序，最后固定螺丝。

② 放绳。将线绳拧成麻花扣，双十字放置在捆钞机底面平台的凹槽内。绳的两头所留长度要相等。

③ 放钞。两手各取5把钞票并在一起蹾齐，然后将10把钞票叠起，票面向上，放在捆钞机的平台上，再放垫纸。

④ 压钞。合上活动夹板，右手扳下压力扶手，反复操作，使钞票压到已调整好的松紧度。

⑤ 系绳。两手分别捏住绳子的两头，从上端绳套穿过，然后双手各自拉紧，从两侧把绳子绕到钞票的正面，使绳子的两头合拢，拧成麻花扣；左手按住叉点，右手捏住绳子的一头从钞票上面竖线穿过结上活扣，贴上封签，加盖名章和日期戳。

（2）机械式捆钞机操作的注意事项。

① 捆钞时要遵守操作程序，必须两手各取5把，以防钞票多把或少把，发生差错。

② 整捆钞票在捆扎时要垫衬纸，用于粘贴封签。衬纸垫在钞票上与其一并捆扎，封签贴在捆扎绳外，要注意衬纸与封签都必须切去一角，以便看清票面。

③ 以“捆紧”为标准，通过拉紧捆钞绳进行交叉固定，使钞票不易松开。

④ 捆扎绳必须完好，不能有结，以防被人解开。最后的活扣结只能打在衬纸表面，并用封签纸粘住。

⑤ 钞票捆扎完毕，要在封券上加盖日期戳及点钞员、捆钞员名章，以明确职责，便于查找差错。

2. 全自动式捆钞机的操作

全自动式捆钞机由微电脑控制，能够实现自动捆扎，捆钞位置也可随意调节。

（1）开机预热。全自动式捆钞机的预热时间短，不受环境影响，只需20秒。

（2）检查纸胶带、放钞。根据用户需要选用低温纸胶带。纸胶带有25毫米宽和20毫米宽两种。25毫米宽纸胶带韧性好，扎把不折裂、不损伤钞票，能够捆扎各类纸币。

（3）扎钞。自动引带可以连续扎钞，平均无故障时间大于800小时。

全自动式扎把机如图3-18所示，全自动式捆钞机如图3-19所示。

图3-18　全自动式扎把机

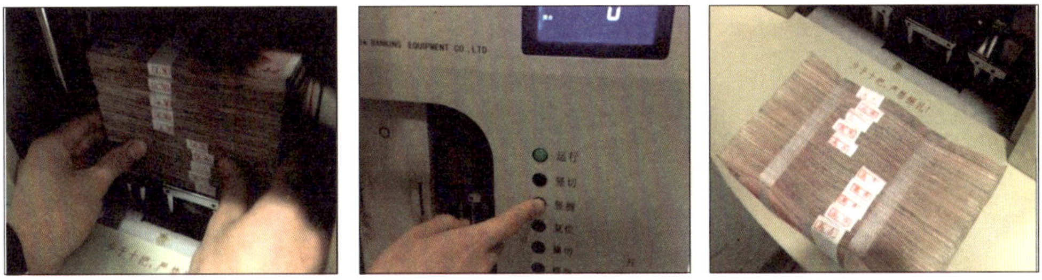

放钞　　按竖捆　　扎成捆

图3-19　全自动式捆钞机

【同步训练3-9】

（1）训练内容：机器扎把和机器捆扎。

（2）训练指导：

①连接扎把机电源，预热1分钟。

②准备100张钞票。

③将钞票放入扎把机。

（3）任务布置：练习手工扎捆，准备10把钞币，按照放绳、抓钞、放钞、系绳、盖章等程序捆扎。

任务七 整点硬币技能

硬币的整点有两种基本方法：一是手工整点；二是工具整点。手工整点硬币一般用在收款及收点硬币尾零款时。大批硬币需用工具来整点，工具整点硬币主要借助硬币整点器（亦称硬币计数器）。硬币整点器内部根据1元、5角、1角3种硬币的直径设计了相应的弧形槽式分币板，并且根据流通中硬币的平均厚度，固定了100枚硬币的总长度，每次可清点100枚硬币。硬币整点器由两部分组成：一部分是定槽；另一部分是动槽。动槽可以前后移动；动槽和定槽相间均等排列，每个槽相当于5枚硬币的厚度。当清点员按动动槽时，硬币会以5枚一组被分开，便于点数。硬币整点器使用简便、携带方便、工作效率高，是银行清点硬币不可缺少的工具。

手工整点硬币的操作要领一般分为拆卷、清点、计数、包装、盖章五个环节。

一、拆卷

右手持硬币卷的1/3处放在新的包装纸中间；左手撕开硬币包装纸的一头，右手从左端到右端压开包装纸；包装纸压开后，左手食指平压硬币，右手抽出已压开的包装纸。

二、清点

以右手拇指和食指将硬币从左向右分组清点。每次清点的枚数因个人技术熟练程度而定，可一次清点5枚或10枚，也可一次清点12枚、14枚、16枚等。为了保证清点准确无误，可从中间分开查看，如一次点10枚，即从中间分开，每边为5枚。以此类推。

三、计数

采用分组计数法，一组为一次，每次枚数要相同。如一次清点10枚，那么点10次即为100枚。

四、包装

硬币每100枚包1卷。包装时，首先用双手的无名指分别顶住硬币的两头，用拇指、食指和中指捏住硬币的两端，用双手拇指把里半边的包装纸向外掀起并用食指掖在硬币底部；然后右手掌心用力向外推卷，接着用双手的拇指、食指和中指分别把两头的包装纸向中间方向折压紧贴硬币，再用拇指将后面的包装纸往前压，用食指将前面的包装纸往后压，使包装纸与硬币贴紧；最后用拇指、食指向前推币，包装就完成了。包装好的硬币要紧，不能松，两端不能露出硬币。

五、盖章

将包装完的硬币卷平放在桌上，卷缝的方向一致，右手拿名章，盖在右面第一卷硬币上，左手平放在硬币卷上并使硬币卷向右滚动，名章随硬币卷的滚动依次盖在各卷上，使印章盖得又快又清晰。

【同步训练3-10】

（1）训练内容：

①将不同面值散放的硬币快速挑选分类。

②采用先大后小的顺序挑选。

③分类包装训练。

（2）训练指导：

①提示学生挑选时，先挑面值大的硬币，再挑面值小的硬币。

②包扎成卷时，要捆紧粘牢。

（3）任务布置：

①拿出事先准备好的硬币，反复练习。

②规范完成从挑选到成卷的全过程。

任务八　机器点钞技能

机器点钞就是使用点钞机整点钞票，以代替手工整点。机器点钞适用于复点大批款项。使用机器点钞对提高工作效率、减轻银行一线柜员的劳动强度、端正临柜服务态度、加速资金周转具有积极的作用。随着金融事业的不断发展，银行出纳的收付业务量也日益增加，因此机器点钞已成为银行出纳点钞的主要方法。

一、准备工作

（一）放置好点钞机

点钞机一般放在操机员的正前方，离胸前约30厘米。临柜收付款时，也可将点钞机放在点钞桌内，桌子台面用玻璃板覆盖，以便看清数字和机器运转情况。

（二）放置钞票和用具

机器点钞属于连续作业，且速度相当快，因此待清点钞票和操作用具的摆放位置必须固定，这样才能做到忙而不乱。一般未点的钞票放在机器右侧，按票面金额顺序排列，切不可大小夹杂排列；经复点的钞票放在机器左侧；捆钞条应横放在点钞机前面，其他用具的放置也要适当、顺手。

（三）选择功能键

首先，检查各机件是否完好。然后，打开电源，检查捻钞轮、传送带、接钞台的运行是否正常，灯泡、数码管的显示是否正常。最后，根据点钞的不同需要，选择功能键。

二、整点

点钞机的操作流程与手工点钞的操作流程基本相同。

（一）持票拆把

右手握住钞票，用食指勾断捆钞条，同时将相同面额的一叠钞票捻成一定斜度，并稍用力使钞票形成微梯形（如图3-20所示），将钞票平放到送钞口（如图3-21所示）。

图3-20　微梯形持钞

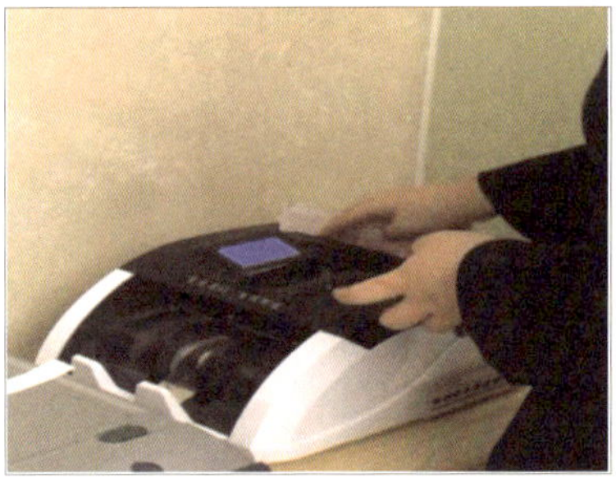

图3-21　放钞

（二）清点

点钞机开始自动传送计数、识别、整理。待送钞口的钞票全部输送完毕，机器自动停止点数，此时计数器显示窗上显示的数字就是该叠钞票的数量。

（三）扎把

送钞口的钞票下张完毕后，左手拇指在钞票上面，手掌向上，将钞票从接钞台里拿出（如图3-22所示）。把钞票蹾齐后进行扎把，此时也可以使用扎把机来完成扎把。

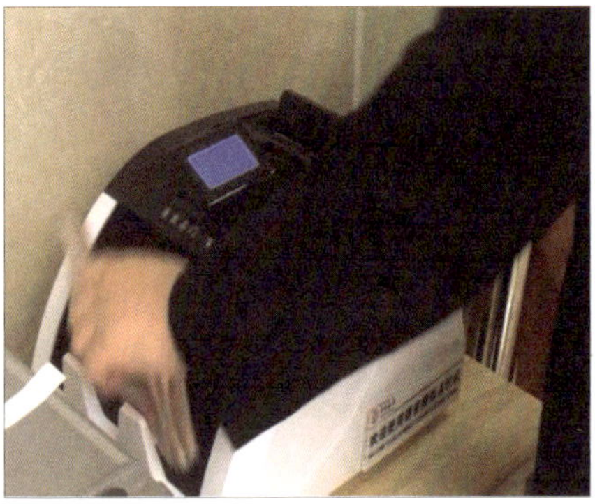

图3-22　取钞

（四）盖章

复点完全部钞票后，点钞员要逐把盖好名章，如图3-23和图3-24所示。盖章时要做到先轻后重、整齐清晰。

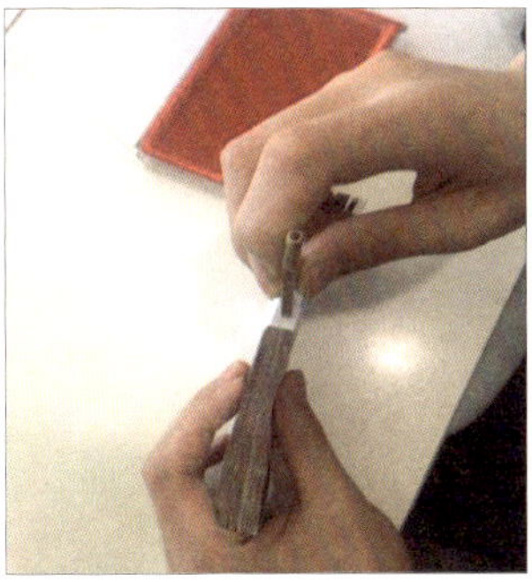

图3-23　单把盖章

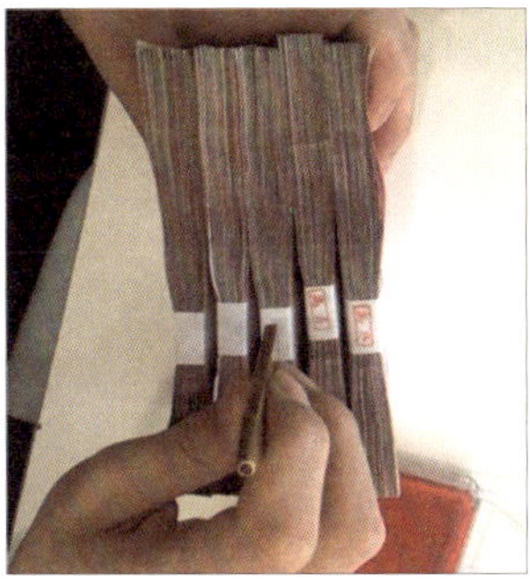

图3-24　多把盖章

由于机器点钞速度快，因此两手的动作要协调，各个环节要紧凑，下钞、拿钞、扎把等动作要连贯。当右手将一把钞票放入下钞斗后，马上拆开第二把，准备下钞，眼睛注意观察传送带上的钞票。当传送带上第一把钞票的最后一张落到接钞台后，左手迅速将钞票拿出，同时用右手将第二把钞票放入下钞斗，然后对第一把钞票进行扎把。扎把时，眼睛仍应注意观察传送带上的钞票。在左手将第一把钞票放在机器左侧的同时，右手从机器右侧拿起第三把钞票做好下钞准备，左手顺势抹掉第三把钞票的捆钞条后，迅速从接钞台上取出第二把钞票进行扎把。这样连续作业，才能提高工作质量和效率。在连续操作的过程中，必须注意以下问题：

（1）原捆钞条要顺序更换，不得将前把与后把的捆钞条混淆，以分清责任。

（2）钞票进入接钞台后，左手取钞必须取净，然后用右手再放入另一把钞票，防止串把现象发生。

（3）如发现钞票内有其他券种或损伤券及假币时，应随时挑出，并补上完整券后才能扎把。

三、机器点钞的操作技巧及注意事项

（一）操作技巧

机器点钞归纳起来要做到“五个二”。

二看：看清跑道票面，看准计数。

二清：券别、把数分清，接钞台取清。

二防：防留张，防机器吃钞。

二复查：发现钞票有裂缝和夹带纸片要复查，计数不准时要复查。

二经常：经常检查机器底部，经常保养、维修点钞机。

（二）注意事项

机器点钞容易发生的差错及相应的预防措施可以概括为以下4种：

1. 接钞台留张

左手到接钞台取钞时，有时会漏拿一张。

预防措施：取尽接钞台内的钞票，或不同的票面交叉进行清点。

2. 机器“吃钞”

引起机器“吃钞”的主要原因：钞票较旧，很容易卷到输钞轴上或带进机器肚内；出钞歪斜，容易引起输钞紊乱、挤扎，也有可能被下钞轮带进机器肚内。

预防措施：调整好面板，调节螺丝，使下钞流畅、整齐。输钞紊乱、挤扎时要重新清点一遍。要检查机器底部和前后输钞轴是否有钞票夹住。

3. 多计数

造成多计数的主要原因：机器在清点辅币、旧币时，容易发生飞张；钞票破裂，或一把钞票内残留纸条、杂物等。

预防措施：可将钞票调头后再清点一遍，或将机器内杂物、纸条取出后再清点一遍。

4. 计数不准

除了电路毛病和钞票本身的问题外，光电管、小灯泡积灰，或电压大幅度升降等，都会造成多计数或少计数。

预防措施：经常打扫光电管和小灯泡上的灰尘。荧光数码管突然计数不准，要立即停机，检查机器的线路或测试电压等。

【请注意】

（1）送钞是机器点钞的关键。送钞要稳，钞票放板的位置、角度要合适。

（2）提高机器点钞速度的关键在于提高动作的连续性。拆把、送钞、取钞、捆扎动作应衔接紧密，迅速准确，快而不乱。

【同步训练3-11】

（1）训练内容：

①将机器点钞的相关物品规范摆放。

②开机检查待机状态。

③整理钞票，上机清点。

④常见故障排除。

（2）训练指导：

①提示学生面对故障时，先进行分析判断，再动手排除。

②强调送钞和取钞两个重要环节。在钞票放入机器之前，将钞票整理成微梯形；在

点数完毕后取钞时，要认真查看下钞斗内是否有钞票遗漏。

（3）任务布置：

①100元练功券反复进行机器点钞操作。

②对散放的练功券进行每100张扎把的处理。

思政园地

在中国农业银行常州分行有一位牛人，仅凭听音就能知道钞票数量。今天我们就来认识这位“全国五一劳动奖章”获得者——王东云。

2017年，王东云参加了中央电视台推出的大型励志挑战节目——《挑战不可能》。在节目中，王东云蒙眼听两人点钞辨识张数。两人指法、张数均不同，需在零点零几秒内计数，最后验钞机验证王东云挑战成功，让观众十分惊讶。

王东云告诉记者，其实听音点钞不是故意去练的，而是她十几年点钞经验积累达成的。

王东云1990年进入中国农业银行，当时没有点钞机。有一个客户每天要来存现金，看她手脚慢，还容易出错，就埋怨说“现在的年轻人，自己不会还不肯练”。受了刺激以后，王东云就发誓要练点钞。每天在箱子里面放十把一块的钞票，只要柜面上没客户就练，一直练到手酸为止，一个星期就把那十把钱点烂了。

为了尽快提高速度，王东云创造了“自虐式”训练法。她说：“人家跑步腿上是绑沙袋，我是做了三个钢圈，分别套在拇指、食指和无名指上。刚开始不会用劲，一天下来手指就磨破了。我贴上创可贴继续练，套了钢圈练习一个月后成绩就提高了。”

训练强度最大时，她每天点钞十小时，点钞十八万次，点过的钞票摞起来有六层楼高，平铺开有四个篮球场大小。练习点钞十几年后，一门“绝活”在王东云身上诞生了——听别人点钞，她能够立刻知道有多少张。

2004年王东云获全国点钞比赛第二名，她开始研究更快的指法，突破传统点钞的极限。

王东云花了整整十几年的时间，研究把关节点钞变成肌肉点钞，自创出两种点钞手法：小鸡啄米式和刮刮式。新型指法突破了传统点钞的速度极限，2009年她斩获全国点钞冠军，2012年再次夺冠，同时刷新最好成绩。如今，她担任点钞教练，把新型指法传授给徒弟和同行。

（资料来源：江苏广电融媒体新闻中心）

正如老子所说：“天下大事，必作于细。”“工匠精神”是一种职业精神，它是职业道德、职业能力、职业品质的体现，是从业者的一种职业价值取向和行为表现。

在工作中认真做事只是把事情做对，用心做事才能把事情做好；把一件简单的事做好就是不简单，把一件平凡的事做好就是不平凡。如果每个人都能热爱自己的工作，精益求精，那么我们不但会把事情做对，而且会做得更好，成功将会离我们不远。

所以，不论做什么事情，要想取得好的结果，不仅要有聪明才智，更重要的是要有持之以恒、精益求精、勇于创新的精神，踏踏实实用心去做，这样才能把简单的事情做好、做专业。

角色演练

【任务】点钞。

【角色】财务会计人员、银行柜员等。

【情境】

（1）客户李莉持现金来到银行，要求存入100 000元到单位的基本存款账户。学生甲扮演李莉，学生乙扮演柜员，学生丙扮演复核人员。

（2）将全班同学按1∶1分成监考员与参赛者两部分。扮演参赛者的同学就座于1、3、5、7、9等排座位中，每人手持600张点钞券（参赛选手不知道有多少张）置于桌面正确位置上。扮演监考员的同学手持手机计时器或秒表分别对应每一位参赛者站立。老师宣布比赛开始，在30秒内点钞最多的参赛者获胜。

（3）将全班同学按1∶1分成监考员与参赛者两部分。扮演参赛者的同学就座于1、3、5、7、9等排座位中，每人手持30把点钞券（每把100张）置于桌面正确位置上。扮演监考员的同学手持手机计时器或秒表分别对应每一位参赛者站立。老师宣布比赛开始，在最短的时间内完成扎把和捆钞的参赛者获胜。

（4）将全班同学按1∶1分成监考员与参赛者两部分。扮演参赛者的同学就座于1、3、5、7、9等排座位中，每人手持1 100张点钞券（参赛者不知道有多少张）、捆钞条和捆钞绳置于桌面正确位置上。扮演监考员的同学手持手机计时器或秒表分别对应每一位参赛者站立。老师宣布比赛开始，在最短的时间内完成点钞、扎把、捆扎工作的参赛者获胜。

（5）请同学们自己创设一些情境进行实训。

项目小结

根据持票姿势的不同，手工点钞可划分为手按式点钞方法和手持式点钞方法。目前，手持式点钞方法的应用比较普遍。手持式点钞方法根据指法的不同可分为单指单张点钞、单指多张点钞、四指四张点钞、五指拨动点钞和扇面点钞等。

单指单张点钞是用一个手指一次点一张钞票的点钞方法。这种方法是点钞中最基本也是最常用的一种方法，使用范围较广，频率较高。它适用于收款、付款和整点各种新旧大小钞票。它的优点是持票面小，能看到票面的3/4，容易识别假币和挑剔损伤券；缺点是点一张计一个数，比较费力。

单指多张点钞是用一个手指每次捻两张或两张以上钞票的点钞方法。它的优点是捻动钞票的频率慢，但每次捻下钞票的张数多，计数简单省力，可以减轻操作人员的脑力劳动；缺点是不能全面观察票面，不利于识别假币和挑剔损伤券。

四指四张点钞也称四指拨动点钞。它适用于收款、付款和整点工作，是一种适用广泛、适合柜面收付款业务的点钞方法。它的优点是速度快、效率高。由于每指点一张，票面可视幅度较大，看得较为清楚，因此有利于识别假币和挑剔损伤券。

五指拨动点钞适用于收款、付款和整点工作。它的优点是效率高、计数省力。这种方法要求五个手指依次动作，动作幅度较大。

扇面点钞是把钞票捻成扇面状进行清点的方法。这种点钞方法速度快，是手工点钞中效率最高的一种。但它只适合清点新票币，不适合清点新、旧、破混合钞票。

无论采用哪种点钞方法，都应该掌握整点的基本环节：起钞→拆把→持钞→点数→计数→扎把→盖章。做到点数准确、钞票蹾齐、扎把捆紧、盖章清晰和动作连贯。

机器点钞有助于降低劳动强度，提高工作效率，要学会点钞机的使用和维护，能够排除简单的机器故障。

技能考核

一、单指单张点钞测试

按表3-1中单指单张点钞各阶段测试标准进行测试。

表3-1　单指单张点钞各阶段测试标准

阶段	测试方式	备钞	抽出	时间要求	内容要求	准确率要求
一	百张单把抽张测试	100～105张	2～8张	40秒内	只点不捆	100%
二	百张单把抽张测试	100～105张	2～8张	30秒内	只点不捆	100%
三	百张单把抽张测试	100～105张	2～8张	35秒内	清点与捆扎	100%
四	百张5把抽张测试	5把（每把100～105张）	每把抽出2～8张	3分钟	只点不捆并填制记录单	100%
五	抓点	散放2 000张	—	10分钟8～10把	抓、点、捆、盖四个环节	100%
六	抓点	散放2 000张	—	10分钟12～14把	抓、点、捆、盖四个环节	100%
七	抓点	散放2 000～2 500张	—	10分钟8～18把	抓、点、捆、盖四个环节	100%

说明：第一阶段至第四阶段适用于初学者的考核。第一阶段和第二阶段为起步阶段，适用于单项技术的基本考核；第三阶段和第四阶段适用于综合技术的初学阶段考核；第五阶段适用于技能达标鉴定前的考核；第六期阶段适用于技能达标鉴定提高及选手测试的考核。

二、点钞技能评价标准

点钞技能考核采用五级制的评价标准（见表3-2）。

表3-2　点钞技能考核五级制评价标准

考核方式	考核标准	成绩	备注
单把点钞方式	30秒以内（含30秒）	优	点钞内容：100张抽张点、捆，在准确率为100%的基础上计算成绩，捆紧且美观
	31～35秒	良	
	36～40秒	中	
	41～45秒	及格	
	超过45秒	不及格	
多把点钞方式	16把	优	点钞内容：10分钟计时点、捆，在准确率为100%的基础上计算成绩，捆紧且美观
	14把	良	
	12把	中	
	10把	及格	
	低于10把	不及格	

项目四

数字录入与计算技能

【知识点】

1. 票币计算基础
2. 传票计算基础
3. 账表计算基础

【技能点】

1. 计算器数字录入
2. 计算机小键盘数字录入
3. 票币计算
4. 传票计算
5. 账表计算

【课程思政融入点】

1. 培养严谨细致的工作作风和职业习惯。数据录入，反复地核对和验证，做到精力集中，有条不紊，严谨细致，沉着冷静。计算器具摆放整齐，钱款票据存放有序，办公环境洁而不乱。做到收支计算准确无误，手续完备，不发生工作差错
2. 培育和弘扬新时代的工匠精神，营造精益求精的敬业风气。会计工作质量的全面提升依赖于会计人职业素质的提高，让坚守准则、爱岗敬业、勤奋执着、创新创造、追求卓越成为会计行业的气质和名片，照亮中国由“会计大国”向“会计强国”迈进的时代征程

引言

随着信息技术的不断发展，计算机和计算器的使用越来越普及，在各类会计核算中的应用也日益广泛，财务人员、银行职员、收银员都要熟练掌握计算器和计算机小键盘数字录入的操作技能，提高工作效率，以适应相关工作岗位的技能要求。

任务一 数字录入技能

一、计算器数字录入

计算器一般是指电子计算器，是能进行数学运算的手持机器。计算器款式多样、各不相同，但是主要按键的功能及四则运算的操作一般是相同的。

（一）计算器的结构

计算器是财务人员在日常工作中必备的计算工具。以图4-1中的计算器为例，介绍常用计算器的主要部件及功能。

图4-1 计算器

1. 电源开关键

（1）开启键【ON】：按键后接通电源，显示器出现“0”，等待使用。

（2）关闭键【OFF】：按键后切断电源，显示器为空白。

2. 显示器

显示器是输出装置，能够把计算结果显示出来。

3. 输入键

（1）数字输入键【1】、【2】、【3】、【4】、【5】、【6】、【7】、【8】、【9】、【0】：用来输入数字，按一次键，输入一位数。

（2）小数点键【·】：用来输入小数。未按此键前输入的数据是整数，按此键后输入的数据是小数。

4. 运算键

（1）加号键【+】：进行基本加法和连加的运算。

（2）减号键【-】：进行基本减法和连减的运算。

（3）乘号键【×】：进行基本乘法和连乘的运算。

（4）除号键【÷】：进行基本除法和连除的运算。

（5）等号键【=】：在两项数字相加、相减或相乘、相除后按此键，可得出计算结果。加号键、减号键、乘号键、除号键都可代替等号键。

（6）开平方键【√ 】：进行开平方运算。按此键后不必再按等号键，即可得出结果。

（7）百分数键【%】：进行百分数运算，或加减、折扣的运算。按此键后不必再按等号键，即可得出结果。

（8）累加键【M+】：将输入的数或中间计算结果进行累加。

（9）累减键【M-】：将输入的数或中间计算结果进行累减。

5. 累计显示键

累计显示键【MR】：将累计存储结果的数字显示出来。

6. 消除键

（1）消除键【C】【AC】：将显示器上所显示的数字全部消除，但不能消除累计存储数。

（2）部分消除键【CE】：消除运算键后的数，或当即输入的数。例如："75 + 42"，若"42"应为"48"，则按【CE】键将"42"消除掉，仍保留"75"；再按"48"，就是"75 + 48"。【CE】键也不能消除累计存储数。

（3）累计数消除键【MC】：将累计数消除掉，只能消除存储器中的数字，而不能消除显示器上的数字。它与【C】键同时使用，才能把显示器上的数字消除掉，使显示器显示"0"。

（二）计算器数字录入的操作姿势

操作者上半身应保持颈部直立，使头部获得支撑，两肩自然下垂，上臂贴近身体，手肘弯曲呈90°。手腕保持水平姿势，手掌中线与前臂中线成一条直线。下半身腰部挺直，膝盖自然弯曲呈90°，并维持双脚着地的坐姿。

【请注意】*双脚要平放在地，不要交叉双脚，或单脚立地，以免影响血液循环。*

（三）计算器数字录入的基本指法

中指放在【5】键（此键是基准键）上，食指放在【4】键上，无名指放在【6】键上。食指按【1】、【4】、【7】键，中指按【2】、【5】、【8】键，无名指按【3】、【6】、【9】键，小指按【-】、【+】和【=】键，大拇指按【0】键或夹笔。中指按过其他键后要自然回到基准键上，其余手指按过其他键后要自然收回靠近中指。计算器数字录入的基本指法见表4-1。

表4-1 计算器数字录入的基本指法

键位	指法
4、5、6	基本键位，分别由右手的食指、中指和无名指负责
1、4、7、▶	由食指负责
00、2、5、8	由中指负责
3、6、9、·	由无名指负责
+、-、×、÷、=	由小手指负责
0、ON、OFF、CE	由拇指负责

【同步训练4-1】

（1）训练内容：

①熟悉计算器的各个功能键。

②教师随机说出不同的功能键，由学生快速寻找与其相对应的键位。

（2）训练指导：

①在快速找键训练中，教师的读键速度要有一个由慢到快的过程，要使绝大多数学生能够跟上。最好从基准键开始，直上直下找或对角线找。

②要求学生从看键找逐步过渡到不看键找，从慢找过渡到快找。

（3）任务布置：

①基准键练习，按指法规则混合练习。

②加百子练习，熟练使用小手指按【+】键。

二、计算机小键盘数字录入

（一）计算机小键盘的结构

计算机小键盘是计算机键盘的一部分，它位于计算机键盘的右下方，又称数字/光标移动键盘。在小键盘中，各键分布紧凑、合理，便于单手操作。在录入纯数字和符号等内容时，使用小键盘比使用主键盘更快捷方便。

小键盘由以下17个键位组成：【Num Lock】键、【/】键、【*】键、【-】键、【+】键、数字键（0~9）、【·】键和【Enter】键。数字小键盘左中区集中排放了10个数字键，有利于快速输入大量数据。

在小键盘上按一下【Num Lock】键，指示灯亮起，小键盘数字键启动，此时可以进行数字录入等操作。如果再按一下【Num Lock】键，指示灯熄灭，小键盘数字键关闭，此时除数字录入以外的其他操作可以正常进行。通过【Num Lock】键，可以在光标功能和数字功能之间进行切换。

（二）计算机小键盘的操作姿势

在进行计算机小键盘操作练习的时候，坐姿非常重要。正确的坐姿是准确、迅速录入的前提条件。录入时，手指轻轻放在基本键上，身体其他部位不要靠在键盘边框或桌子边上，具体操作姿势如下：

（1）操作者在计算机前要坐正，腰背挺直，身体稍向前倾斜，双脚自然平放在地上。桌椅高度要适当，以小手臂与键盘盘面相平为宜。

（2）身体与计算机键盘的适宜距离为15～30厘米。手臂、肘、腕、两肩都要放松，肘与腰的距离为5～10厘米，手臂与手腕要向上倾斜，但是手腕不能拱起。

（3）手掌要以手腕为轴略向上抬起，手指自然垂下略弯曲，从手腕到指尖形成一个弧形，手指的第一关节要同键盘垂直，轻轻按在与手指相关的基本键上。

（4）眼睛要略高于显示器15°，眼睛与显示器的距离以15～30厘米为宜。

（三）计算机小键盘的操作指法

计算机小键盘的操作只能用右手。将计算机键盘的各个键位固定地分配给右手的五个手指，手指在键盘上的位置非常重要。计算机小键盘的操作指法如图4-2所示。

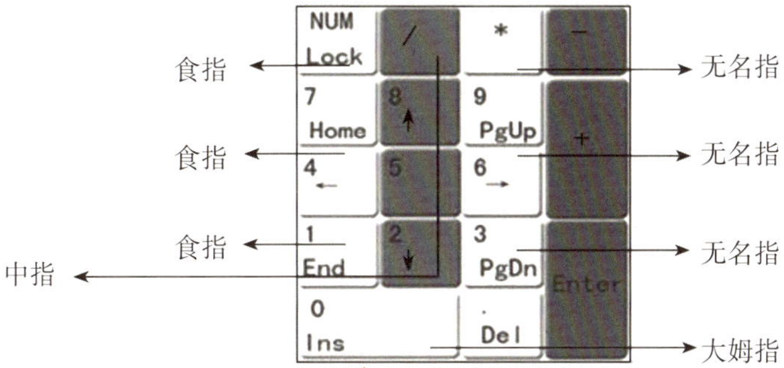

图4-2　计算机小键盘的操作指法

计算机小键盘的基本键位是4、5、6，分别由右手的食指、中指和无名指负责。各手指具体分工见表4-2。

表4-2　各手指具体分工

键 位	指 法
1、4、7、Num Lock	由食指负责
2、5、8、/	由中指负责
3、6、9、·、*	由无名指负责
-、+、Enter	由小手指负责
0	由拇指负责

（四）计算机小键盘的击键方法

1. 手型

手指保持弯曲，手形成勺状。

2. 击键

击键时手指尖垂直向键位使用冲击力，力量要在瞬间爆发出来，并立即反弹回去，不可按键或压键。击键后，手指要迅速回到基本键位。击键速度要均匀，有节奏感，用力不可太猛。初学时，首先要讲究击键的准确性，其次追求高速度。

3. 节奏

敲击键盘要有节奏，击上排键时手指伸出，击下排键时手指缩回，击完后手指立即回到基本键位。

4. 力度

击键的力度要适中，过轻则无法保证速度，过重则容易疲劳。

5. 分工

各个手指的分工明确，不能越到其他区域击键。

【同步训练4-2】

（1）训练内容：

①熟悉计算机小键盘的结构。

②教师随机说出不同的键位名称，由学生快速寻找与其相对应的键位。

（2）训练指导：

①在快速找键训练中，教师的读键速度要有一个由慢到快的过程，要使绝大多数学生能够跟上。最好从基本键位开始，直上直下找或对角线找。

②要求学生从看键找逐步过渡到不看键找，从慢找过渡到快找。

（3）任务布置：

①基本键位练习，按指法规则混合练习。

②通过小键盘数字录入软件练习指法，逐渐做到盲打准确。

任务二　票币计算技能

票币计算是要求银行柜员、出纳人员等先心算出货币（或有价证券）的张、把、捆数的金额，然后用计算器（或算盘）进行累加，即对不同面额、不同张数的票币进行组合，迅速计算出它们的合计金额。从计算程序来看，它是一种乘加法，是心算加计算器计算（或珠算）的一种特殊算法。

票币计算技能是会计综合技能的重要内容，广泛应用于银行柜面、出纳等现金收付及配款等工作。

一、票币的类别

按人民币的券别结构，目前流通的人民币共有8种券别，它们分别由1、2、5三种数字组成。为了便于心算，我们把票币分为以下三类：

（1）“1”字类：100元、10元、1元、1角。

（2）“5”字类：50元、5元、5角。

（3）“2”字类：20元。

其中：“1”字类只需要按面额张、把、捆数置于计算器上累加，不需要换算；“2”字类则对其张、把、捆数做乘2或加倍换算，即可在计算器上累加；“5”字类可用除2换算，然后对位累加。

二、票币计算的技术要求

票币计算要求心算出各种钞票的张、把、捆数的金额，然后置在计算器上。票币计算有以下四项技术要求：一是心算快速；二是定位准确；三是累加正确；四是计数无误。具体说明如下：

（一）心算快速

“券别明细表”放在计算器下端，数字离计算器越近越好，以利于看数。避免将“券别明细表”放在计算器的左边，看数时头部左右摆动会影响速度。

（二）定位准确

使用计算器击键时，用手指尖对准键中心敲击。击键时动作要敏捷、果断，击键后手指要迅速弹起，并迅速回到基准键上。不用的手指应尽量不离开规定的各基准键。

（三）累加正确

按券别心算金额，然后在计算器上依次累加。

（四）计数无误

书写合计数时，分节号、小数点区分清楚，避免漏写、错写，数字清晰。

【做中学4-1】票币计算试题见表4-3，题中包含8种券别。

表4-3　票币计算试题

券别	张数
壹佰圆	52
伍拾圆	85
贰拾圆	95
拾圆	45
伍圆	21
壹圆	32
伍角	21
壹角	75
合计	

要求：计算表4-3中合计金额。

操作步骤：将各券别分别乘以其数量，然后进行累加，求出合计数。合计为$100\times52+50\times85+20\times95+10\times45+5\times21+1\times32+0.5\times21+0.1\times75$。

第一步：心算$100\times52=5\ 200$，将5 200输入计算器，屏幕显示为“5’200”。

第二步：心算$50\times85=4\ 250$，将4 250输入计算器，屏幕显示为“9’450”。

第三步：心算$20\times95=1\ 900$，将1 900输入计算器，屏幕显示为“11’350”。

第四步：心算10×45=450，将450输入计算器，屏幕显示为“11’800”。
第五步：心算5×21=105，将105输入计算器，屏幕显示为“11’905”。
第六步：心算1×32=32，将32输入计算器，屏幕显示为“11’937”。
第七步：心算0.5×21=10.5，将10.5输入计算器，屏幕显示为“11’947.5”。
第八步：心算0.1×75=7.5，将7.5输入计算器，屏幕显示为“11’955”。
第九步：书写合计为“11 955”。

三、票币计算的方法

（一）整把票币的计算

整把票币（100张）的计算非常简单，其计算公式为：

金额 = 100 × 面值

计算规律是将面值扩大100倍。

【做中学4-2】面值100元的整把票币，金额为10 000元（100×100）；面值50元的整把票币，金额为5 000元（100×50）；面值5角的整把票币，金额为50元（100×0.5）。

（二）非整把票币的计算

1.张数为一位数时的计算

当张数为一位数时，计算比较简单，其计算公式为：

金额 = 张数 × 面值

【做中学4-3】面值20元的9张，金额为180元（9×20）；面值1元的7张，金额为7元（7×1）。

2.张数为两位数时的计算

张数为两位数时的计算，包括乘5的计算、乘2的计算和乘1的计算。

（1）乘5的计算，即50元、5元、5角票币的计算。

①定位方法。

50元的张数超过20张（含20张）的，得数应定位在千元位；2张（含）至20张（不含）之间的，得数应定位在百元位。

5元的张数超过20张（含20张）的，得数应定位在百元位；2张（含）至20张（不含）之间的，得数应定位在十元位。

5角的张数超过20张（含20张）的，得数应定位在十元位；2张（含）至20张（不含）之间的，得数应定位在元位。

②心算技巧。券别是“5”的应用张数除以2，得数的尾数应该是5或0。将“5”字类券别的张数分成四组分别讲解心算技巧。

a.十位、个位均为偶数的心算技巧。心算规则：“逐位折半，末尾补零”。

【做中学4-4】46张5元，即46×5=230（元）。

思维与计算过程：从高位开始逐位折半（取一半）后，最后补零。46折半为23，最后补0，结果为230元。

十位、个位均为偶数的定位练习举例见表4-4。

表4-4　十位、个位均为偶数的定位练习举例

券别	张数	金额（元）	券别	张数	金额（元）
50元	22	1 100	5元	48	240
50元	26	1 300	5元	42	210
50元	86	4 300	5元	46	230
50元	68	3 400	5元	84	420

b. 十位为偶数、个位为奇数的心算技巧。心算规则：“偶数折半，奇数减1折半，末尾补5”。

【做中学4-5】85张5元，即85 × 5 = 425（元）。

思维与计算过程：前位8折半为4；后位5减1折半为2。由于被乘数只有两位，折半后补5，结果为425元。

十位为偶数、个位为奇数的定位练习举例见表4-5。

表4-5　十位为偶数、个位为奇数的定位练习举例

券别	张数	金额（元）	券别	张数	金额（元）
5角	49	24.5	5元	61	305
5角	69	34.5	5元	83	415
5角	47	23.5	5元	85	425
5角	63	31.5	5元	21	105

c. 十位为奇数、个位为偶数的心算技巧。心算规则：“奇数先减1后折半，偶数先加10后折半，末尾补0”。

【做中学4-6】96张5元，即96 × 5 = 480（元）。

思维与计算过程：前位9减1等于8，将8折半为4；后位6加10等于16，将16折半为8。由于被乘数只有两位，折半完毕后，最后补0，结果为480元。

十位为奇数、个位为偶数的定位练习举例见表4-6。

表4-6　十位为奇数、个位为偶数的定位练习举例

券别	张数	金额（元）	券别	张数	金额（元）
50元	34	1 700	5元	36	180
50元	72	3 600	5元	54	270
50元	32	1 600	5元	56	280
50元	96	4 800	5元	78	390

d. 十位、个位均为奇数的心算技巧。心算规则：“前位先减1后折半，后位先减1加10后折半，末尾补5”。

【做中学4-7】37张5元，即37 × 5 = 185（元）。

思维与计算过程：前位3减1等于2，将2折半为1；后位7减1加10等于16，将16折半为8。由于被乘数只有两位，折半完毕后，最后补5，结果为185元。

十位、个位均为奇数的定位练习举例见表4-7。

表4-7　十位、个位均为奇数的定位练习举例

券别	张数	金额（元）	券别	张数	金额（元）
5角	39	19.5	5元	71	355
5角	79	39.5	5元	33	165
5角	57	28.5	5元	75	375
5角	93	46.5	5元	31	155

（2）乘2的计算，即20元票币的计算。

① 定位方法。20元的张数超过50张（含50张）的，得数应定位在千元位；5张（含）至50张（不含）之间的，得数应定位在百元位；5张（不含）以下的，得数应定位在十元位。

② 心算技巧。券别是“2”的应用张数乘以2，实际上是张数自身的翻倍，得数的尾数应是双数或0。心算规则：“算前位，看后位，提前进位”。

【做中学4-8】28张20元，即28 × 20 = 560（元）。

思维与计算过程：算前位，2自身翻倍得4，写4之前先看后位上的数，后位上的数是8，已经满5就要进1，需要在4上加1，直接写5，同时后位8自身翻倍后个位是6，结果为560元。

乘2的心算技巧练习举例见表4-8。

表4-8　乘2的心算技巧练习举例

券别	张数	金额（元）	券别	张数	金额（元）
20元	24	480	20元	36	720
20元	27	540	20元	45	900
20元	32	640	20元	56	1 120
20元	97	1 940	20元	75	1 500
20元	48	960	20元	66	1 320
20元	69	1 380	20元	83	1 660
20元	74	1 480	20元	98	1 960
20元	53	1 060	20元	31	620

（3）乘1的计算，即100元、10元、1元、1角票币的计算。

①定位方法。

100元的张数超过10张（含10张）的，得数应定位在千元位；10张（不含）以下

的，得数应定位在百元位。

10元的张数超过10张（含10张）的，得数应定位在百元位；10张（不含）以下的，得数应定位在十元位。

1元的张数超过10张（含10张）的，得数应定位在十元位；10张（不含）以下的，得数应定位在元位。

1角的张数超过10张（含10张）的，得数应定位在元位；10张（不含）以下的，得数应定位在角位。

②心算技巧。乘1的心算规则：用面额乘以张数。

乘1的心算技巧练习举例见表4-9。

表4-9　乘1的心算技巧练习举例

券别	张数	金额（元）	券别	张数	金额（元）
100元	26	2 600	10元	27	270
100元	29	2 900	10元	32	320
100元	34	3 400	1元	54	54
100元	95	9 500	1元	73	73
1角	48	4.8	1元	66	66
1角	69	6.9	1元	83	83
1角	74	7.4	1元	98	98
1角	53	5.3	1元	31	31

四、运用计算器功能键进行票币计算

对于心算准确率相对较差的同学，可以利用计算器上的【M+】、【MR】、【MC】等功能键计算币值。

微课　票币计算

（一）功能键使用说明

① 单击【MR】，可将存储区中的数调出到显示栏中，存储区中的数值不变。首先，按一下【MC】按钮，清除显示栏中的数据；然后单击【MR】，刚才存储的数据就又显示出来了。

② 单击【M+】，将当前显示的数与存储区中的数相加，结果存入存储器。单击【M+】，再单击【MR】，可以看到正确答案已经显示出来了。

③ 单击【MC】，用于清除存储区中的数值。这时单击【MC】，小灰框中的M标记没有了；再单击【MR】，显示栏中还是0，刚才的结果不再出现，原因是单击【MC】操作将它清除了。

（二）功能键计算方法

利用计算器上的功能键计算票币币值，每个单项算完后单击【M+】，最后单击【MR】看总和。

【做中学4–9】100元52张，50元85张，20元95张，10元45张，5元21张，1元32张，5角21张，1角75张。

计算过程：52 × 100 →【M+】→ 85 × 50 →【M+】→ 95 × 20 →【M+】→ 45 × 10 →【M+】→ 21 × 5 →【M+】→ 32 × 1 →【M+】→ 21 × 0.5 →【M+】→ 75 × 0.1 →【M+】，然后单击【MR】，得出总和11 955元。

（三）注意事项

（1）单项计算完后单击【M+】，【M+】是记忆键，每按一次记忆一次。

（2）计算到最后一项时，单击【M+】，再单击【MR】，否则最后一项的数值没有被记忆。

这种计算方式在实际工作中适用性较差，工作效率低，不利于盲打计算，因此不建议经常使用。对于心算能力低下、准确率差的人，这种方法可以作为弥补方式。

【同步训练4–3】

（1）训练内容：计算器票币计算。

（2）训练指导：在这个阶段的训练中，可以考虑分两步走。

①初学阶段训练。初学阶段训练可以按以下顺序进行：

第一组的顺序：100元、10元、1元、1角。

第二组的顺序：50元、5元、5角。

第三组的顺序：20元。

②提高阶段训练。在心算能力已经比较熟练的基础上，可以进行8个币种的综合运算。

（3）任务布置：

①心算训练。每分钟3道题，说出8种券别心算金额，不进行合计数计算。

②套题训练。每套20道小题，时间限定为20分钟，根据对题量评定成绩。

任务三　传票计算技能

一、传票的概念和种类

（一）传票的概念

传票是记有文字和数字的会计凭证，如发票、支票、收据和记账凭证等。由于这些凭证在有关人员之间传递使用，因此人们习惯称其为传票。

（二）传票的种类

1. 按是否装订分类

按是否装订分为订本式传票、活页式传票和专用传票。

（1）订本式传票。在传票的左上角装订成册，如实际工作中发票的存根、收据的存根和各种装订成册的单据等。订本式传票一般在比赛中使用。

（2）活页式传票，也称发票式传票。在实际工作中，银行系统多使用活页式传票，如储蓄传票和会计传票等。

（3）专用传票。它是指与测试机配套的专用传票。

2. 按适用范围分类

按适用范围分为全国标准传票、银行测试传票和发票算三种。

（1）全国标准传票。全国标准传票长19厘米、宽9厘米，四号手写体，60克手写纸印刷，左上角装订册。每本共100页，每页的右上角印有阿拉伯数字表示页码，每页传票上有五行数字，每行数字前自上而下印有（一）、（二）、（三）、（四）、（五）的行次标志，各行数下加有横线，其中第（二）、（四）行数下为粗线。各行数从第1页至第100页均为550个数字，每笔最高为9位数、最低为4位数，全为金额单位。每连续20页的同一行数相加为一题，计110个数字，0～9各数字均衡出现。命题时任意选定起止页数。例如，第一题从第9页至第28页第（五）行，第二题从第69页至第88页第（二）行等，各题均为连加法。全国标准传票样式如图4-3所示。

全国珠算技术比算

百张传票算题

（五排A）

A47

（一）6 726.24

（二）24.03

（三）91 346.28

（四）6 246.79

（五）64 289.36

图4-3　全国标准传票样式

（2）银行测试传票。银行百张传票是银行系统业务竞赛常用的一种比赛形式。

① 传票每页上面一组数字，可供一次计算。

② 百页数字一次计算，全部为连加法，在答数正确的基础上，以速度决定名次。

③ 每百页中最高位9位、最低位4位，为金额单位。其中，4位数16页，5位至8位数各17页，9位数16页，共650个数码。拟题时要求0～9各数字均衡出现。

银行测试传票样式如图4-4所示。

（3）发票算。发票算全部为连加法，没有减数。发票本为左侧胶粘装订本，规格长12厘米、宽6厘米，五号手写体，59克凸版纸印制。每本200张，正反两面印，共400页（页号印在中间）。每页印一行数字，位数最高5位、最低2位，为金额单位。每100页为350个数字。比赛时每30页（105个数字）为一道题，0～9各数字均衡出现，命题时任意选定起止页数。例如，第一题从第8页至第37页，第二题从第52页至第81页等。这种传票通常用于商品流通企业技能比赛中。

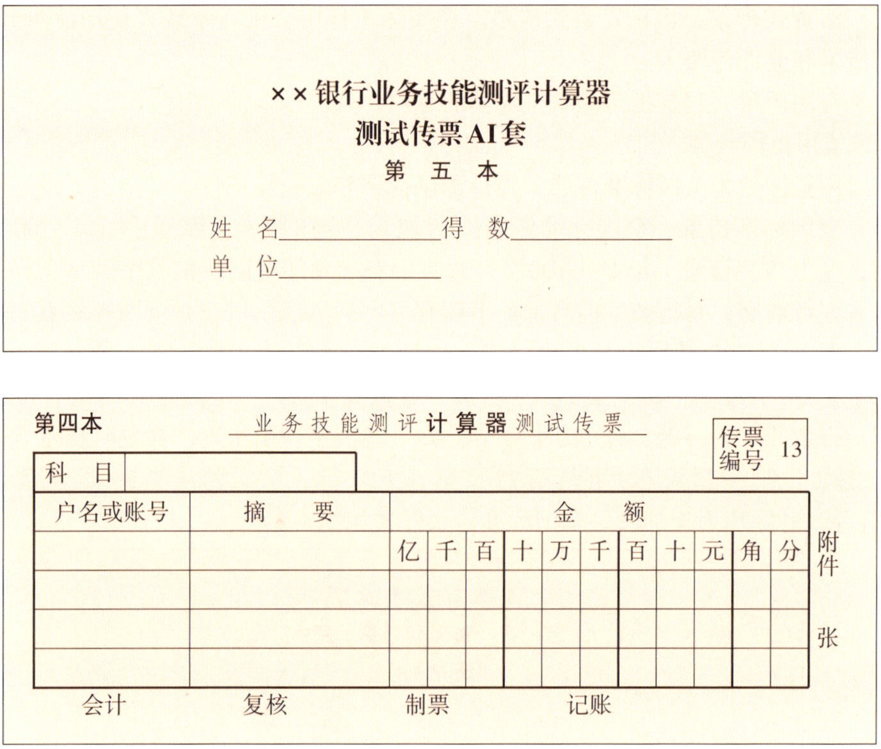

××银行业务技能测评计算器
测试传票AI套
第 五 本

姓 名______ 得 数______
单 位______

第四本 业务技能测评计算器测试传票 传票编号 13

科 目	

户名或账号	摘 要	金额										
		亿	千	百	十	万	千	百	十	元	角	分

附件 张

会计 复核 制票 记账

图4-4 银行测试传票样式

二、传票算的概念和题型

（一）传票算的概念

传票计算简称传票算，也称凭证汇总算或翻打算，它是对各种单据、发票和记账凭证进行汇总计算的一种方法，也是加减运算中一种常用的方式。

（二）传票算的题型

根据传票算的运算特点，计算时除用计算器外，还需一张传票算试题答案纸。传票算每20页为一道题，运算数字为110个，比赛采用限时不限量的方式。传票算的题型见表4-10。

表4-10 传票算的题型

题号	起止页数	行次	答案
1	37 ~ 56	（五）	
2	57 ~ 76	（三）	
3	41 ~ 60	（五）	
4	3 ~ 22	（四）	
5	16 ~ 35	（三）	
6	64 ~ 83	（四）	

续表

题号	起止页数	行次	答案
7	72 ~ 91	（五）	
8	61 ~ 80	（五）	
9	62 ~ 81	（一）	
10	63 ~ 82	（四）	
11	3 ~ 22	（一）	
12	20 ~ 39	（二）	
13	39 ~ 58	（五）	
14	68 ~ 87	（四）	
15	58 ~ 77	（二）	
16	73 ~ 92	（四）	
17	46 ~ 65	（一）	
18	26 ~ 45	（五）	
19	59 ~ 78	（二）	
20	40 ~ 59	（三）	

在表4-10中，“题号1”即为第一题，“起止页数”中的“起”表示从哪页开始计算，“止”表示运算到哪一页止，“行次”表示把每页的第几行数字累加起来。例如，“题号1”的起止页码是37 ~ 56，行次是（五），表示从第37页起一直运算到第56页，共20页，都计算第五行数字。计算完毕得出答案，写在表中“答案”栏内，这样就完成了一道题的计算。

三、传票计算

根据传票算的特点，计算前应准备好传票、票夹子、计算器（或算盘）和传票算试题答案纸。传票算主要包括以下步骤：传票的整理，传票的摆放，传票的翻页、找页和记页，传票的翻打以及传票的计算等。

微课

计算器传票算

（一）传票的整理

订本式传票运算时左手要翻页（打一页翻一页）。为了提高运算速度，加快翻页的动作，避免出现翻重页或漏页的现象，运算前除了应检查传票本有无缺页、重页或数字不清晰以外，还需将传票本捻成扇面形状。

捻成扇面形状的方法如下：左手握住传票本的左下角，拇指放在传票本封面的上部，其余四指放在传票本背面；右手握住传票本的右上角，拇指放在传票本封面的上部，其余四指放在传票本背面，左右手向里捻动，形成扇形后，用票夹将传票本左上角夹住，以固定扇面。扇面形状的大小依需要而定，不宜过大，一般封面与封底外侧上角偏出的最大距离应在1～2厘米，否则左手翻动起来不方便。

（二）传票的摆放

传票的摆放以方便看数和有利于翻页与计算为原则。使用计算器、计算机小键盘计算时，传票应放在左边，答题纸应放在中间（传票应压住答题纸，以不影响看题、写数为宜）。传票的摆放如图4-5所示。

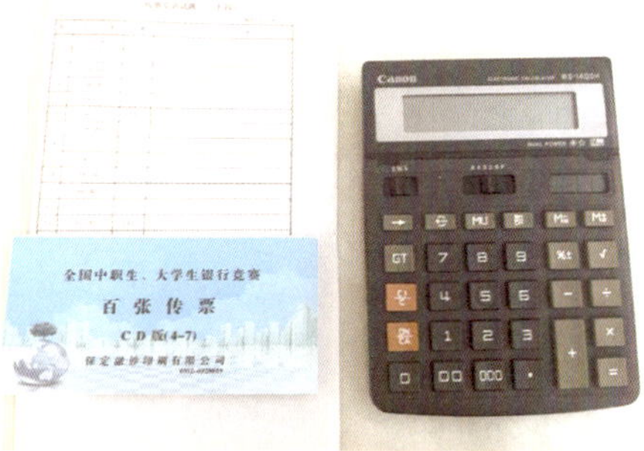

图4-5 传票的摆放

（三）传票的翻页、找页和记页

1. 翻页

左手小指、无名指和中指放在传票本左下方，食指、拇指放在每题的起始页，用拇指的指肚轻轻靠住传票本应翻起的页码，翻上来后，食指配合拇指把翻过的页码夹在中指与食指的指缝中间，以便拇指继续翻页。左手翻页和右手按键计算要同时进行，每翻动一页，要迅速将数录入计算器或小键盘中。传票也不宜掀得过高，角度越小越好，以能看清数据为宜。

【同步训练4-4】

（1）训练内容：翻页训练，能快速准确地翻页。

（2）训练指导：

①看着翻页。用左手连续进行翻页练习，在练习的过程中配合着记住截止页，每次翻20页。

②连续翻100张传票，从第1张至第100张，边翻边默读每笔数字。

（3）任务布置：快速翻页。以翻页速度作为评价标准（见表4-11）。

表4-11 翻页评价标准

标准	时间（秒）（以100页为准，限量不限时）	翻页量（页）（以30秒为准，限时不限量）
优秀（难）	40	60
良好（中）	50	55
合格（易）	60	50

2. 找页

找页是传票算的基本功之一，由于传票算试题在拟题时并不按自然顺序，而是相互交叉，这就需要在运算过程中前后找页。例如，第2题第三行第57～76页，当第2题计算完毕后，在写数、清盘的同时，必须用余光看下一题的起始页，然后左手迅速翻找，当第2题答数抄完、清盘后，即可进行下一道题的运算。进行找页练习时，首先要练习手感，如传票每本100页，厚度是多少；用手翻找15页、30页、50页、70页各有多厚。其次要能迅速准确找出各题的起始页，如一次未能翻到，再用左手略做调整。总之，找页要准确、迅速，不能影响右手按键运算。

【同步训练4-5】

（1）训练内容：找页训练，能快速准确地找页。

（2）训练指导：

①由老师报起始页数，学生快速翻找。

顺找：2、6、15、25、30、43、50、64、79、80。

逆找：81、76、68、54、42、31、27、16、8、3。

②学生相互之间报起始页数，学生快速翻找。

无序找：45、53、30、79、24、56、15、63、28、81。

（3）任务布置：找页速度训练。力争两次找到起始页，第一次找到大致位置，第二次微调至起始页。最多不超过三次。

3.记页

传票算每题由20页组成，为了避免在计算中发生超页或打不够页的现象，必须在计算过程中默记打了多少次，记到第20次时核对该题的起止页，立即书写答数。在边翻页边计算时较难记住页码，所以平时要加强记页训练。在训练时，运算的数据不要默念，只需要凭数字的字形直接指挥手指录入，心里只需默记页数，如此反复练习，就会习惯记页。

【同步训练4-6】

（1）训练内容：记页训练，能准确地记住终止页和打过的页数。

（2）训练指导：在进行传票算时，为了避免计算过页或计算不够页，应掌握记页的方法。

运算时记住终止页，边计算边默念已打过的页数，最好每打一页，默念一页，以20页为一组，打第一次默念1，打第二次默念2……默念到20时，核对该题的终止页，如无误，立即书写答案。

（3）任务布置：边翻页边记页，20页为一组。

（四）传票的翻打

首先，将捻成扇面的传票翻到要计算的开始页；然后，左手一边翻页，右手一边录入，直到计算完毕。

在传票翻打时，看数、录入、写数要协调进行。看数时将较长的某行数字按小数点或分节号分成几部分，以便于识记，并做到打上页最后几位数时已翻开下页。

【同步训练4-7】

（1）训练内容：快速准确地完成传票算的技能。

（2）训练指导：训练中要抓好四个环节：看数计数训练，左手技术训练，右手技术训练，眼、手、脑协调配合。

①看数记数训练。

a.金额栏数字看记训练。为了更加快速准确地对数字进行看记，最有效的方法就是分节看记。在实践中，有些传票中的数字印有账簿格式，并且每三位数用纵粗线进行划分，因此看记数字时可按格式线进行，训练步骤如下：

单节看记：从高位看起，先看记第一组数字，一次记三位数，然后看记第二组数字、第三组数字……

双节看记：从高位看起，先看记第一、二组数字，一次记六位数，然后看记第三、四组数字……

b.非金额栏数字看记训练。非金额栏数字的看记，可以分节号为标志，从高位开始，分节记忆。

②左手技术训练。左手小指、无名指和中指放在传票本左下方，食指、拇指放在每题的起始页，用拇指的指肚处轻轻靠住传票本应翻起的页码。翻上来后，食指配合拇指把翻过的页码夹在中指与食指的指缝中间，以便拇指继续翻页。左手翻页和右手按键计算要同时进行。传票不宜掀得过高，角度越小越好，以能看清数据为宜。

③右手技术训练。右手技术是关键，要求具备盲打技术，训练开始时就要提出这个要求。为了降低难度，其训练可以分步进行。

a.从基本键位开始训练。从【4】、【5】、【6】开始，用基本键位组合编题，如“456 + 546 + 645 + 564 + ……”，指导学生完全掌握这三个基本键位的盲打。

b.分别向下和向上延伸。

④眼、手、脑协调配合。

a.左、右手协调：左手翻传票时，右手直接将传票上的数字录入。

b.眼、手、脑协调：左手翻开传票时，眼睛应迅速看完上面的数字，大脑同步记住数字，右手将此行数字录入。要确保右手未打完当页数时，左手已经翻到下一页，保持动作流畅。

【请注意】在使用计算机小键盘录入数字时，右手每个手指的分工要明确，不能用一根手指完成所有击键，这样会对盲打造成困难，不能准确找到键位。击键时用力要均匀，击完后迅速回归基本键位。

（3）任务布置：EF传票算（每页E、F两组数据颠倒印刷，适合在计算机上操练），时间10分钟，根据对题量评定成绩。表4-12和表4-13是一本EF传票算100页的全部数字。

表4-12　E传票算数据

E	（一）	（二）	（三）	（四）	（五）
1	6 305.72	41 630.57	94.16	253.49	7 502.63
2	289.41	2 570.98	63 057.28	70.81	82 750.36
3	91.42	736.59	4 582.39	16 458.23	24.91
4	20 873.65	42.08	970.16	8 230.79	651.09

续表

E	（一）	（二）	（三）	（四）	（五）
5	3 659.74	87 365.91	78.03	610.45	4 915.63
6	420.87	5 910.24	36 591.45	23.97	24 195.63
7	72.19	380.67	8 016.25	47 301.76	91.29
8	95 438.06	19.54	894.36	1 652.94	734.59
9	8 067.21	43 806.72	54.38	430.87	1 276.09
10	195.43	6 721.95	80 672.19	67.59	91 276.09
11	21.63	590.72	3 219.46	78 213.94	36.12
12	34 859.07	63.48	605.76	1 694.05	870.56
13	9 072.16	85 907.21	48.59	578.34	6 136.09
14	634.85	7 216.34	90 721.63	94.06	36 127.09
15	83.75	162.08	7 092.18	61 309.21	57.38
16	54 906.21	75.49	843.75	9 216.43	564.38
17	6 208.37	91 620.83	49.16	460.75	7 308.62
18	754.91	7 830.54	62 083.75	21.84	75 380.26
19	10.92	745.61	5 370.91	62 037.59	29.01
20	23 874.56	92.38	148.62	7 591.48	268.14
21	4 561.09	87 406.15	18.74	862.03	9 016.45
22	923.87	6 109.23	45 610.92	59.14	29 016.45
23	51.78	346.25	8 140.79	32 014.87	87.15
24	89 034.62	78.09	965.32	4 879.65	435.96
25	4 625.17	63 402.51	90.34	532.01	7 125.64
26	789.03	2 517.89	46 251.78	87.96	87 152.64
27	5 480.27	31 548.72	63.15	654.97	7 802.45
28	74.85	930.17	7 386.15	24 738.61	58.47
29	52 693.01	85.26	509.24	8 615.09	549.08
30	3 017.48	93 108.64	26.93	924.78	8 471.03
31	852.69	1 748.52	30 174.85	61.05	85 417.09

续表

E	（一）	（二）	（三）	（四）	（五）
32	72.09	154.87	9 037.12	54 970.31	90.27
33	96 315.48	69.03	286.54	2 310.86	356.28
34	5 204.61	39 520.46	83.95	142.38	6 401.52
35	178.39	1 460.87	52 046.17	60.79	71 640.25
36	89.31	625.48	3 471.28	95 347.12	13.89
37	10 762.54	31.07	860.95	7 120.68	549.08
38	2 548.63	76 254.89	67.02	590.34	3 894.52
39	310.76	4 890.13	25 489.34	12.86	13 984.52
40	61.98	270.56	7 095.14	36 209.65	89.18
41	84 327.05	98.43	783.25	9 541.83	623.48
42	7 056.19	32 705.61	43.27	320.76	9 156.08
43	984.32	5 619.84	70 561.98	56.48	89 165.08
44	19.52	480.61	2 198.35	67 192.83	25.91
45	23 748.06	52.37	504.65	9 583.04	760.45
46	8 061.95	74 806.19	37.48	467.23	5 925.08
47	523.74	6 195.23	80 619.52	83.05	25 916.08
48	72.64	951.07	6 081.97	59 208.19	46.27
49	43 805.19	64.38	732.64	8 195.32	453.27
50	5 107.26	89 510.72	38.95	350.64	6 207.51
51	643.89	6 720.43	51 072.64	19.73	64 270.15
52	90.81	634.59	4 260.89	51 026.48	18.09
53	12 763.45	81.27	937.51	6 489.37	157.93
54	3 459.08	76 305.94	97.63	751.02	8 095.34
55	812.76	5 908.12	34 590.81	48.93	18 095.34
56	49.67	235.14	7 930.68	21 093.76	76.94
57	78 023.51	67.08	854.21	3 768.54	324.85
58	3 514.96	52 301.49	80.23	421.09	5 914.53

续表

E	（一）	（二）	（三）	（四）	（五）
59	678.02	1 496.78	35 149.67	76.85	76 941.53
60	63.74	820.96	6 275.94	13 627.59	47.36
61	41 582.09	74.15	408.13	7 594.08	438.07
62	2 096.37	82 907.53	15.82	813.67	7 369.02
63	741.59	9 637.41	20 963.74	59.04	74 396.08
64	61.08	943.76	8 026.91	43 860.29	80.16
65	85 294.37	58.02	175.43	1 290.75	245.17
66	4 370.16	29 437.61	52.94	543.86	6 701.34
67	3 704.28	69 370.42	56.93	847.65	2 408.37
68	815.69	8 420.51	37 042.81	20.19	18 240.73
69	59.68	273.45	6 418.75	93 641.87	86.59
70	80 127.34	68.01	520.93	1 870.25	349.05
71	7 345.26	12 734.59	21.07	390.64	6 594.37
72	680.12	4 590.86	73 459.64	87.52	86 954.37
73	28.95	710.32	1 093.84	62 709.23	59.85
74	54 671.03	95.46	156.73	9 348.56	276.45
75	1 032.89	67 103.28	16.71	670.12	9 823.05
76	954.67	3 289.54	10 328.95	32.45	59 823.05
77	89.37	450.28	7 895.63	21 897.56	73.98
78	76 145.02	37.61	304.23	9 356.04	120.43
79	5 028.93	14 502.89	61.45	421.76	3 973.05
80	376.14	2 893.76	50 289.37	56.03	73 982.05
81	17.24	938.01	2 058.91	39 705.89	42.71
82	46 503.89	24.65	167.24	5 893.67	436.71
83	3 801.72	59 380.17	65.93	630.24	2 701.38
84	246.59	2 170.46	38 017.24	89.16	24 710.83
85	90.58	264.39	4 720.59	38 072.45	85.09

续表

E	(一)	(二)	(三)	(四)	(五)
86	87 126.43	58.71	961.38	2 459.61	831.96
87	6 439.05	12 603.94	91.26	138.07	5 093.64
88	587.12	3 905.87	64 390.58	45.96	85 093.64
89	49.21	763.84	1 960.25	78 096.12	12.94
90	15 076.38	21.05	534.78	6 125.34	674.53
91	6 384.92	37 608.49	50.76	478.09	2 984.36
92	215.07	5 492.15	63 849.21	12.53	12 948.36
93	26.14	570.92	2 713.94	86 271.39	41.62
94	48 357.09	14.83	405.86	1 394.05	465.01
95	7 092.61	57 901.36	83.57	586.21	1 629.07
96	148.35	9 261.48	70 926.14	39.04	14 692.05
97	28.05	946.12	5 072.98	46 520.79	50.82
98	53 794.61	35.07	813.46	8 790.13	743.81
99	4 610.82	79 461.28	37.94	346.52	2 108.64
100	27 725.12	61.42	435.85	9 821.17	849.05

表4-13　　F传票算数据

F	(一)	(二)	(三)	(四)	(五)
1	840.29	69.17	40 125.86	9 796.24	571.89
2	67.89	83 249.01	6 075.73	302.59	64.03
3	75 063.24	2 569.01	956.47	14.76	57 239.69
4	9 106.52	694.73	20.56	74 086.93	8 920.76
5	497.68	20.15	38 564.21	5 629.14	143.06
6	20.97	24 807.39	8 376.06	108.93	97.51
7	64 593.07	9 670.85	389.69	92.64	85 719.69
8	5 721.38	810.69	25.19	94 659.08	8 956.63
9	149.36	93.16	75 693.03	1 574.63	729.61
10	20.83	31 809.72	8 394.17	901.43	40.18

续表

F	（一）	（二）	（三）	（四）	（五）
11	73 520.91	1 089.36	638.01	80.25	69 308.14
12	4 983.64	513.63	12.69	19 305.71	2 693.09
13	914.85	43.96	53 590.13	9 396.15	628.71
14	49.51	71 496.62	8 932.67	196.74	43.03
15	62 054.17	3 205.49	720.59	18.04	49 501.37
16	5 206.34	154.03	32.16	30 598.61	9 386.61
17	617.82	96.49	18 954.09	6 280.16	795.03
18	14.38	65 138.69	2 760.94	845.52	52.87
19	73 028.58	8 507.36	940.25	27.91	95 264.08
20	3 085.61	758.43	32.68	58 364.07	7 603.59
21	209.48	96.71	12 568.04	6 479.29	198.57
22	86.97	90 241.83	7 315.06	230.59	63.04
23	32 574.06	5 026.71	571.49	15.72	43 821.64
24	1 690.25	436.71	65.03	68 093.62	1 980.73
25	768.49	25.01	21 465.38	4 165.27	406.31
26	70.92	31 204.87	7 083.69	839.01	15.79
27	184.59	63.94	18 059.32	5 863.19	521.38
28	76 453.09	5 908.67	269.83	43.29	71 852.74
29	2 138.57	702.84	74.15	30 856.49	9 523.69
30	639.41	15.39	97 804.13	6 315.74	274.15
31	28.03	12 389.07	4 913.78	349.01	80.12
32	31 725.09	9 301.68	810.36	28.05	16 930.48
33	4 783.19	164.25	49.72	61 021.73	9 132.06
34	730.18	58.96	30 914.75	8 685.13	469.78
35	56.78	72 138.09	5 064.62	201.48	53.02
36	64 052.13	1 458.09	845.36	93.65	46 128.58
37	8 905.41	583.62	10.45	63 075.82	7 810.65

续表

F	（一）	（二）	（三）	（四）	（五）
38	386.57	10.94	27 453.19	4 518.93	932.05
39	10.86	13 706.28	7 265.05	907.82	86.49
40	53 482.06	8 560.74	278.58	81.53	74 698.58
41	4 619.27	790.58	14.98	83 548.07	7 845.52
42	938.25	82.95	64 582.02	9 463.52	618.59
43	10.72	29 708.61	7 283.96	809.32	30.97
44	62 410.89	9 078.25	527.09	70.14	58 207.93
45	3 872.53	492.52	91.58	98 204.69	1 582.08
46	893.74	32.85	42 480.92	8 285.94	517.69
47	38.49	69 385.51	7 821.56	985.63	32.02
48	51 043.96	2 104.38	610.48	97.03	38 409.26
49	4 105.23	943.02	21.95	20 487.59	8 275.59
50	596.71	85.38	97 843.08	5 170.95	684.02
51	93.27	54 927.83	1 650.83	734.41	41.76
52	62 017.47	7 406.25	830.14	16.89	84 153.07
53	2 074.59	647.32	21.57	47 253.06	6 502.48
54	108.37	85.69	91 457.03	5 368.18	987.46
55	75.86	80 139.72	6 294.05	120.48	52.03
56	21 463.05	4 015.69	469.38	94.61	32 719.53
57	9 580.14	325.69	54.02	57 082.51	9 870.62
58	657.38	14.09	19 354.27	3 954.16	305.29
59	60.81	29 103.76	6 072.58	728.09	94.68
60	65 342.08	4 807.56	158.72	32.18	69 741.63
61	1 927.46	601.73	63.94	20 745.38	8 412.58
62	528.39	94.28	86 703.92	5 294.63	163.94
63	17.02	91 278.06	3 892.67	238.09	70.91

续表

F	（一）	（二）	（三）	（四）	（五）
64	29 614.08	8 209.57	790.25	17.04	95 820.37
65	3 672.98	953.14	38.61	59 019.62	8 921.05
66	973.48	52.83	97 048.21	4 752.98	319.27
67	160.85	35.92	60 984.13	5 253.86	429.15
68	32.15	17 865.09	3 024.27	708.45	36.07
69	24 037.86	8 435.09	543.62	96.23	42 875.35
70	5 903.48	356.27	80.43	26 013.57	1 580.23
71	652.31	80.94	71 436.89	4 385.96	967.03
72	80.52	86 102.75	1 723.03	901.57	52.49
73	36 457.02	5 320.14	715.35	58.36	14 295.35
74	4 289.71	190.35	84.95	56 345.01	1 543.37
75	965.73	57.93	24 357.07	9 426.37	285.39
76	80.17	79 105.28	1 756.92	509.67	60.91
77	27 480.59	9 015.73	371.09	10.84	35 701.96
78	6 517.36	497.37	98.35	95 704.29	8 357.05
79	596.14	67.53	47 450.97	5 753.94	381.29
80	65.49	29 653.38	1 578.32	953.26	67.07
81	38 046.92	7 804.65	280.45	91.06	65 409.72
82	4 803.76	946.07	78.93	70 451.39	5 713.39
83	392.18	53.65	91 546.05	3 810.93	254.07
84	96.71	34 971.35	8 230.56	164.48	48.12
85	27 081.41	1 402.73	560.84	82.59	54 836.01
86	7 014.39	241.67	78.31	41 736.02	2 307.45
87	805.61	53.29	98 431.06	3 625.85	951.42
88	13.52	50 869.17	2 794.03	870.45	37.06
89	78 426.03	4 083.29	429.65	94.28	67 189.36

续表

F	（一）	（二）	（三）	（四）	（五）
90	9 350.84	673.29	34.07	31 057.38	9 510.27
91	231.65	84.09	89 634.71	6 934.82	603.79
92	20.85	79 806.12	2 017.35	175.09	94.25
93	23 647.05	4 501.32	835.17	67.85	29 148.26
94	8 971.42	208.16	26.94	70 143.65	5 487.35
95	375.69	94.75	52 106.97	3 794.26	826.94
96	81.07	98 715.02	6 597.21	765.09	10.98
97	79 284.05	5 709.31	190.73	81.04	93 570.61
98	6 217.95	936.84	65.28	39 089.27	5 978.03
99	916.45	37.56	91 045.78	4 137.95	689.71
100	9 548.37	369.21	84.53	37 741.62	5 843.83

任务四 账表计算技能

一、账表算的概念

账表计算简称账表算，又称表格算，是将表格中的行、列数据分别合计，然后将行列汇总轧平的一种汇总数据的计算方法。这种方法是从实际工作中的各种表格运算中概括出来的一种运算技能项目，是日常经济工作中最常见的加减运算形式。在生产实践中，特别是在会计和统计工作中，经常要用到账表算，如差旅费报销单、工资发放表、成本计算单、费用分配表、库存材料（商品）盘存表 、领料单等的计算。它可以根据自身纵横轧平的计算特点检验运算结果是否正确，所以许多计算者又利用账表算进行加减准确程度的训练。

二、账表的种类与形式

账表按其横式与纵式所记录的数字笔数的不同，可分为5列20行和7列10行两种。

在实际工作中，由于账表所反映的经济业务的时间不同，因此其行数与列数也不尽相同。在技能比赛中，账表的常见格式是5列20行，即纵式5个算题，横式20个算题，每行最高有8位数字（千万位）、最低有4位数字（千位），每道题均衡排列，横式每题30个数字，竖式每题120个数字，一张表由600个数字组成。

账表算的格式见表4-14。

表4-14　　账表算的格式

行数	一	二	三	四	五	合计
一	71 820 439	4 307	10 729	524 680	3 091 475	
二	83 741	5 103 698	371 986	5 048	94 506 137	
三	67 205 398	671 245	4 637 015	79 483	-5 283	
四	420 835	4 260 873	94 850	8 206	68 234 057	
五	5 074	97 528	5 081 627	92 145 768	190 284	
六	9 730 452	18 603 452	8 013	237 591	38 296	
七	6 209 847	5 196	794 251	83 642 710	79 061	
八	21 478	208 345	39 406 527	-7 038 294	1 642	
九	136 894	63 294	3 762	1 506 478	59 628 471	
十	85 209 146	5 912 078	98 105	7 134	250 713	
十一	592 680	9 503	64 109 258	68 703	5 037 468	
十二	1 608 395	91 607 438	420 763	39 278	5 246	
十三	5 173	178 246	6 592 378	95 062 483	70 314	
十四	2 601	5 910 823	84 605	39 608 271	-895 467	
十五	62 908 453	41 938	295 843	1 532 407	1 703	
十六	379 041	39 407 186	4 902	89 520	9 548 137	
十七	65 873	5 021	5 903 674	215 789	47 109 256	
十八	2 813 769	67 285	27 194 386	3 954	268 390	
十九	51 476	90 471 536	8 134	-698 135	6 320 819	
二十	9 213	984 267	85 926 713	7 054 968	68 095	
合计						

三、账表计算

（一）账表算的方法

微课

计算器账表算

账表算可以先横向计算再纵向计算，也可以先纵向计算再横向计算。账表中所有纵向合计数等于横向合计数即为轧平。轧平是在每笔横向计算和纵向计算全部无误的情况下完成的。

实际工作中的轧平方法，需将纵行和横行合计分别运算相等后，才能将结果填写在右下角的合计栏内；若不相等，需要查找错误原因，直至合计相等。

【提示】技能比赛中的轧平方法，通常是将纵行合计数相加后直接填入右下角的合计栏中。因比赛时间有限，一经出现不平，很难在短时间内查找出错误。账表算的计分方法采用200分制。纵向题每题计14分，横向题每题计4分，轧平数计50分。需要说明的是，轧平数50分，只有全卷正确才能得到。若纵向计算无误，横向计算有误，即使轧平合计数正确也不给轧平数的50分。

（二）账表算的注意事项

账表算要求快速、准确，无论是横式算题，还是竖式算题，都要手、眼、脑相结合。计算时应注意以下几个方面的问题：

1. 看数

看数是关键，应经常进行看数练习。在账表算中，除了要练习竖式算题看数外，还要练习横式算题看数。因为横式算题所占比重较大，会直接影响运算速度。只有横向看数熟练了，才能做到按键顺畅有序、干净利落。

2. 运算

运算时精力要集中，要提高排除干扰的能力。特别是比赛时，要做到临场不乱、不急躁，这样才能防止差错，把表轧平。

3. 记录答案

因账表答案数值较大，所以要特别注意练习看显示器写数，以提高写数速度与质量。同时，要力求做到4秒钟左右写完答数，清数基本不用时间。

4. 轧平

不论采用哪种计算顺序，都要求准确计算出每笔数字，保证所有纵向合计数等于横向合计数，争取一次轧平。练习时出现错误，要及时查明原因。正确处理快与准的关系，在准确的基础上求快。

（三）账表算的查错

账表算时如果出现差错，即纵行合计和横行合计不相等，要想方设法查找原因并及时改正。

1. 出现差错的原因

（1）录入有误。录入数字时敲错数字键等，造成差错。

（2）看表出现差错。漏看、重看、颠倒看、看错符号、看串行、看串列等。

（3）心算错误。使用一目多行运算时，同一档位数心算合计数出现差错。

（4）抄写答案出现差错。错抄、少抄、重抄、串行、串列和位数颠倒等。

2. 查找差错的步骤

（1）将纵向、横向的合计数重新算一遍，找出两个数不相等的原因。

（2）分析差额，判断差错原因，查找错误。

（3）调整差错。

3. 查找差错的方法

（1）尾数复核法。如果账表纵向、横向合计的结果差尾数或末尾二、三位数，可将尾数或末尾二、三位数重新算一次。

（2）差额查找法。先求出纵向、横向合计结果的差额，看表中是否有该差数；若有，则有可能是计算过程中出现漏数或重计数的错误。

（3）差额折半法。先求出纵向、横向合计结果的差额，如果表中没有该差额，再看该差额是否为偶数；若是，再将该差额折半，看表中是否有该折半数。若有，则有可能是运算时出现反向，即应加误减或应减误加，可先查横行，再查纵行。

（4）差额9除法。先求出纵向、横向合计结果的差额，将差额除以9，看是否能被9除。若能，说明差错是由于错位或错列造成的，也有可能是相邻两位数颠倒位置造成的，应从这些方面去找差错。

【同步训练4-8】

（1）训练内容：快速准确地完成账表算。

（2）训练指导：

①左手技术训练。在账表算中，左手的任务是食指指向操作中的数字，起着引导视点的作用。

a.账表纵式计算时，左手要先于右手向新的一行移动。左手食指要具备与右手的良好配合力，随着右手的录入进度，逐行纵向移动。训练中应当注意，左手的移动要比右手提早进行，同时视点跟着左手移动。也就是说，当右手录到该笔数字最后一节时，左手就要提前移动，指向将要开始的新一行数字，同时眼睛也要盯住新一行数字，开始看记。

b.账表横式计算时，左手要先于右手向新的一列移动。左手的移动要比右手提早进行，同时视线跟着左手移动。也就是说，当右手录到该笔数字最后一节时，左手就要提前移动，指向将要开始的新一列数字，同时眼睛也要盯住新一列数字，开始看记。

②右手技术训练。在账表算技术中，右手技术是关键，要求具备盲打技术，训练开始时就要提出这个要求。为了降低难度，其训练可以分步进行。

（3）任务布置：

①计算百数方阵。百数方阵图见表4-15，每一横行、每一竖列的数字相加，计算结果均为51 005。

表4-15　百数方阵图

4 141	9 999	7 070	3 131	101	2 121	8 080	10 100	1 111	5 151
1 212	4 242	9 797	6 969	2 222	7 979	9 898	5 252	3 232	202
3 333	1 313	4 343	9 595	7 878	9 696	5 353	303	6 868	2 323
6 767	3 434	1 414	4 444	9 494	5 454	404	2 424	9 393	7 777
9 191	6 666	3 535	1 515	5 555	505	2 525	7 676	4 545	9 292
9 090	6 565	3 636	1 616	5 656	606	2 626	7 575	4 646	8 989
6 464	3 737	1 717	4 747	8 787	5 757	707	2 727	8 888	7 474
3 838	1 818	4 848	8 686	7 373	8 585	5 858	808	6 363	2 828
1 919	4 949	8 484	6 262	2 929	7 272	8 383	5 959	3 939	909
5 050	8 282	6 161	4 040	1 010	3 030	7 171	8 181	2 020	6 060

②练习库存现金日记账（见表4-16）的账表算。

表4-16 库存现金日记账 单位：元

2023年		凭证编号	摘要	借方	贷方	余额方向	余额
月	日						
6	1		期初余额			借	7 789.00
6	1	1	收职工集资股股金	300 000.00			
6	1	2	将职工集资股股金存入银行		300 000.00		
6	1	3	提取备用金	5 000.00			
6	2	9	销售部张宇借款		3 000.00		
6	2	10	耿直购办公用品		500.00		
6	3	13	收孙丽罚款	800.00			
6	5	18	销售工业冷水机代垫运费		1000.00		
6	10	32	提取备用金	3 000.00			
6	10	36	提取备用金	1 000.00			
6	14	40 2/3	变价收入	125.00			
6	15	41	于晓龙报销差旅费		50.00		
6	16	42	张宇报销差旅费	140.00			
6	19	46	销售工业冷水机代垫运费		800.00		
6	19	47	发放职工困难补助		900.00		
6	19	48	销售冷水机10台	113 490.00			
6	19	49	销售款存入银行		113 490.00		
6	23	55	办公楼暖气维修费		650.00		
6	30	69	提现发放工资	82 390.07			
6	30	70	发放工资		82 390.07		
			本月合计				
			本年累计				

③15分钟内轧平一张账表。

思政园地

中华少年儿童慈善救助基金会（以下简称中华儿慈会）2011年现金流量表被网络曝光存在48亿元的现金流入和流出后，经北京中立城会计师事务所进行专项审计后认为，中华儿慈会报表中的48亿元货币资金流量，是因为会计人员小数点点错所致，不存在洗钱行为。

北京中立城会计师事务所审计报告称，中华儿慈会2011年现金流量表不是由财务软件直接生成，而是会计人员手工编制出来的。会计人员把“其他货币资金”科目发生额4.75亿元多写了一个“0”，致使报表的“现金流入小计”和“现金流出小计”超过48亿元。

（资料来源：百度网站）

会计职业道德修养的最高境界在于做到“慎独”。即在一个人单独处事、无人监督的情况下，也应该自觉地按照道德准则去办事。慎独的前提是坚定的职业信念和职业良心。会计职业道德修养讲“慎独”，就是要求每个会计人员严格要求自己，在履行职责时自律谨慎，不管财经法规、制度是否有漏洞，也不管是否有人监督，领导管理是否严格，都按照职业道德的要求去办。

会计人员做老实人，说老实话，办老实事，执业谨慎，信誉至上，不为利益所诱惑，不弄虚作假，不泄露秘密。

习近平总书记在党的二十大报告中指出：“我们必须坚持解放思想、实事求是、与时俱进、求真务实，一切从实际出发，着眼解决新时代改革开放和社会主义现代化建设的实际问题，不断回答中国之问、世界之问、人民之问、时代之问，作出符合中国实际和时代要求的正确回答，得出符合客观规律的科学认识，形成与时俱进的理论成果，更好指导中国实践。”

财务工作者一定要坚持求真务实的工作作风，要扎实苦干、创新实干，把财务信息做实，不浮躁，不糊涂，善预见，敢担当，让真实的财务信息为领导决策服务，为单位谋取最佳效益。质量之魂，存于匠心。会计工作质量的全面提升依赖于会计人员成为工匠精神的践行者，让坚守准则、爱岗敬业、勤奋执着、创新创造、追求卓越成为会计行业的气质和名片，照亮中国由“会计大国”向“会计强国”迈进的时代征程。

角色演练

【任务】票币计算、传票算和账表算。

【角色】财务会计人员、银行柜员等。

【情境】

（1）为了提高同学们的积极性及参与程度，可以考虑分组进行比赛。授课教师在多媒体器材上播放票币心算题，采用抢答的形式，看哪组答得又快又准。

（2）准备票币练习题若干，数字不同、类型相同，让每个同学根据抽到的练习题进行票币计算技术训练，看哪位同学能够在最短的时间内得出正确答案。

（3）将全班同学按1∶1分成监考员与参赛者两部分。参赛者坐在对应的座位上，计算器、比赛用的票币题、笔置于桌面正确位置上，监考员手持手机计时器或秒表分别对应每一位参赛者站立。老师宣布比赛开始，参赛者体验一下如何在最短的时间内准确计算出正确答案。

（4）将全班同学按1∶1分成监考员与参赛者两部分。参赛者坐在对应的座位上，计算器、比赛用的传票、笔、答案纸置于桌面正确位置上，监考员手持手机计时器或秒表分别对应每一位参赛者站立。老师宣布比赛开始，参赛者体验一下如何把100张传票捻成扇形，如何在最短的时间内快速翻打传票，并写出正确答案。

（5）全班同学作为参赛者坐在座位上，计算器、比赛用的账表、笔置于桌面正确位置上，采用定时不定量的方法进行比赛。老师手持手机计时器或秒表，宣布比赛开始，看谁能在20分钟时间内轧平一张账表。

项目小结

本项目包括计算机小键盘数字录入、票币计算、传票算和账表算技能。小键盘，也称辅助键盘区，位于键盘的右侧，主要用于数字、符号和快速录入，由阿拉伯数字键（0~9），小数点键、运算符号键——加（+）、减（-）、乘（*）、除（/），数字锁定键（Num Lock）和回车键（Enter），共17个键组成。该区所有的键均有双重功能：一是代表数字、小数点和运算符号；二是代表某种编辑功能。手指在键盘上的位置分工合理，手指按键接触点科学，才能提高数字录入的速度。必须掌握数字小键盘的操作要领，养成良好的操作习惯。

票币计算就是对不同面额、不同张数的票币组合，迅速计算出它们的合计金额。从计算程序来看，它是一种乘加法，是心算加计算器计算的一种特殊算法。

传票计算简称传票算，也称凭证汇总算或翻打算，它是对各种单据、发票和记账凭证进行汇总计算的一种方法，也是加减运算中一种常用的方式。根据传票是否装订分为订本式传票、活页式传票和专用传票。进行传票计算时，应当掌握传票的整理、摆放、找页、翻页、记页、盲打等基本功，即需要左右手协调配合，做到边翻页边计算。

账表计算简称账表算，又称表格算，是日常经济工作中最常见的加减运算形式。账表算比赛中，账表的常见格式为5列20行组成，即纵向5个算题，横向20个算题。账表计算练习的关键是看数。

技能考核

票币计算、传票算、账表算的技能考核标准，见表4-17至表4-19。

表4-17　票币计算技能考核标准

项目	工具	等级	时间	题量
票币计算	计算器	初级	20分钟	20道题
		中级	15分钟	
		高级	10分钟	

表4-18　传票算技能考核标准（10分钟）

项目	工具	题量	等级
传票算	计算机小键盘	10道题	优秀
		8道题	良好
		6道题	合格

表4-19　账表算技能考核标准

项目	工具	等级	时间	准确率
账表算	计算器	初级	20分钟	100%
		中级	15分钟	
		高级	10分钟	

项目五

珠算技能

【知识点】

1. 珠算基础
2. 珠算无诀加减法基础
3. 查找差错的方法
4. 珠算乘法口诀
5. 数值的位数
6. 乘积的定位
7. 商的定位
8. 估商法
9. 调商法

【技能点】

1. 珠算指法
2. 珠算无诀加减法计算
3. 珠算简捷加减法计算
4. 基本乘法计算
5. 省乘法计算
6. 商除法计算
7. 省除法计算

【课程思政融入点】

1. 珠算是中国古代的重大发明，伴随中国人经历了1 800多年的漫长岁月。它以简便的计算工具和独特的数理内涵，被称为"世界上最古老的计算机"。通过珠算的历史渊源、传统结构，申遗历程，了解我国劳动人民的智慧和为世界文明发展作出的重大贡献，增强中国人的自豪感
2. 苦练珠算基本功，保护好我们的国粹。只有充满自信的文明才能在保持自己特色的同时包容、借鉴、吸收各种文明的优秀成果。对于非物质文化遗产，培养好传承人，一代一代接下来、传下去

引言

珠算是以算盘为计算工具，以数学规律为基础，用手指拨动算珠进行数值计算的一门技术。它是华夏祖先在长期的商业活动和生产实践中发明的。由于珠算所具有的优越的计算功能、教育功能和启智功能，即使社会已进入信息时代，传统算盘仍具有广泛的适用性。2008年6月14日，经国务院批准审核，珠算（程大位珠算法、珠算文化）被列入我国第二批国家级非物质文化遗产名录。2013年12月4日，联合国教科文组织正式批准中国珠算项目列入人类非物质文化遗产名录，将中国珠算定义为“运用算盘进行数学计算的知识与实践”。

珠算是我国古代劳动人民的伟大创造，对我国社会经济发展做出了重大贡献。我国珠算萌于商周，始于秦汉，臻于唐宋，盛于元明，是我国文化宝库中的优秀科学文化遗产之一，被誉为中国的“第五大发明”。算盘有“世界上最古老的计算机”的美称。

珠算不仅在中国被广泛使用，还走向了世界。据史籍记载，中国的算盘和珠算书籍，从16世纪（明代）起，先后传入日本、朝鲜、泰国等国家；近代又传入美国、韩国、马来西亚、新加坡、巴西、墨西哥、加拿大、印度、汤加、坦桑尼亚等国家，对当地的科技发展和社会进步起到了积极的促进作用，产生了广泛而深远的影响。

任务一　珠算指法技能

一、算盘的种类和结构

（一）算盘的种类

算盘是中国古代劳动人民创造的一种计算工具。它设计合理、构造简单、直观耐用、是财务核算工具之一。我国常见的算盘有以下三种：

一是上二下五的圆珠大算盘。

二是上一下四的菱珠小算盘。

三是菱珠或圆珠的中型算盘。这种算盘是在圆珠大算盘的基础上改进而来的，算珠上一下四，比圆珠大算盘缩短了档距，减少了算珠，增加了档位，有的装有清盘装置及垫脚，它克服了圆珠大算盘的缺点，是我国华北及西南地区普遍使用的一种算盘。

（二）算盘的结构

各种算盘结构基本相同，均由框、梁、档、珠、点五部分组成。常用的菱珠小算盘如图5-1所示。

框，是指算盘四周的边框，或叫“边”，有上、下、左、右之分。

梁，又称横梁、中梁，是指框中间的横木，它将算珠分为上下两部分。

档，是指通过梁贯穿着算珠的一根根小圆柱。

图5-1 常用的菱珠小算盘

珠，即算珠，有上、下之分。梁上面的珠叫上珠，每颗当5；梁下面的珠叫下珠，每颗当1。

点，又称定位点，是指梁上的小黑点，是用来定位和分节计数的。

算盘上框、梁、档是静止的，是算盘的基本框架，它分别起着固定、支承、滑道的作用；珠是动态变化的，起计数运算作用。

二、算盘的计数方法

算盘是以档表示数位，以算珠表示数字，即上、下珠靠梁多少，表示计数多少，已离梁算珠表示零。

算盘上的档位与笔写的数位一致，高位在左，低位在右，从右向左每移一档数字扩大十倍。在算盘上选定个位档以后向左依次为十位、百位、千位、万位等；向右依次为十分位、百分位、千分位等。某档下珠满五，需换用上珠表示，称为“五升”；某档算珠满十，需换用左档一颗下珠表示，称为“十进”。这种上下珠计数和进位方法称为“五升十进制”计数法。

目前，我国多位数计数采用国际通用“三位”分节法，即对任意一个数在其整数部分，从个位向左边数，每隔三位分成一节，节间用千分撇“,”或千分空隔开。用算盘计数时，在横梁上也按三位分节，分节号用定位点表示。在算盘上选定某一定位点为个位点时，每向左边移动三位，分别为千位、百万位……这样便于看数、计数。如8 706 021.53，从高位到低位依次拨珠靠梁，遇零空档，不需拨珠。

三、打算盘的基本功

（一）姿势

打算盘姿势正确与否直接影响运算速度与准确程度。打算盘时，全身心都参与工作，需要全身各部分协调配合。一般要求身要正、腰要直、两腿自然分开、肘关节抬起、小臂同桌面平行、食指立在算珠上、头稍低、眼向下，要求视线落在算盘下边与练习题交界处，运算时靠翻动眼皮看数、拨珠，不要摇头，眼睛距离算盘一尺远，胸距桌边一拳为宜，肘部摆幅不宜过大，算盘放在离桌沿里侧10～15厘米的位置，精力要高度集中。

使用菱珠小算盘时可将计算资料放在算盘下边，边打边看，左手移盘，将打完的一行数字用算盘压住，眼睛快速看下一行数字，依次运算，借以加快速度，提高运算质量。使用中型算盘时可将计算资料压在算盘下边，左手移动算题，右手拨珠，边打边看，依次运算。

（二）握笔

为了减少在运算过程中拿笔与放笔的时间，提高计算效率，必须养成握笔运算的好习惯。握笔方法通常有以下四种方法：

一是中指、无名指握笔法。笔尖从中指与无名指中间穿出，可以全部腾出食指，自由运算（如图5-2所示）。

二是中指、无名指、小指握笔法。笔尖从小指根部穿出（如图5-3所示）。

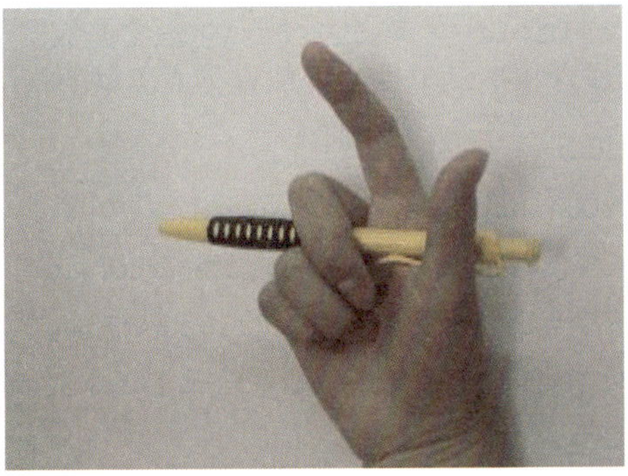

图5-2　中指、无名指握笔法

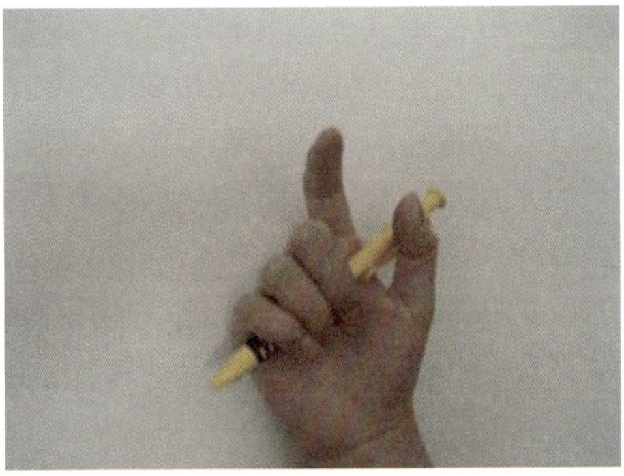

图5-3　中指、无名指、小指握笔法

三是无名指、小指握笔法。笔尖从无名指与小指中间穿出（如图5-4所示）。

四是掌心握笔法。用小指与无名指将笔握在掌心，可以腾出拇指、食指和中指，方便运算（如图5-5所示）。

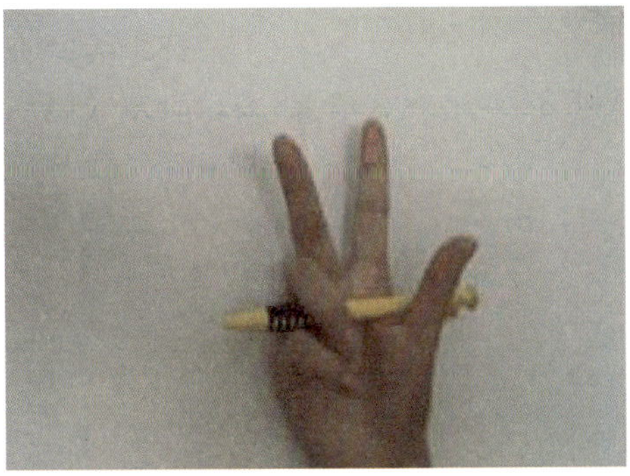

图5-4　无名指、小指握笔法

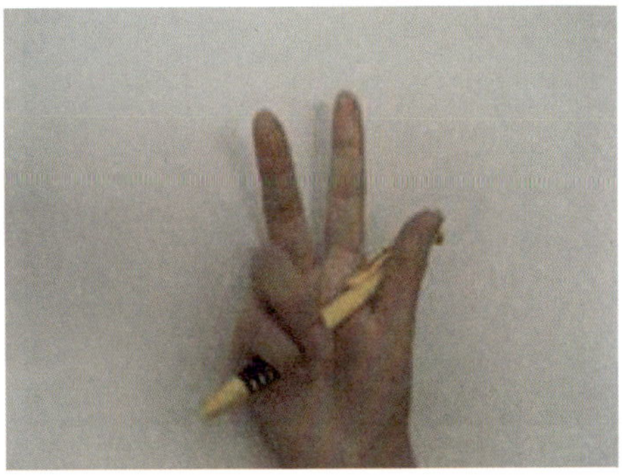

图5-5　掌心握笔法

前两种握笔法适用于菱珠小算盘，用拇指、食指两指拨珠；后两种握笔法适用于圆珠大算盘，用拇指、食指和中指三指拨珠。

（三）清盘

清盘是指在每次运算之前，要使所有算珠都离梁靠框，使盘面变为空盘的过程。清盘的方法因所使用的算盘不同而有所不同。有清盘器的算盘，可直接利用清盘器清盘；无清盘器的算盘，可手动清盘。

1.清盘器清盘

左手食指第一指关节指肚轻轻按压清盘器，使算珠全部离梁靠框。

2. 手动清盘

将拇指和食指合拢，拇指在梁下，食指在梁上，顺着算盘自身的横梁由右向左迅速移动，利用手指对靠近横梁两旁算珠的推弹力，使算珠离梁靠框。

四、珠算指法

微课

珠算指法

珠算指法是指用手指拨动算珠的方法，它是整个珠算的关键环节，指法正确与否将直接影响拨珠的速度、准确性，以及计算水平。下面详细介绍适用于菱珠小算盘的珠算指法。

（一）单指单拨

单指单拨是指在同一档上用拇指或食指拨动上珠或下珠靠梁或离梁的指法。

（1）拇指：拇指拨下珠靠梁。

（2）食指：食指拨下珠离梁、上珠靠梁和离梁。

（二）双指联拨

双指联拨是指在一档或前后档用拇指和食指同时拨动算珠靠梁或离梁的指法。双指联拨重在两指联合完成的拨珠动作。

1. 本档联拨指法

（1）双合。用拇指拨本档下珠、食指拨本档上珠同时靠梁，如图5-6所示。用于不进位加6、7、8、9，如1 + 6、2 + 7、1 + 8、0 + 9等。

（2）双分。用拇指拨本档下珠、食指拨本档上珠同时离梁，如图5-7所示。用于不退位减6、7、8、9。如9 - 8、7 - 6、8 - 7等。

图5-6　双合

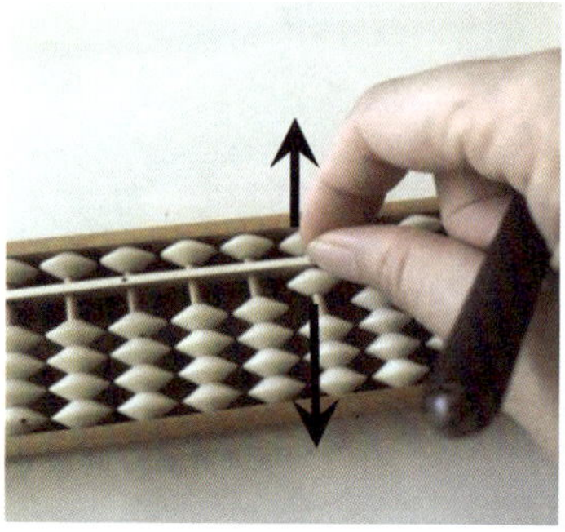
图5-7　双分

（3）双上。用拇指拨本档下珠靠梁，同时食指拨本档上珠离梁，如图5-8所示。如5 - 2、5 - 3、5 - 2、5 - 1等。

（4）双下。用拇指拨本档下珠离梁，同时食指拨本档上珠靠梁，如图5-9所示。如2 + 3、2 + 4等。

2. 前后档联拨指法

（1）扭进。用食指拨本档下珠离梁，同时拇指拨前档下珠靠梁，如图5-10所示。用于本档满十需要进位的加法，如6 + 9、7 + 8等。

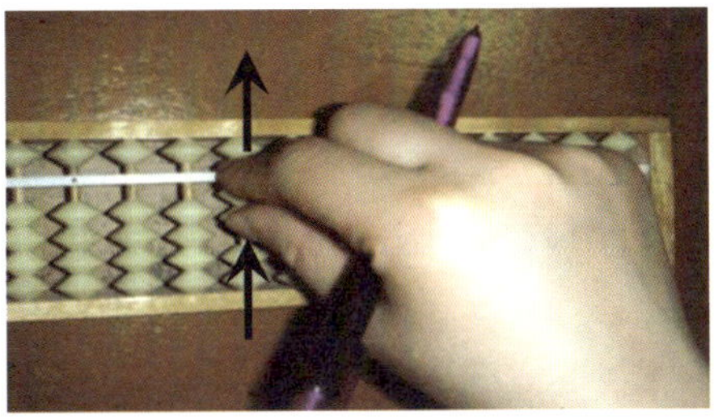

图 5-8　双上

图 5-9　双下

（2）扭退。用食指拨前档下珠离梁，同时拇指拨本档下珠靠梁，如图 5-11 所示。用于本档不足减需要在前档借位的减法，如 15 - 9、11 - 8、10 - 7 等。

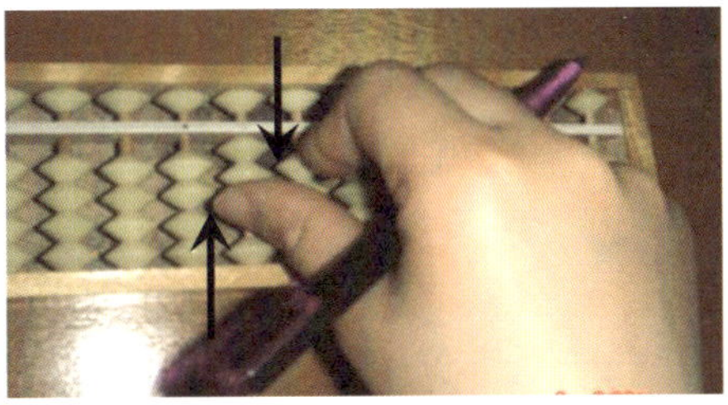

图 5-10　扭进

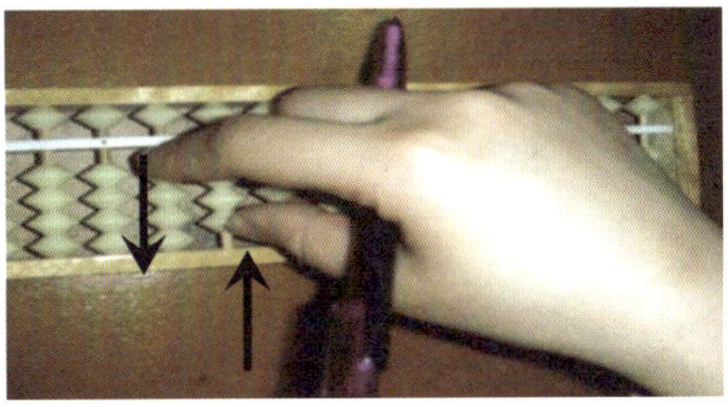

图 5-11　扭退

（3）前后合。拇指拨前档下珠、食指拨本档上珠同时靠梁，如图 5-12 所示。如 10 + 15、2 + 25、12 + 25 等。

（4）前后分。拇指拨前档下珠、食指拨本档上珠同时离梁，如图 5-13 所示。如 28 - 15、39 - 25、45 - 35 等。

图 5-12　前后合

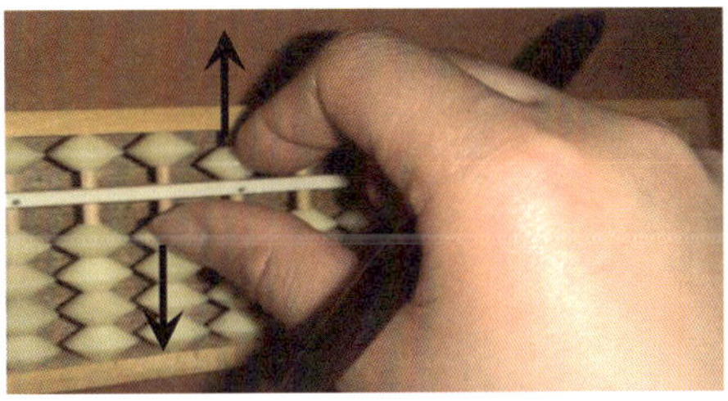

图 5-13　前后分

（5）前后上。用拇指拨前档下珠靠梁，同时食指拨本档上珠离梁，如图 5-14 所示。如 16 + 5、15 + 15、18 + 25 等。

（6）前后下。用拇指拨前档下珠离梁，同时食指拨本档上珠靠梁，如图 5-15 所示。如 12 - 5、22 - 15、30 - 25 等。

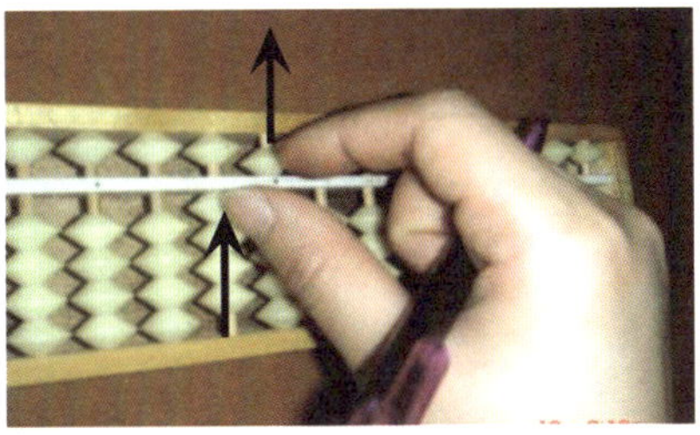

图 5-14　前后上

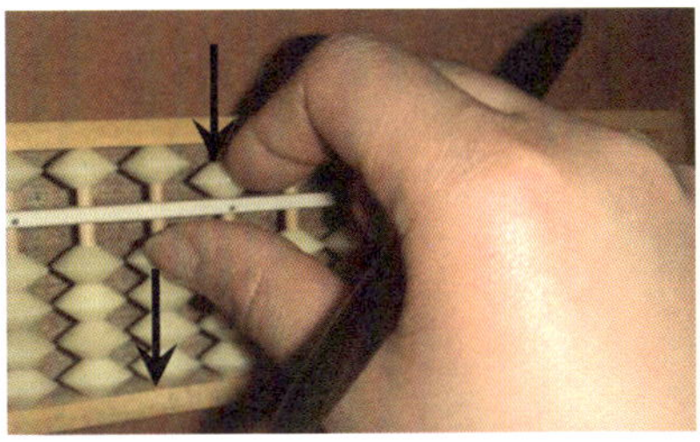

图 5-15　前后下

3. 两档以上的拨珠方法

两档以上的拨珠方法为连冲，即将食指靠在梁的上边缘，拇指靠在梁的下边缘，两指尖偏左，沿着算盘横梁由右向左向前冲档，使上、下珠同时离梁、靠框。如9 999 + 1、76 + 24、2 995 + 5 005等。当两数相加且两数是互补关系时，用连冲指法，既快又准。

（三）拨珠注意事项

1. 正确指法

初学者往往按照自己的习惯指法拨珠，一旦养成习惯就难以纠正。所以，在开始学习时，就要用正确的指法拨珠。

2. 以准为主

拨珠要稳、准、快、轻。稳就是一次拨对，无毁盘或毁珠现象，拨珠正确、稳定；准就是计算准确无误；快就是拨珠敏捷灵活，运算迅速；轻就是拨珠动作流利、轻巧、灵活。练习指法时要以准为主，准中求快、练中提高。

3. 顺序拨珠

上、下、进、退要按顺序拨珠，进退有序，该先去后进位的，不能先进后去；同样，该先退后还的，就不能先还后退。

4. 握笔拨珠

为了提高工作效率和计算速度，在运算过程中应养成握笔拨珠的习惯。

【做中学5-1】用八个档进行指法练习，指法操见表5-1。

表5-1 指法操

大节名称	每档加减数	指 法
第一节 拇指上、食指下	1.+11111111 2.+33333333 3.-11111111 4.-22222222	用拇指拨下珠靠梁，用食指拨下珠离梁
第二节 食指上、下	1.+55555555 2.-55555555 3.+55555555 4.-55555555	用食指拨上珠靠梁，用食指拨上珠离梁
第三节 双合、双分	1.+88888888 2.-77777777 3.+77777777 4.-66666666 5.+99999999 6.-88888888	双合：用拇指、食指同时拨上、下珠靠梁 双分：用拇指、食指同时拨上、下珠离梁

续表

大节名称	每档加减数	指　法
第四节 双上、双下	1.+55555555 2.-11111111 3.+33333333 4.-44444444 5.+22222222 6.-33333333	双上：用食指下拨5，再用拇指、食指同时向上拨珠 双下：用拇指、食指同时向下拨珠，注意双指配合动作
第五节 扭进、扭退	1.+11111111 2.+99999999 3.-66666666 3.+77777777 4.-88888888	扭进：用拇指拨1，再用食指拨本档算珠离梁，同时用拇指拨前档下珠靠梁 扭退：用食指拨前档算珠离梁，同时用拇指拨本档下珠靠梁
第六节 前后合、前后分	1.+15-15 2.+25-25 3.+35-35 4.+45-45	前后合：拇指拨前档下珠，食指拨本档上珠，两指同时合梁 前后分：拇指拨前档下珠，食指拨本档上珠，两指同时离梁

（四）常用术语

空档：是指某一档的上、下珠都离梁。空档表示这一档没有计数，或者表示零。

空盘：是指算盘的各档都是空档，表示全盘没有计数。

内珠：是指靠梁计数的算珠。

外珠：是指离梁不计数的算珠。

拨上：是指将下珠拨靠梁。

拨下：是指将上珠拨靠梁。

拨去：是指将上珠或下珠拨离梁。

本档：是指正要拨珠计数的这一档。

前档：也叫左一档（位），是指本档的前一档。

后档：也叫右一档（位），是指本档的后一档。

漂珠：是指拨珠时用力过轻，不靠梁不着框，浮漂在档中间的算珠。

带珠：是指拨珠时，把本档或邻档不应拨入或拨去的算珠带入或带出。

实珠：是指靠梁表示正数的算珠。

虚珠：也叫负珠，是指算珠拨到既不靠梁又不靠框，表示负数的悬珠。

置数：也叫布数，是指按照计算的要求，把数字拨入算盘，为计算作准备。

档位：也叫档次，是指档的位次。

错档：也叫错位，是指运算过程中未将算珠拨入应拨的档位。

进位：是指本档加上一个数后，大于或等于10，需向前位加1。

退位：是指在本档减去一个数时本档不够，需向前位减1。

清盘：是指拨去各档靠梁的算珠，使全盘成为空盘。

全盘练习：是指在算盘所有档上，或大部分档上作拨珠练习，以及按基本运算法则进行全面练习。

【同步训练5-1】

（1）训练内容：

①算盘的种类。

②拨珠的指法。

（2）训练指导：

①算盘的基本结构可分为框、梁、档、珠、点五部分。五珠小算盘的规格有19、21、23、27档。以珠表示数，以档表示位。拨珠靠梁时，一个下珠为1、上珠为5，空档为零。计数时同样是高位在左，低位在右。

②使用五珠小算盘，姿势要端正，手臂离开书桌和算盘，以便进退自如。

③注意合理地使用手指拨珠的方法，错误的拨珠指法直接影响计算的速度与准确性，而且一旦养成习惯很难纠正。指法应为：拇指专拨下珠靠梁，双指连拨时兼拨下珠离梁；食指既拨下珠离梁，也拨上珠靠梁、离梁。其他三指向掌心自然弯曲。

（3）任务布置：

①五珠小算盘指法练习。

②每天进行指法练习20分钟。

任务二　珠算无诀加减法技能

一、珠算无诀加减法基础

珠算无诀加减法是相对于有诀加减法而言的，它是在进行珠算加减运算时，根据数字变化规律，依据算盘的二元示数的特点和“五升十进制”原理，通过对5与10两数的分解与合成，利用凑数与补数的概念，直接进行拨珠的一种计算方法。它与传统口诀加减法的运算顺序一致，从左到右，由高位算起。

基本法则：靠梁为加，靠框为减。

基本规律：数位对齐，同位相加减。

基本原理：“五升十进制”，即满五用一颗上珠，满十向左边进位。

无诀加减法运算的关键是要熟练掌握几种数的构成，学会数的组合与分解，即凑数、补数和超数。

（一）凑数

如果两数之和等于5，则这两个数互为凑数。凑数只有3和2、4和1两对。

（二）补数

如果两数之和等于10n（n为整数），则这两个数互为补数。10以内的补数有5对，即1和9、2和8、3和7、4和6、5和5；大于10的补数有无数对。在珠算无诀加减法中涉及的补数基本上是10以内的数。

在上一下四的算盘上，每档算珠只有9个，因此，当看一个多位数的补数的时候，只要外珠末位多看一个，就可以使其与内珠表示的多位数互补。如内珠528的补数（盘示如图5-16所示），外珠末位多看一个，即471 + 1 = 472，而528 + 472 = 1 000，所以528与472互补。

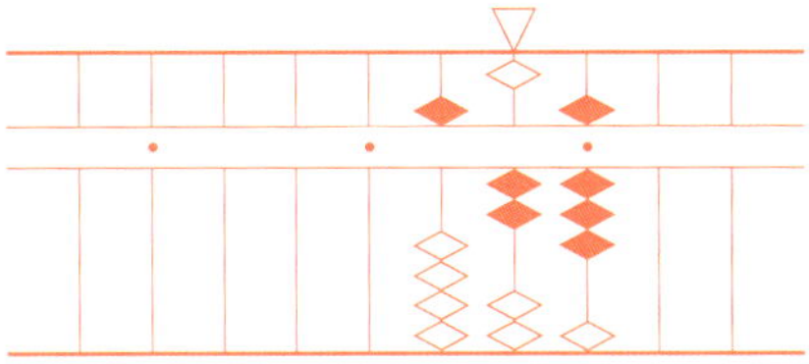

图5-16　盘示

（三）超数

大于5的数与5的差的余数，称为超数。如6 − 5 = 1，7 − 5 = 2，8 − 5 = 3，9 − 5 = 4。

二、珠算无诀加减法计算

珠算无诀加减法计算包括四种类型，即本位直接加减法、本位凑五加减法、进退位加减法、进退位凑五加减法。

（一）本位直接加减法

1. 本位直加法

珠算加法的关键要看外珠。当外珠够加时，直接加上。基本运算方法是“加看外珠，够加直加”。

【做中学5-2】87 654 321 + 12 345 678 = 99 999 999。

步骤：

（1）选好个位档，将被加数87 654 321按顺序拨入算盘中，如图5-17所示。

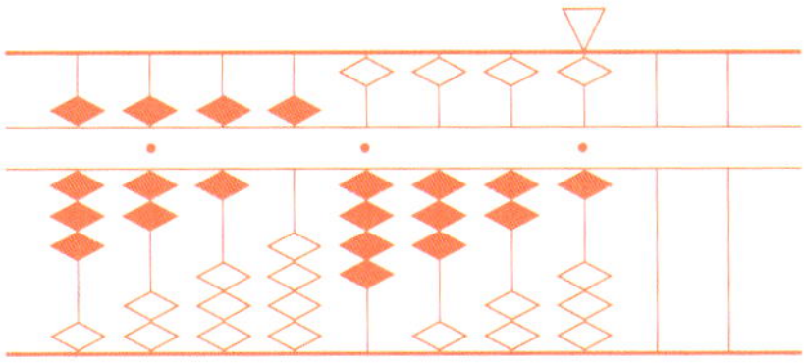

图5-17　盘示

（2）将加数12 345 678对准各自的档位逐位相加，即得出结果99 999 999，如图5-18所示。

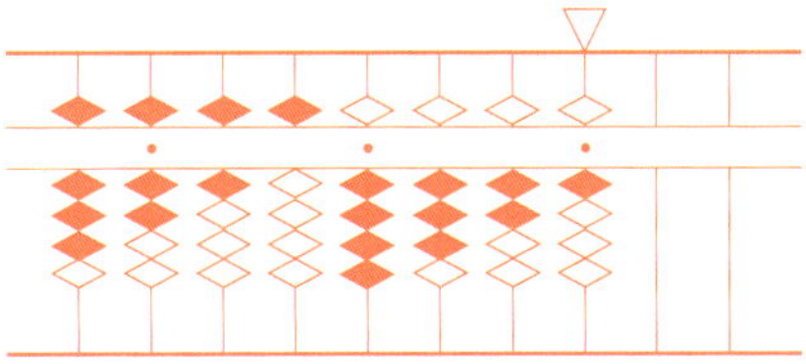

图5-18　盘示

2. 本位直减法

珠算减法的关键是看内珠。当内珠够减时，直接减去。基本运算方法是“减看内珠，够减直减”。

【做中学 5-3】99 999 999 - 12 345 678 = 87 654 321。

步骤：

（1）选好个位档，将被减数 99 999 999 按顺序拨入算盘中，如图 5-19 所示。

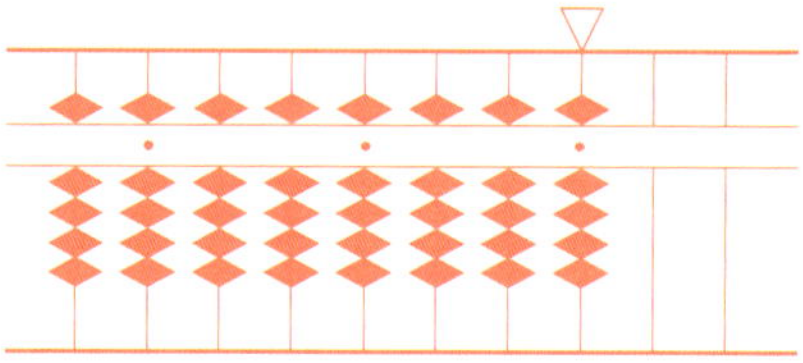

图5-19 盘示

（2）将减数对准被减数的同位数逐位相减，得 87 654 321，如图 5-20 所示。

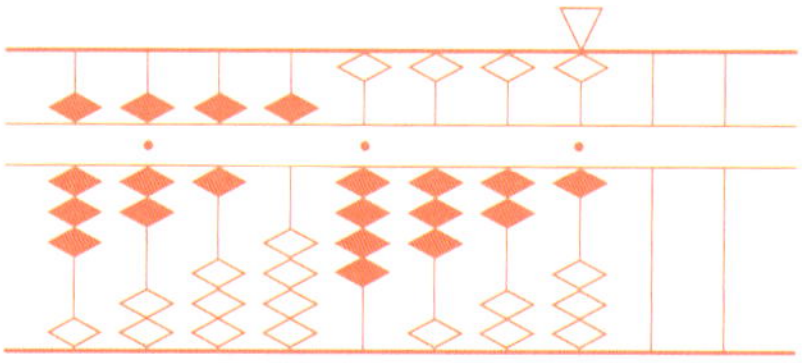

图5-20 盘示

（二）本位凑五加减法

1. 本位凑五加法

当加 1、2、3、4，其和等于 5 或大于 5 不满 10 时，若本档下珠不够加，则需先加 5，然后减去多加出的部分。基本运算方法是“加看外珠，加五减凑”。

【做中学 5-4】214 + 343 = 557。

步骤：

（1）选好个位档，将被加数 214 按顺序拨入算盘中，如图 5-21 所示。

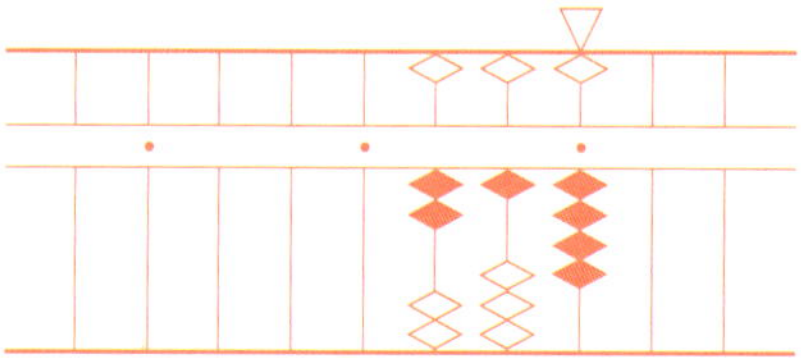

图5-21 盘示

（2）将加数 343 对准被加数相应档位相加。三位档上加 3，外珠不够加，用“加五减凑”的方法，拨下一个上珠，减去 3 的凑数 2，即拨去三位档上 2 个内珠；二位档、个位档与三位档的方法相似，最后和为 557，如图 5-22 所示。

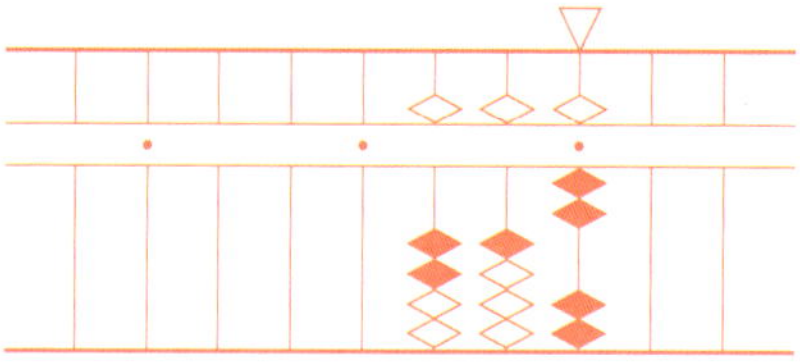

图5-22 盘示

2. 本位凑五减法

当减1、2、3、4，本档下珠不够减时，则需要去5，然后加上多减的部分。基本运算方法是“减看下内珠，不够减时，减五加凑”。

【做中学5-5】58 765 - 34 432 = 24 333。

步骤：

（1）选好个位档，将被减数58 765按顺序拨入算盘中，如图5-23所示。

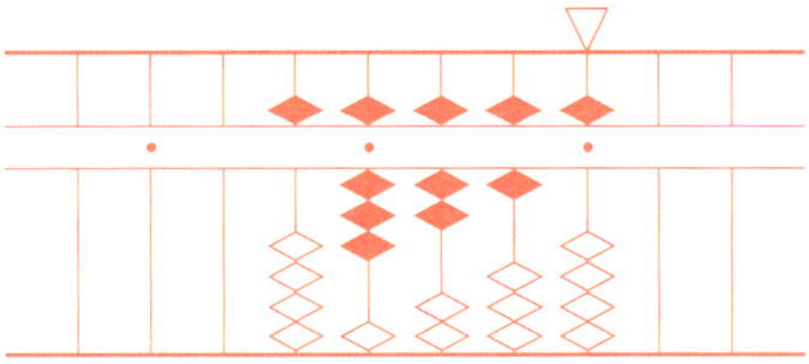

图5-23　盘示

（2）将减数34 432对准被减数相应的档位，运用“减五加凑”的运算方法，得出正确结果24 333，如图5-24所示。

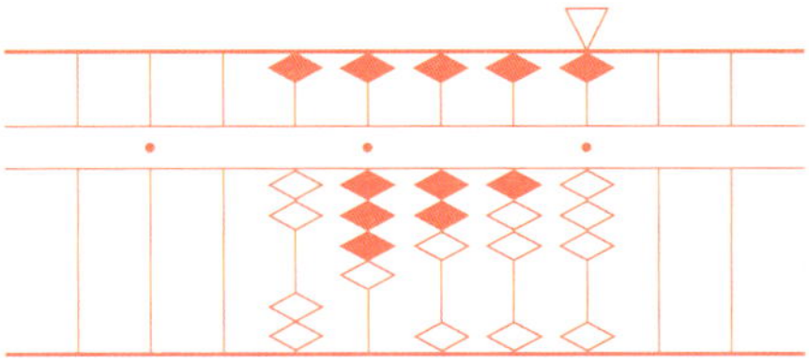

图5-24　盘示

（三）进退位加减法

1. 进位加法

当加一个数，其和满十，需向前一档进一时，在本档可直接减去多加出的数。基本运算方法是“本档满十，减补进一”。

【做中学5-6】79 + 86 = 165。

步骤：

（1）选好个位档，将被加数79按顺序拨入算盘中，如图5-25所示。

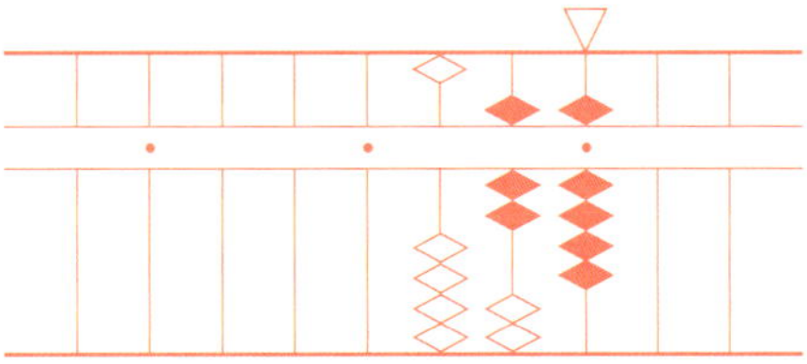

图5-25　盘示

（2）将加数86对准相应的档位与被加数相加。二位档上加8，外珠不够加，且本档满十，则用进位直接加法，减去8的补数2，同时向前档进1位；个位档上的6同样外珠不够加，减去6的补数4，同时向前档进1位。得出正确结果是165，如图5-26所示。

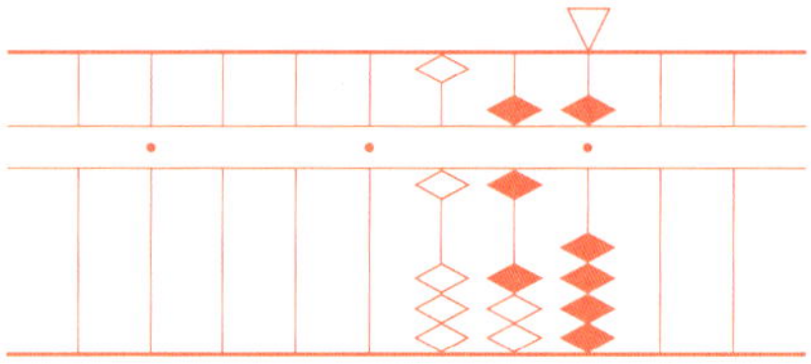

图5-26　盘示

2. 退位减法

当减一个数，本档不够减，需向前一档借一时，可在本档直接加上多减的部分。基本运算方法是“本档不够，借一加补”。

【做中学5-7】336 - 59 = 277。

步骤：

（1）选好个位档，将被减数336按顺序拨入算盘中，如图5-27所示。

图5-27　盘示

（2）从被减数中减去减数59。二位档上减5，内珠不够减，向前一档借一，在本档加上5的补数5；个位档上减9，内珠不够减，向前一档借一，在本档加上9的补数1。得出正确结果是277，如图5-28所示。

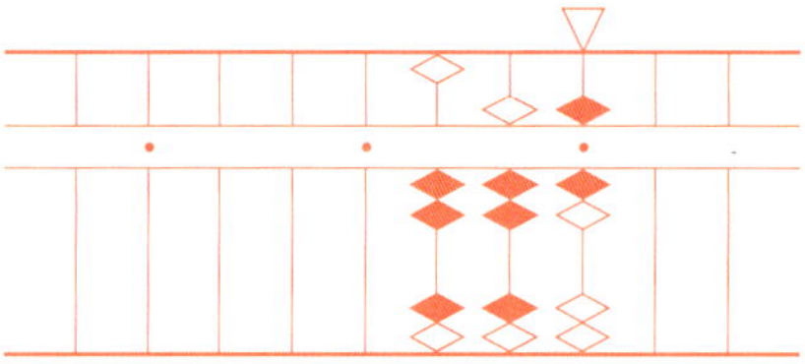

图5-28　盘示

（四）进退位凑五加减法

1. 进位凑五加法

当加6、7、8、9，其和超过10，而本档下珠不能直接减去补数时，需破五后再加上多减去的数。基本运算方法是“下珠不够减补，进一减五加超”。

用算数式表示为：+6 = +1 - 5 + 10；+7 = +2 - 5 + 10；+8 = +3 - 5 + 10；+9 = +4 - 5 + 10。

【做中学5-8】56 + 86 = 142。

步骤：

（1）选好个位档，将被加数56按顺序拨入算盘中，如图5-29所示。

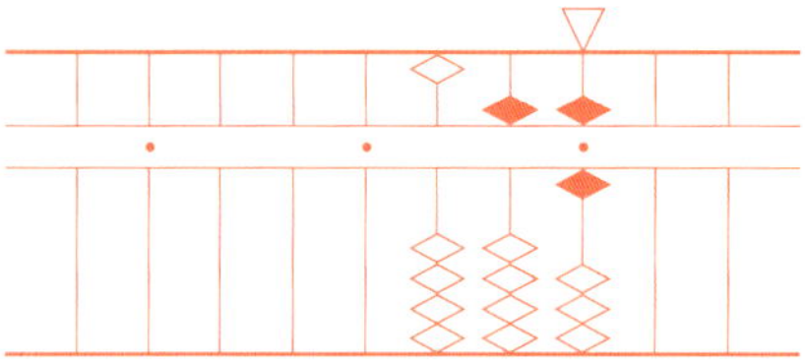

图5-29　盘示

（2）将加数86对准相应档位与加数相加。二位档上加8，外珠不够加且本档满十，向前档进一，同时本档需要减8的补数2，而内下珠没有2仍然不够减，则需要减5再加上8的超数3；个位档上加6，外珠不够加且本档满十，向前一档进一，在本档减6的补数4，内下珠不够减，需要减5再加上6的超数1。得出正确结果是142，如图5-30所示。

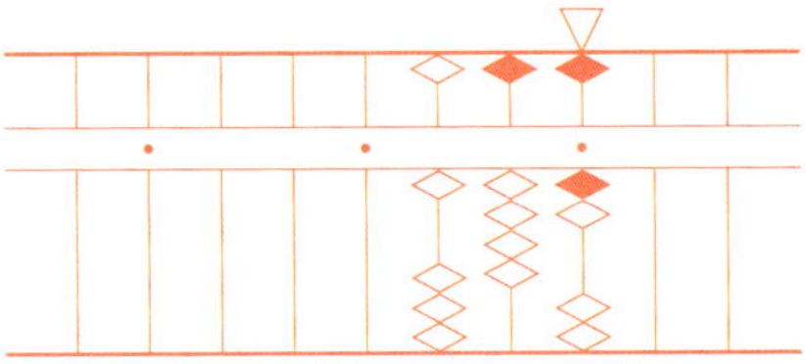

图5-30　盘示

2.退位凑五减法

当减6、7、8、9，本档不够减，需向前一档借一时，本档不能直接加上多还补数，需要凑五加还补数。基本运算方法是“下珠不够加补，退一加五减超”。

用算数式表示为：$-6=-10+5-1$；$-7=-10+5-2$；$-8=-10+5-3$；$-9=-10+5-4$。

【做中学5-9】5 423 − 876 = 4 547。

步骤：

（1）选好个位档，将被减数5 423按顺序拨入算盘中，如图5-31所示。

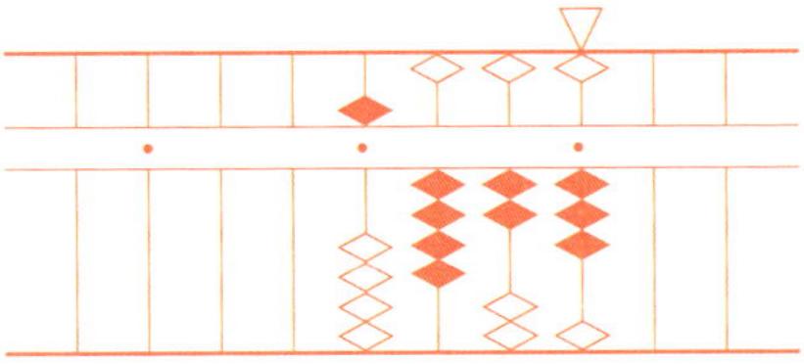

图5-31　盘示

（2）将减数中各档位与被减数的相应各档位对准依次相减。三位档减8，本档不够，向前一档借一，在本档加8的补数2，本档外下珠不够，需要本档加5，再减去8的超数3；二位档减7，本档不够，向前一档借一，在本档加7的补数3，本档外下珠不够加，需要本档加5，再减去7的超数2；个位档减6，本档不够，向前一档借一，在本档加6的补数4，本档外下珠不够，需要本档加5，再减去6的超数1。得出正确结果为4 547，如图5-32所示。

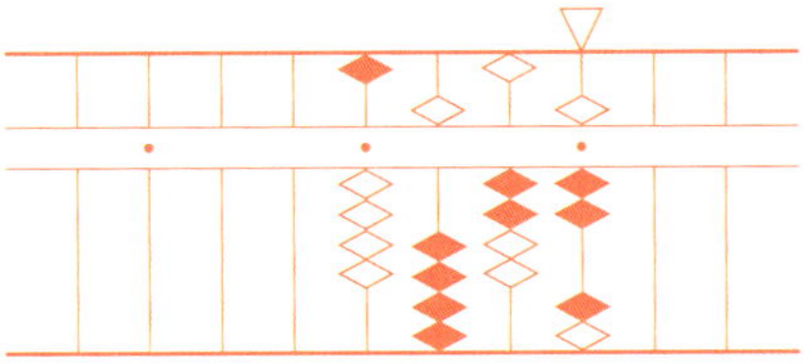

图5-32　盘示

【总结】珠算无诀加减法的四种类型，其运算要领归纳总结见表5-2。

表5-2 珠算无诀加减法运算要领

类　型	运算要领
本位直接加减法	够加直加，够减直减
本位凑五加减法	加五减凑，减五加凑
进退位加减法	减补进一，借一加补
进退位凑五加减法	进一减五加超，退一加五减超

从其要领上看，珠算加减运算程序是互逆的，其拨珠也是互逆的；其次，珠算加减运算中充分体现了加中有减、减中有加、变加为减、变减为加的辩证思维。练习时，可充分利用其内在规律，见数拨珠。

【同步训练5-2】

（1）训练内容：

①加法。

a.直接加法：一上一，二上二，三上三……九上九。

边学边练：拨珠1~9。

b.凑五加法（在加1、2、3、4时，下珠不够加，加五减凑数）：一下五去四，二下五去三，三下五去二，四下五去一。

边学边练：1+4，4+1，3+3，3+2，2+3，4+3，3+4，2+4，4+2。

c.进位加法（当两数相加之和大于10，本档不够加，减补数进一）：一去九进一，二去八进一，三去七进一……九去一进一。

边学边练：1+9，3+8，4+7，4+6，7+8，9+2，8+3，8+4，7+5。

d.进位凑五加法（本档上珠已经靠梁，加6、7、8、9时，下珠不够减补数）：六上一去五进一，七上二去五进一，八上三去五进一，九上四去五进一。

边学边练：5+6，6+7，5+8，5+9，8+6，6+8，7+7。

②减法。

a.直接减法（当被减数减去减数时，可以直接拨珠离梁）：一去一，二去二，三去三……九去九。

边学边练：8-2，9-3，9-4，9-5，9-6，8-7，9-8。

b.凑五减法（本档上珠已经靠梁，减1、2、3、4时，下珠不够减，需拨去上珠，并将多减的数加上）：一上四去五，二上三去五，三上二去五，四上一去五。

边学边练：5-1，5-2，5-3，5-4。

c.退位减法（本档被减数不够减，从前一档借一当十，把减去减数后剩余的数加到本档上）：一退一还九，二退一还八……九退一还一。

边学边练：10-1，10-2……10-9。

d.退位凑五减法（本档被减数不够减，从前一档借一当十，把减去减数后剩余的数加到本档上，而本档的下珠不够用，就应拨上珠靠梁，把多加的数从下珠中减去）：六退一还五去一，七退一还五去二，八退一还五去三，九退一还五去四。

边学边练：11-6，12-7，13-8，14-9。

（2）训练指导：

①训练中应加强操作姿势与指法的训练。

②为了提高速度，训练中可以配合听打和看打。

③练习时注意先定位。聚精会神，随听随拨一字一入盘，不能延误。听准、跟上、打准。循序渐进，由浅入深，由慢到快。

④及时给予学生鼓励，帮助他们克服困难，掌握珠算加减法的运算方法。

（3）任务布置：

①加百子。从1开始，即1 + 2 + 3 + …… + 100 = 5 050，一般要求在1分20秒内完成。加百子的部分得数见表5-3。

表5-3　加百子的部分得数

阶段	一	二	三	四	五	六
从1加至	24	36	44	66	77	100
得数	300	666	990	2 211	3 003	5 050

②减百子。在算盘上拨上5 050，从1减起，即5 050 − 1 − 2 − …… − 100 = 0。减百子的部分得数见表5-4。

表5-4　减百子的部分得数

阶段	一	二	三	四	五	六
从5 050减至	20	40	60	80	90	100
得数	4 840	4 230	3 220	1 810	955	0

分阶段练习可以随时检查运算结果的对错，进而使指法规范化，提高运算的准确性，还可以针对重点阶段进行强化训练。加减同时练习，还有利于加减运算能力的均衡发展，避免“加”强“减”弱的弊病。

③多位加减法练习。

a.本位直加法与本位直减法（见表5-5）。

b.本位凑五加法与本位凑五减法（见表5-6）。

c.进位加法与退位减法（见表5-7）。

d.进位凑五加法与退位凑五减法（见表5-8）。

表5-5　本位直加法与本位直减法

321 + 123 =	124 + 565 =	1 432 + 2 562 =
657 + 331 =	322 + 167 =	6 527 + 1 321 =
516 + 452 =	341 + 158 =	2 025 + 1 964 =
879 − 768 =	496 − 375 =	4 973 − 2 251 =
947 − 626 =	658 − 151 =	8 899 − 5 678 =
433 − 231 =	387 − 265 =	7 936 − 1 525 =

表5-6 本位凑五加法与本位凑五减法

432 + 243 =	4 213 + 4 342 =	263 + 321 =
433 + 344 =	3 244 + 3 412 =	472 + 123 =
324 + 341 =	4 324 + 1 243 =	234 + 432 =
567 − 433 =	6 565 − 3 321 =	578 − 344 =
857 − 423 =	7 765 − 4 342 =	579 − 246 =

表5-7 进位加法与退位减法

988 + 123 =	488 + 689 =	43 + 67 =
973 + 137 =	9 368 + 1 742 =	56 + 54 =
345 + 895 =	7 429 + 4 783 =	79 + 31 =
823 − 85 =	16 343 − 8 955 =	124 − 85 =
7 513 − 933 =	28 251 − 9 264 =	956 − 198 =
6 334 − 455 =	111 − 92 =	103 − 54 =

表5-8 进位凑五加法与退位凑五减法

768 + 686 =	5 567 + 8 776 =	7 563 − 2 878 =
688 + 666 =	6 875 + 8 679 =	6 873 − 1 929 =
7 655 + 6 867 =	7 856 + 98 =	3 266 − 1 477 =
576 − 867 =	644 − 78 =	8 334 − 688 =
14 353 − 6 777 =	324 − 69 =	23 443 − 8 966 =
43 433 − 7 986 =	468 − 399 =	8 111 − 4 879 =

任务三 珠算简捷加减法技能

珠算简捷加减法是以无诀加减法为基础，根据数字的排列和算盘的特点，适当结合心算，通过简化运算过程、减少拨珠次数、缩短拨珠时间来提高运算速度和准确率的一种计算方法。

珠算简捷加减法的运算方法主要有补数加减法、借减法、一目多行加减法、弃9法、穿梭法等。在工作中最常用的方法是一目多行加减法和穿梭法。

一、一目多行加减法

微课

珠算加减法

一目多行加减法是心算与珠算相结合，将多行数字求和（或差）一次拨入盘中的运算方法。这种方法有助于心算能力的加强，通过必要的练习，可使计算水平超出单一拨珠的极限，提高运算速度。常用的一目多行加减法主要有一目两行加减法和一目三行加减法。

（一）一目两行加减法

一目两行加减法是在加减运算中采取一次看两行相同数位上的数字，并心算出和（或差），然后拨入算盘中对应档上的运算方法。一目两行加减法包括一目两行直加法和一目两行正负抵销法等。

1. 一目两行直加法

【做中学5-10】运算如下：

```
            6 8 9 4
          + 5 7 3 2
手拨珠    1 1
            1 5
              1 2
                  6
盘上得    1 2 6 2 6
```

【做中学5-11】运算如下：

```
          1 4 3 7 2 ┐
            3 2 1 6 ┘
            1 0 8 4 ┐
        +   7 5 0 3 ┘
盘上得    2 6 1 7 5
```

心算两行合并从最高位算起，将前两行和后两行同位数字的和直接拨入算盘。

2. 一目两行正负抵销法

这种方法适用于加减混合题。两行一加一减，同位数相抵；抵销后，值正则加，值负则减。

【做中学5-12】运算如下：

```
                   8 5 2 7 3
                  -6 1 8 4 5
逐位拨加或拨减     2
                     4
                      -6
                         3
                          -2
         盘上得    2 3 4 2 8
```

【做中学5-13】运算如下：

```
       5 6 7 1 ┐
        -7 3 5 ┘
         2 9 4 ┐
      -2 4 1 3 ┘
盘上得   2 8 1 7
```

（二）一目三行加减法

一目三行加减法是在竖式加减法运算中，用心算求出同数位上三个数之和（或差），并拨入算盘中对应档位上的计算方法。

1.一目三行直加法

一目三行直加法中三行数字对应档位的三个数组合运算规律有以下四种：

（1）凑十法。三个数相加，其中两个数之和为10，先加能凑10的数再加另一个数。如4＋9＋6＝（4＋6）＋9＝10＋9＝19。

（2）同数法。三个数相同，可用一个数乘3；两个数相同，可用这两个数乘2再加另一个数。

（3）等差数列法。三个数为等差数，中间数乘3。如3＋6＋9，可用6乘3等于18。

（4）分解法。在运算过程中经常会遇到不规则数的求和计算，这时可以将其中一个数分解后转化成上述三种类型后再计算。如6＋8＋6＝（6＋4）＋（4＋6）＝20，或6＋8＋7－1＝20。

【做中学5-14】运算如下：

```
          3 6 5 7 8
            9 0 4 6
      +   4 1 3 2 9
手拨珠    7
          1 6
              8
              1 3
                2 3
盘上得    8 6 9 5 3
```

2.一目三行正负抵销法

一目三行的加减混合题可利用抵销法进行计算。

一目三行正负抵销法的计算规则：将纵向三个数中加减值接近的两数先抵销，再与另一个数相加减，值正则加，值负则减。即：加减混合运算，相抵最方便，抵正往上加，抵负往下减。

（1）两加一减相抵销。此方法是两个加数之和与减数相抵销，或直接与一个加数相抵销，余下再求和，值正则加，值负则减。

【做中学5-15】运算如下：

2 7 6 5 3 8 1
+5 4 1 9 0 2 7
−4 8 2 6 5 3 9

逐位拨加或拨减 3
3
5
8
−1 +8
7
−1+9

盘上得 3 3 5 7 8 6 9

（2）一加两减相抵销。加数与两个减数之和相抵销或直接与减数相抵销，而后再求和计算。

【做中学5-16】运算如下：

−3 8 7 0 6 1 5
6 2 3 5 4 8 9
−2 3 4 1 7 0 6

逐位拨加或拨减 1
−9
−8
+4
−9
+7
−2

盘上得 2 3 1 6 8

【做中学5-17】运算如下：

254.36
−72.98
9.45

1 063.27
−41.62
−815.79

盘上得 396.69

二、穿梭法

在进行多笔连续加减法运算时，第一笔数从高位打到低位，第二笔数从低位打到高位，第三笔数从高位打到低位……以此类推，进行左右往返运算，以缩短手指空移的时间，这种首尾相连的运算方法称为穿梭法。

【提示】从低位向高位计算时应先看好正负号再进行计算，否则计算到高位时发现是带减号的题，就会浪费时间，从而影响运算速度。

穿梭法的优点：（1）节省了拨珠时手往返的时间，提高运算速度；（2）运算时相邻的两个数字首尾相连，可以减少换位找档的时间。

【做中学5-18】运算如下：

		拨珠方向
第一行	93 724.65	⟶
第二行	410.39	⟵
第三行	2 536.71	⟶
第四行	31 724.06	⟵
盘上得	128 395.81	

【提示】采用穿梭法从低位向高位运算时，可将进位（或借位）同前一位加数（或减数）一并拨入盘，从而减少拨珠次数。

穿梭法可以与直加法、抵销法相结合，进行一目两行和一目三行的穿梭运算。

【做中学5-19】运算如下：

	拨珠方向
67 429 −15 368	⟶ 第一、二行从高位至低位，用抵销法运算
3 901 2 784	⟶ 第三、四行从低位向高位，用直加法运算
−9 456 278	⟶ 第五、六行从高位至低位，用抵销法运算

盘上得 49 568

穿梭法必须在熟练档位和具有较强认数能力的前提下，对拨珠习惯经过一个练习过程，才能做到运用自如，从而提高实际运算速度。

三、查找差错的方法

在珠算过程中，常见的错误主要有：用错计算方法、看错数字、错档、拨珠不准、漏计或重计等，出现差错时可以用不同的方法进行查找。

（一）复查法

复查法是指在计算完成后，将原题重新计算一遍或者几遍，直到无误为止的一种差错查找方法。该法同样适用于乘除法差错的查找。

（二）还原法

还原法是指在计算完成后，根据加法与减法互为逆运算的性质，采用减法还原加法，或者加法还原减法的一种差错查找方法。

（三）尾数法

尾数法是指在计算完成后，用复查法算出另外一个得数，两个得数中其他数位的数都一致，只有末位数出现差错时，单独对末位数进行复核的一种差错查找方法。

（四）除二法

在计算中，有时会将“+”号看成“-”号，或者将“-”号看成“+”号。这样会造成两倍于某数的差数，而这个差数必然是偶数，因此用差数除以2便可以找出错数，这种查找差错的方法称为除二法。在计算完成后，用复查法算出另外一个得数，将两个得数相减，其差数如果是算式数据中某个数的两倍，则这个数在计算中计错了方向。

（五）除九法

相邻两个数字颠倒，多算一个“0”或者少算一个“0”等差错，均可用除九法查找。

（1）相邻两个数字颠倒，其差数一定是“9”的倍数。在计算完成后，用复查法算出另外一个得数，将两个得数相减，如果差数刚好是9的倍数，则看算式中是否某个数的相邻两个数字被颠倒。

（2）数字如果多一个“0”，其两数之差能被9整除。在计算完成后，用复查法算出另外一个得数，将两个得数相减，如果差数是9的倍数且商刚好是算式中的某个数（假设为a），则这个数a就是正确的数字。

（3）数字如果少一个“0”，其两数之差能被9整除，同时商数比原数少一个“0”。在计算完成后，用复查法算出另外一个得数，将两个得数相减，如果差数是9的倍数且商的末尾刚好比算式中的某个数（假设为a）的末尾少一个“0”，则这个数a就是正确的数字。

【同步训练5-3】

（1）训练内容：一目多行加减法和穿梭法。

（2）训练指导：珠算的练、测、赛和技能等级鉴定，都是为了提高技能水平。基本功训练是基础，比赛和技能等级鉴定是延伸。要把经常性的基本功训练同比赛鉴定结合起来，让学生在测与赛中得以锻炼和提高。

（3）任务布置：

①进行一目多行加减法和穿梭法的练习。表5-9至表5-13为全国珠算技术等级鉴定模拟练习题（普通四级）。

②第一阶段：10道题限时20分钟，由教师统一核对答案。

③第二阶段：10道题限时10分钟，正确率要求达到70%以上。

表5-9　全国珠算技术等级鉴定模拟练习题（一）

加　减　算

普通四级
限时10分钟

（一）	（二）	（三）	（四）	（五）
87 204	947	8 964	598 672	76 492
498 743	564	875	406	857
2 509	36 128	6 958	15 743	−392
157	3 576	807	−295	9 201
381	7 309	9 514	9 508	−1 068
4 935	9 518	7 031	−8 039	756 840
7 012	267	4 126	496	−75 936
196	3 074	904	−1 034	305
362	913	812	6 702	284
6 238	40 186	239 768	−817	−7 193
615	836 042	523	3 721	461
46 568	284	603 259	925 038	968
429	709	10 324	671	402 187
9 703	632 985	39 147	824	−5 203
710 589	5 402	705	−41 351	4 135
（六）	（七）	（八）	（九）	（十）
76 489	5 194	39 754	568 109	68 145
295	3 671	382	6 912	−7 316
6 028	529 306	5 706	210 594	4 057
753	235	293	−9 051	−308
3 715	681 923	4 129	306	579
4 083	214	674	−7 418	−8 402
841	406	2 187	634	395
6 213	2 647	716	−425	583
974 082	185	765	803	−9 721
635	48 763	620 518	−749	4 107
86 516	579	943	24 687	695
209	7 098	4 638	7 491	926 804
970 341	30 472	501 792	8 536	96 132
172	5 896	48 003	73 028	−274
9 504	769	5 809	−237	821 063

表5-10　全国珠算技术等级鉴定模拟练习题（二）

加　减　算

普通四级
限时10分钟

（一）	（二）	（三）	（四）	（五）
439	91 467	5 396	314 807	806 427
825	936	52 083	342	−869
12 984	8 764	847	−4 931	217 654
273	5 029	98 271	8 205	583
507	32 095	869	396	−79 468
6 157	4 512	2 475	−758	2 093
264	801	718	60 251	7 142
3 068	3 179	4 027	791	−205
395	5 806	378	548	13 074
819 702	648	315 069	−2 604	−391
6 479	380	9 105	582 637	7 034
953 076	247 513	421	953	−615
6 248	784	5 398	−7 806	5 936
18 053	572 308	630 942	6 917	601
1 740	672	164	−19 052	8 253

（六）	（七）	（八）	（九）	（十）
967	4 257	9 605	8 594	572 643
709 528	895	708 159	435	362
4 936	76 134	84 306	52 168	−23 804
8 093	241	783	−742	968
274	397	3 457	329 804	59 086
416	8 653	294	6 051	−8 609
4 105	608	5 901	−201 687	135
615 239	2 136	564	724	−9 128
561	492	48 012	−5 318	504
37 258	3 951	319 874	194	7 619
547	504 679	2 067	−931	9 124
2 806	9 706	672	6 073	−481
93 148	4 057	236	976	321 570
701	182	2 318	83 029	−937
8 032	386 218	951	−6 507	7 504

表5-11 全国珠算技术等级鉴定模拟练习题（三）

加 减 算

普通四级
限时10分钟

（一）	（二）	（三）	（四）	（五）
24 906	4 659	862	832 475	804 296
2 649	892	435	−7 450	−2 749
4 157	5 938	7 319	25 783	924
573	3 276	583	−93 016	−7 041
2 689	40 592	972	594	3 157
938	603	764	968	−41 865
6 172	9 158	24 397	−5 761	709 632
203	536	6 087	3 095	359
8 309	2 671	2 709	−623	−803
530	103 408	19 536	314	735
901 758	805	984	261	1 628
841	287 491	101 028	170 842	563
510 724	716	6 543	−8 607	−21 039
687	47 321	548 106	2 054	8 704
31 645	704	5 021	789	516
（六）	**（七）**	**（八）**	**（九）**	**（十）**
968	531 024	965	57 213	318 509
20 517	90 475	841	−3 902	627
684	903	801 526	718 295	−34 761
34 092	1 456	437	548	6 893
8 953	2 709	512 096	685 902	260 518
3 165	631	70 985	614	−31 972
742	5 086	432	463	4 107
906	863	3 094	−41 596	−9 042
4 083	214 351	62 105	821	5 824
258	798	8 719	4 037	607
420 375	4 652	672	−509	−582
674	817	4 067	7 024	409
1 951	3 749	7 253	−837	9 543
186 729	627	348	3 187	−835
7 103	59 802	8 931	−6 913	176

表5-12　全国珠算技术等级鉴定模拟练习题（四）

加　减　算

普通四级
限时10分钟

（一）	（二）	（三）	（四）	（五）
6 928	938	348	49 706	78 642
872	32 815	4 586	−3 912	−759
4 183	206	471	82 501	684
391	1 309	6 287	4 127	425
407 137	406	872	−8 506	643
20 965	2 814	4 783	913 268	−7 381
5 032	378	394	704	628
384	7 592	59 102	−216 057	9 501
1 856	746 019	6 035	429	495 012
147	5 896	691	953	−4 196
53 904	149	270 581	−4 381	910 305
6 035	254 716	619	635	723
769	603	401 973	−783	−82 037
275 801	5 704	92 605	654	6 358
649	87 532	5 032	987	−1 907

（六）	（七）	（八）	（九）	（十）
45 726	80 394	74 809	391	917 028
251 957	7 839	2 693	90 162	−85 104
506	52 607	806	287	9 042
412	7 014	4 281	−80 321	425
9 617	179	405	704 839	−6 109
371	904	371	765	386
603	3 359	5 908	−512 043	577 032
8 298	6 803	3 092	605	−47 961
3 429	726	821	5 346	306
4 083	138 612	7 259	−6 539	534
8 309	159	617	894	−3 859
736	461	64 753	−7 138	4 123
52 974	204 568	395 614	207	5 201
475 081	5 872	402	−1 452	−857
605	245	513 867	8 976	978

表5-13 全国珠算技术等级鉴定模拟练习题（五）

加 减 算

普通四级
限时10分钟

（一）	（二）	（三）	（四）	（五）
7 163	265	5 947	60 249	341
415	3 406	537	−4 962	90 736
4 190	379	2 906	785 019	8 267
538	208	382	−148	−1 726
9 285	697 014	1 768	720 915	205
467	5 419	623	647	−3 981
5 741	2 396	3 087	−54 231	659
86 032	675 867	14 325	9 086	1 658
903 281	54 601	618	523	−4 072
378	81 217	741 062	−1 078	201 439
79 012	453	184	362	−835
293	201	489 057	8 039	749
602 569	9 738	365	374	−20 654
5 704	8 392	20 196	7 158	813
648	508	9 024	−563	809 567
（六）	（七）	（八）	（九）	（十）
267	834	9 652	290 453	685 079
394	5 148	326	−629	413
9 034	9 725	429	4 396	−70 936
5 704	26 071	2 918	−38 807	392
2 185	865	6 027	783 012	2 167
638	637	305	6 218	−564
81 375	1 809	984	902	824 091
726	581	701	1 894	853
4 012	590 469	3 198	−705	−62 504
729	357	840 719	46 257	318
205	6 473	5 046	86	−8 137
506 193	291 432	80 723	−3 571	6 095
83 657	284	516	153	−5 814
8 491	9 016	478 521	−7 614	792
901 864	20 163	64 375	945	2 407

任务四　珠算乘法技能

一、珠算乘法分类

珠算乘法是指运用算盘进行乘法的计算。珠算乘法中的被乘数称为实数，乘数称为法数。珠算乘法一般可分为以下几类：

（1）按适用范围可分为基本乘法和简捷乘法；

（2）按置积档位可分为隔位乘法和不隔位乘法；

（3）按是否置因数可分为置数乘法和不置数乘法（空盘乘法）；

（4）按被乘数的运算顺序可分为前乘法和后乘法，其中后乘法又可分为破头乘、留头乘和掉尾乘等。

二、珠算乘法口诀

珠算乘法是用口诀指导拨珠运算的。珠算乘法口诀是根据1到9九个数字分别与这九个数字相乘编制的81句口诀。小数在前、大数在后的36句口诀称为“小九九口诀”；大数在前、小数在后的36句口诀称为“逆九九口诀”；因数相同的9句口诀称为“平九九口诀”；合计81句口诀称为“大九九口诀”，即珠算乘法口诀。它是珠算乘法的一套完整口诀，运用“大九九口诀”运算不用颠倒被乘数和乘数的顺序，从而避免由于因数总变换而产生的错误。

在“大九九口诀”中，前两个中文数字分别表示乘数和被乘数，后两个阿拉伯数字分别表示积的十位数和个位数，如“三六18”。

【请注意】在“大九九口诀”中，两个因数相乘的乘积有效数字有两位数，也有一位数，但都要看作是两位数。乘积有效数字只有一位数的两种情况：一是十位数是零，如“一八08”；二是个位数是零，如“四五20”。在珠算运算中，“0”是很有意义的，珠算以空档表示“0”。因此，无论上述哪种情况的“0”在珠算中都要占位。

在读法上，“大九九口诀 ”一律按照四字来读。如“四八32”，读作“四八三二”，不读成“四八三十二”；又如“二四08”，读作“二四零八”，不读成“二四得八”；再如“五八40”读作“五八四零”，不读成“五八四十”。

“大九九口诀”不颠倒乘数与被乘数的顺序，读起来比较拗口，因此要加强训练，不仅要熟记，而且要达到“读因知积、见因拨积”的熟练程度。

三、数值的位数

由于乘积的数值是根据被乘数的位数和乘数的位数来确定的，因此，在学习珠算乘法定位前必须先了解数值的位数，这是进行乘法定位的先决条件。数值的位数是由这笔数值小数点所在的位置确定的，可归纳为以下三种：

（一）正位数

一笔数值，第一个非零的数字称为最高位数字。最高位数字在小数点左侧的数值称为正位数。整数部分有几位就是正几位，整数和混小数一律划分正位数。如9 800，正四位，表示为+4位；720，正三位，表示为+3位；35，正二位，表示为+2位；4，正一位，表示为+ 1 位；58.69，正二位，表示为+2位。

（二）零位数

零位数是指整数位是零，小数点右边紧接着是非零的数，即最高位数在小数点右边第一位的数值。如0.25、0.78、0.128、0.3008，零位数用“0”表示。

（三）负位数

负位数是指整数位是零，小数点右边紧接着也是零，即最高位到小数点之间夹有零的数值。小数点到非零数之间夹几个零就是负几位，不包括整数的零，用符号“–”表示。如0.024、0.004 56、0.000 57、0.000 080 9，分别为–1位、–2位、–3位、–4位。在算盘上按数值位数计位的档位如图5–33所示，位数举例见表5–14。

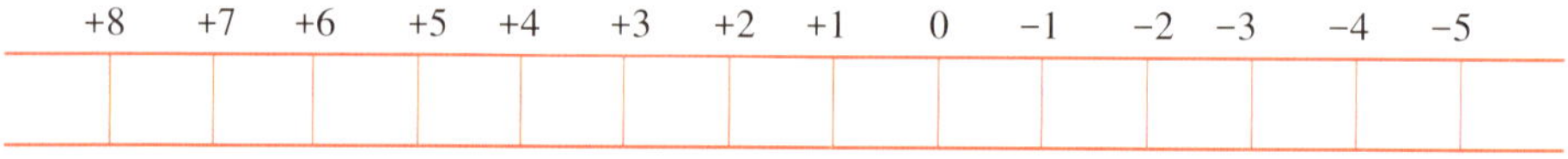

图5–33　按数值位数计位的档位

表5–14　位数举例

数值	650 000	65 000	6 500	650	65	6.5	0.65	0.065	0.006 5
位数	6	5	4	3	2	1	0	–1	–2

四、乘积的定位

乘积的定位方法有多种，比较容易掌握的有两种，即公式定位法和固定积的个位档定位法。

（一）公式定位法

公式定位法是算后定位法，即先将乘积计算出来，然后用积的首位与两个因数首位大小比较，以及两个因数的位数来确定积的位数的一种定位方法。

设P表示积的位数，m表示被乘数位数，n表示乘数位数。公式定位法的计算公式如下：

$$P = m + n \quad (1)$$

$$P = m + n - 1 \quad (2)$$

公式定位法上述两个计算公式具体应用如下：

（1）当乘积的首位数小于两个因数的首位数时，用公式（1）$P = m + n$。若首位数相同，则依次比较第二位数、第三位数……

【做中学5–20】37 × 58 = 2 146。

积的首位数是2，小于两个因数的首位数3和5。因此，积的位数$P = m + n = 2 + 2 = 4$（位）。

【做中学5–21】8.64 × 0.96 = 8.2944。

积的首位数是8，小于9且等于8。积的第二位数2仍小于两个因数的第二位数6。

因此，积的位数 P = m + n = 1 + 0 = 1（位）。

【做中学 5–22】96 × 983 = 94 368。

积的首位数是9，等于两个因数的首位数。积的第二位数4，小于两个因数的第二位数6和8。因此，积的位数 P = m + n = 2 + 3 = 5（位）。

（2）当乘积的首位数大于两个因数的首位数时，用公式（2）P = m + n − 1。若首位数相同，则依次比较第二位数、第三位数……

【做中学 5–23】342 × 22 = 7 524。

积的首位数是7，大于两个因数的首位数3和2。因此，积的位数 P = m + n − 1 = 3 + 2 − 1 = 4（位）。

【做中学 5–24】311 × 3.2 = 995.2。

积的首位数是9，大于两个因数的首位数3。因此，积的位数 P = m + n − 1 = 3 + 1 − 1 = 3（位）。

【做中学 5–25】749 × 10.36 = 7 759.64。

积的首位数是7，大于且等于因数的首位数1和7。积的第二位数7仍大于两个因数的第二位数4和0。因此，积的位数 P = m + n − 1 = 3 + 2 − 1 = 4（位）。

【做中学 5–26】100 × 10 =1 000。

积的首位是1，等于两个因数的首位1。再依次比较第二位数、第三位数，均相等。因此，积的位数 P = m + n − 1 = 3 + 2 − 1 = 4（位）。

（二）固定积的个位档定位法

固定积的个位档定位法是算前定位法，它是根据被乘数与乘数的位数，事先在算盘上确定好积的个位档，按照基本乘法进行运算，运算结束，盘上显示的数值就是积的数值的一种定位法。此方法简捷、直观，省去了运算之后积的首位数与被乘数和乘数首位数相比较的麻烦。

固定积的个位档定位法定运算步骤如下：

（1）确定积的个位档。运算前在算盘上选一个有定位点的档作为积的个位档。

（2）计算积的位数。设 P 为积的位数，m 为被乘数的位数，n 为乘数的位数，则 P = m + n。

（3）运算结束，直接照盘抄写得数。

【做中学 5–27】245 × 693。

计算加积档的位数：P = m + n = 3 + 3 = 6（位）。

【做中学 5–28】0.546 × 0.037。

计算加积档的位数：P = m + n = 0 +（− 1）= − 1（位）。

【做中学 5–29】0.89 × 0.42。

计算加积档的位数：P = m + n = 0 + 0 = 0（位）。

【同步训练 5–4】

（1）训练内容：数值的位数、乘积的定位。

（2）训练指导：计算数值的位数时应注意区分零位数和负位数。

（3）任务布置：

①根据数值确定位数，见表5-15。

表5-15 确定位数

数 值	位 数	数 值	位 数
3 829		870	
10.2		0.0805	
61 004		0.00010007	
1.008		82%	
0.65		105%	

②根据括号内的位数确定数值，见表5-16。

表5-16 确定数值

位 数	数 值	位 数	数 值
54 789（正五位）		980 000（正四位）	
9 437（零位）		879（正五位）	
8 634（负一位）		546（正三位）	
5 237（正一位）		215（零位）	
3 200（正二位）		487（正六位）	
793（负二位）		43（负三位）	

③确定各题数值，见表5-17。

表5-17 各题数值

4.25 × 5.16	→	2 1 9 3	374 × 7.28	→	2 7 2 2 7 2
0.425 × 0.516	→	2 1 9 3	3.74 × 0.0728	→	2 7 2 2 7 2
0.0425 × 51.6	→	2 1 9 3	0.0314 × 0.28	→	8 7 9 2
4 250 × 5 160	→	2 1 9 3	31.4 × 28 000	→	8 7 9 2
0.374 × 72 800	→	2 7 2 2 7 2	3 140 × 0.028	→	8 7 9 2

五、基本乘法计算

在珠算乘法中，无论是一位数乘法还是多位数乘法，都采用空盘前乘法。所谓空盘前乘法，是指运算时不在算盘上拨入被乘数和乘数，而直接把它们的乘积拨在算盘上的方法。

“空盘”是指不在算盘上置因数，“前乘”是指乘的顺序从因数的高位开始起乘。

微课
珠算乘法

（一）一位数空盘前乘法

一位数乘法是指在乘法两个因数中，有一个因数是一位有效数字的乘法。一位数乘法是多位数乘法的基础，多位数乘法实际上就是一位数乘法之积在不同档位的顺次叠加。普遍使用的一位数乘法是一位数空盘前乘法。

一位数空盘前乘法的运算步骤如下：

（1）计算首位乘积的十位档。用固定积的个位档定位公式P = m + n计算首位乘积的十位档，即第一十位档，用P表示。

（2）按顺序乘积。用一位因数分别去乘另一因数的第一位、第二位、第三位……末位数，将其乘积分别加在相应的档位上。

（3）加积运算。从P档开始拨入乘积，顺次叠加，如同阶梯式移位，遵循前一次加积个位就是后一次加积十位的加积规律进行运算。

（4）指档。在加积中左食指要点记加完积的个位，此档位就是下一步加乘积的十位档。

（5）写数。运算结束，盯盘写得数。

【做中学5-30】364 × 8 = 2 912。

定位：P = 3 + 1 = 4（位），即从4位起乘，如图5-34所示。

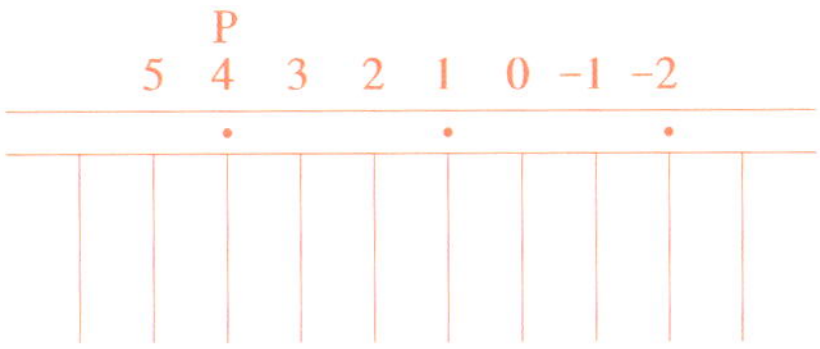

图5-34　盘示

从盘4档起加积：三八　2 4

六八　4 8

四八　3 2

盘中积数　2 9 1 2

【做中学5-31】6 × 3 467 = 20 802。

定位：P = 1 + 4 = 5（位），即从5位起乘，如图5-35所示。

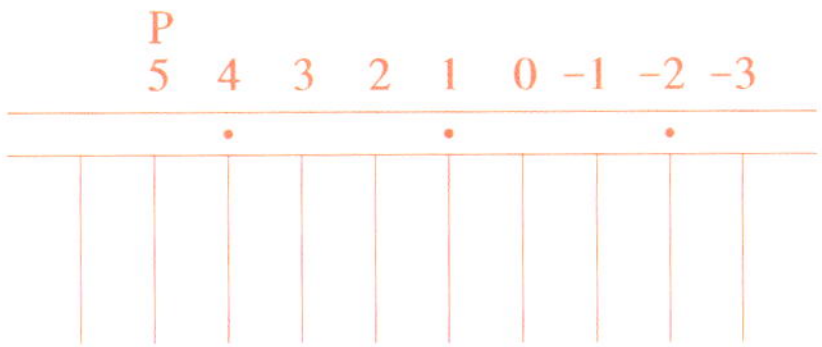

图5-35　盘示

从盘5档起加积：六三　1 8

六四　2 4

六六　3 6

六七　4 2

盘中积数　2 0 8 0 2

（二）多位数空盘前乘法

多位数乘法是指乘法中两个因数都是两位或两位以上有效数字的乘法。多位数乘法与一位数乘法运算原理相同，只是运算步骤较多且复杂一些。因此，准确把握乘积叠加档位是学习多位数乘法的关键。普遍使用的多位数乘法是多位数空盘前乘法。

1.多位数空盘前乘法的运算步骤

（1）计算首位乘积的十位档。用固定积的个位档定位公式P = m + n计算两个因数首位乘积的十位档，用P表示，P档位就是第一十位起乘档的位数。

（2）按顺序乘积。无论从哪个因数开始起乘，都是从高位到低位进行运算的。按顺序乘积示意图如图5-36和图5-37所示。

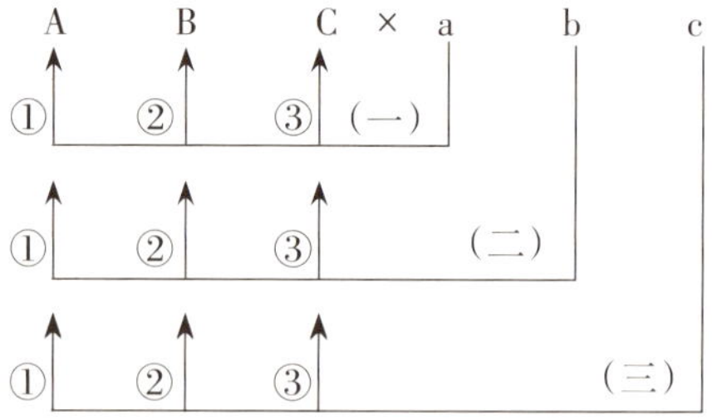

图5-36 按顺序乘积示意图（一）

（3）加积运算。首先，用一个因数的第一位、第二位、第三位……末位数分别与另一个因数的第一位、第二位、第三位……末位数逐位相乘，错档叠加；其次，移档加积（在前一次乘积的基础上，依此类推。最后，逐位乘完。在加积中右食指要点记加完乘积的个位档，此档就是下一步加积的十位档。

（4）双手指档。右食指点记加完积的个位档，左食指点记第几十位档。

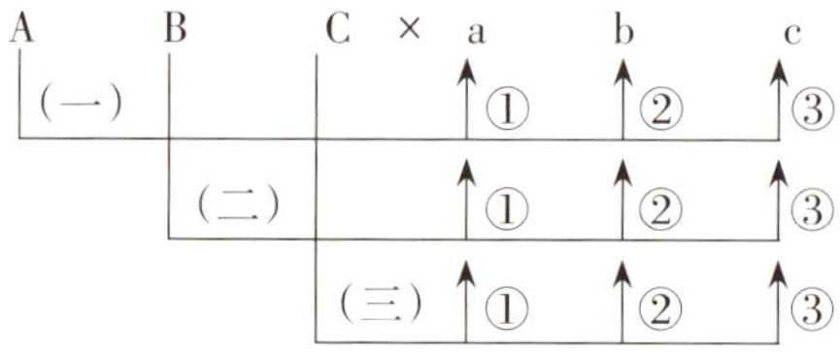

图5-37 按顺序乘积示意图（二）

（5）写数。运算结束，盯盘写得数。

【做中学5-32】876 × 549 = 480 924。乘积顺序如图5-38所示。

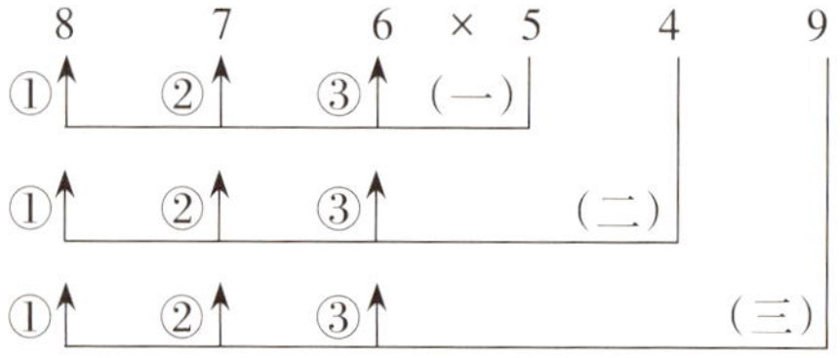

图5-38 乘积顺序

定位：P = m + n = 3 + 3 = 6（位），即从6位起乘，如图5-39所示。

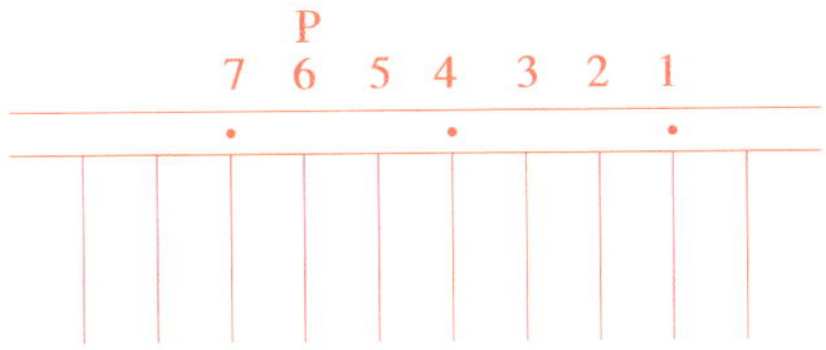

图5-39 盘示

运算说明：

(1) 默记乘数5，眼看被乘数876。

从盘6档起加积：五八 4 0

五七 3 5

五六 3 0

盘中积数 4 3 8 0 0 0

(2) 默记乘数4，眼看被乘数876。

前一次积数 4 3 8 0 0 0

从盘5档起加积：四八 3 2

四七 2 8

四六 2 4

盘中积数 4 7 3 0 4 0

(3) 默记乘数9，眼看被乘数876。

前一次积数 4 7 3 0 4 0

从盘4档起加积：九八 7 2

九七 6 3

九六 5 4

盘中积数 4 8 0 9 2 4

【做中学5-33】705 × 3 468 = 2 444 940。

定位：P = m + n = 3 + 4 = 7（位），即从7位起乘，如图5-40所示。

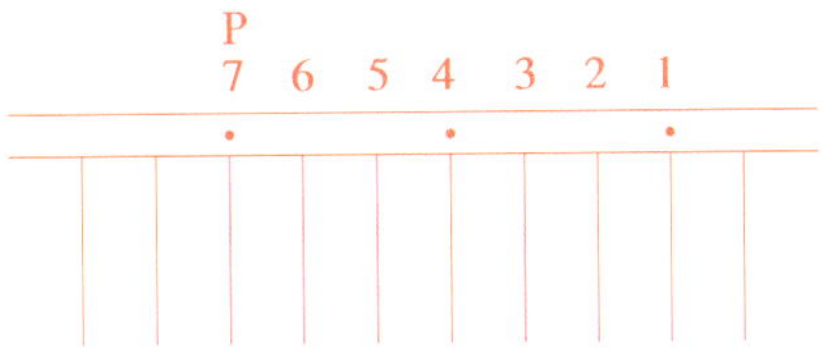

图5-40 盘示

运算说明：

(1) 默记被乘数7，眼看乘数3 468。

从盘7档起加积：七三 2 1

七四 2 8

七六 4 2

七八 5 6

盘中积数 2 4 2 7 6 0 0

（2）默记乘数5，眼看乘数3 468。

前一次积数　2 4 2 7 6 0 0

从盘5档起加积：五三　1 5

五四　2 0

五六　3 0

五八　4 0

盘中积数　2 4 4 4 9 4 0

【做中学5-34】123 × 342 = 42 066。

定位：P = m + n = 3 + 3 = 6（位），即从6位起乘，如图5-41所示。

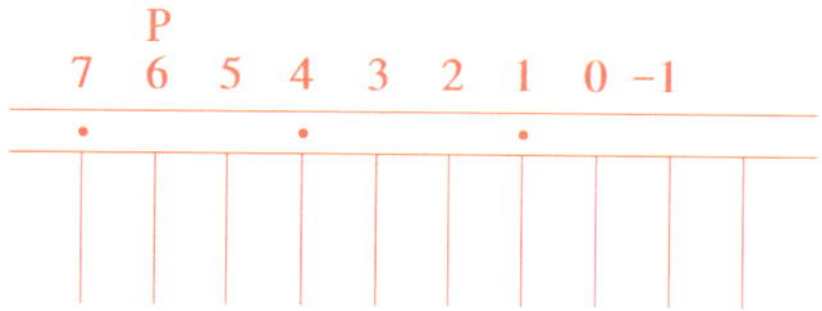

图5-41　盘示

运算说明：

（1）默记被乘数1，眼看乘数342。

从盘6档起加积：一三　0 3

一四　0 4

一二　0 2

盘中积数　0 3 4 2 0 0

（2）默记被乘数2，眼看乘数342。

前一次积数　0 3 4 2 0 0

从盘5档起加积：二三　0 6

二四　0 8

二二　0 4

盘中积数　0 4 1 0 4 0

（3）默记被乘数3，眼看乘数342。

前一次积数　0 4 1 0 4 0

从盘4档起加积：三三　0 9

三四　1 2

三二　0 6

盘中积数　0 4 2 0 6 6

【做中学5-35】0.65 × 8.37 = 5.44（精确到0.01）。

定位：P = m + n = 0 + 1 = 1（位），即从1位起乘，如图5-42所示。

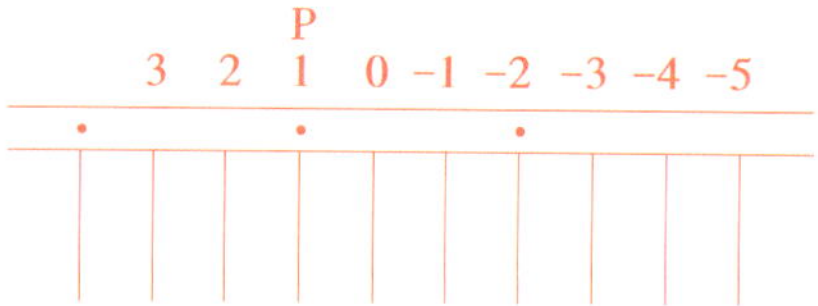

图5-42　盘示

运算说明：

（1）默记被乘数6，眼看乘数837。

从盘1档起加积：六八　4 8

六三　1 8

六七　4 2

盘中积数　5 0 2 2

（2）默记被乘数5，眼看乘数837。

前一次积数　5 0 2 2

从盘0档起加积：五八　4 0

五三　1 5

五七　3 5

盘中积数　5 4 4 0 5

5.4405精确到0.01，结果为5.44。

【做中学5-36】58 347 × 0.0842 = 4 912.82（精确到0.01）。

定位：P = m + n = 5 +（− 1）= 4（位），即从4位起乘，如图5-43所示。

图5-43　盘示

运算说明：

（1）默记乘数8，眼看被乘数58 347。

从盘4档起加积：八五　4 0

八八　6 4

八三　2 4

八四　3 2

八七　5 6

盘中积数　4 6 6 7 7 6

（2）默记乘数4，眼看被乘数58 347。

前一次积数　4 6 6 7 7 6

从盘3档起加积：四五　2 0

四八　3 2

四三　1 2

四四　1 6

四七　2 8

盘中积数　4 9 0 1 1 4 8

（3）默记乘数2，眼看被乘数58 347。

前一次积数　　4 9 0 1 1 4 8

从盘2档起加积：二五　　1 0

二八　　1 6

二三　　0 6

二四　　0 8

二七　　1 4

盘中积数　　4 9 1 2 8 1 7 4

4 912.817 4精确到0.01，结果为4 912.82。

2. 多位数空盘前乘法应注意的问题

（1）因数中间带“0”的运算。在多位数空盘前乘法运算中，当遇到因数中间有0的运算时，移档加积，有几个0就移几个档。

（2）多位数空盘前乘法加积首位数的确定。

① 在运用空盘前乘法进行计算时，应把两个因数中含数字少的因数分解，从首位至末位分别乘以另一个因数，这样加积次数可减少。

② 借助左手帮助查找加积的首位档。先把左手食指放在两个因数首位乘积的十位档上，即第一十位档。乘数首位数与被乘数各位数乘完后，左手食指向右移一档，这一档就是乘数的第二位数同被乘数首位数乘积的十位档，即第二十位档。若未满十，则从右一档开始加积，以此类推，每乘完一数，左手食指就向右移一档，作为下位数乘积十位数加积档。

（3）多位小数的计算与小数部分的保留。多位小数相乘，一般都规定小数的精确度，需四舍五入，把不需要的小数位舍掉。在取舍中要看应保留的小数位后一位数，这位数若大于5就进位，若小于5就舍掉。如3.44449，若要求小数点后保留两位小数，则结果为3.44；若要求小数后保留4位小数，则结果为3.4445。再如54.4046和0.4956两个数要求小数点后保留两位小数，则结果分别为54.40和0.50。

【做中学5-37】3 608 × 507 = 1 829 256。

定位：P = m + n = 4 + 3 = 7（位），即从7位起乘，如图5-44所示。

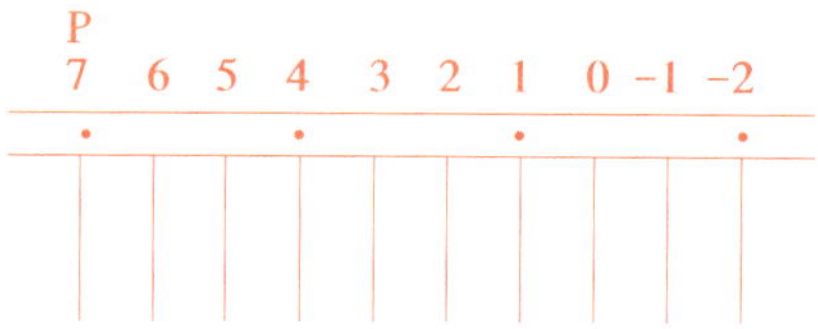

图5-44　盘示

运算说明：

（1）默记乘数5，眼看被乘数3 608。

从盘7档起加积：五三　　1 5

五六　　3 0

五八　　4 0

盘中积数　　1 8 0 4 0 0 0

（2）默记乘数7，眼看被乘数3 608。

前一次积数　　1 8 0 4 0 0 0

从盘5档起加积：七三　　2 1

七六　　4 2

七八　　5 6

盘中积数　　1 8 2 9 2 5 6

【做中学5-38】0.369 × 0.72 = 0.27（精确到0.01）。

定位：P = m + n = 0 + 0 = 0（位），即从0位起乘，如图5-45所示。

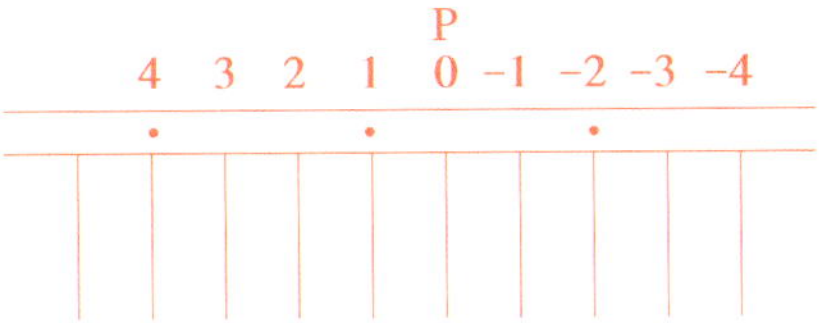

图5-45　盘示

运算说明：

（1）默记乘数7，眼看被乘数369。

从盘0档起加积：七三　　2 1

七六　　4 2

七九　　6 3

盘中积数　　2 5 8 3

（2）默记乘数2，眼看被乘数369。

前一次积数　　2 5 8 3

从盘-1档起加积：二三　　0 6

二六　　1 2

二九　　1 8

盘中积数　　2 6 5 6 8

盘上显示0.26568，从第三位开始四舍五入，故结果为0.27。

【做中学5-39】96.25 × 0.142 = 13.67（精确到0.01）。

定位：用公式定位法。

运算说明：

（1）默记乘数1，眼看被乘数9 625。

从第一档起加积：一九　　0 9

一六　　0 6

一二　　0 2

一五　　0 5

盘中积数　　0 9 6 2 5

（2）默记乘数4，眼看被乘数9 625。

前一次积数　　0 9 6 2 5
从第二档起加积：四九　　3 6
四六　　2 4
四二　　0 8
四五　　2 0
盘中积数　　1 3 4 7 5 0

（3）默记乘数2，眼看被乘数9 625。

前一次积数　　1 3 4 7 5 0
从第三档起加积：二九　　1 8
二六　　1 2
二二　　0 4
二五　　1 0
盘中积数　　1 3 6 6 7 5 0

（4）定位：因积的首位数1小于被乘数9，故P = m + n = 2 + 0 = 2（位）。因此，积数为13.67。

【做中学5-40】0.108 × 0.342 = 0.0369（精确到0.0001）。

定位：用公式定位法。

运算说明：

（1）默记被乘数1，眼看乘数342。

从第一档起加积：一三　　0 3
一四　　0 4
一二　　0 2
盘中积数　　0 3 4 2

（2）默记被乘数8，眼看乘数342。

前一次积数　　0 3 4 2
从第三档起加积：八三　　2 4
八四　　3 2
八二　　1 6
盘中积数　　0 3 6 9 3 6

（3）定位：因积的首位数3等于乘数首位数3且大于被乘数首位数1，故P = m + n − 1 = 0 + 0 − 1 = − 1（位），因此，积数为0.0369。

【同步训练5-5】

（1）训练内容：多位数空盘前乘法。

（2）训练指导：

①在计算时，使用“大九九口诀”，眼看被乘数，默记乘数。

②计算时要养成手不离档的习惯。

③乘数的选择遵循以下三个原则：选位数少的；选数中间带“0”的；选有相同位

数的。

（3）任务布置：多位数乘法计算见表5–18。

表5–18　多位数乘法计算

普通六级	普通五级	普通四级
（1）159 × 42 =	（1）604 × 97 =	（1）3 108 × 98 =
（2）91 × 608 =	（2）28 × 182 =	（2）186 × 7 108 =
（3）34 × 165 =	（3）0.417 × 7.06 =	（3）0.5074 × 6.53 =
（4）506 × 68 =	（4）0.962 × 0.68 =	（4）43 × 9.043 =
（5）56 × 703 =	（5）32 × 135 =	（5）2 517 × 26 =
（6）27 × 82 =	（6）149 × 85 =	（6）72 × 1 267 =
（7）93 × 64 =	（7）59 × 704 =	（7）493 × 385 =
（8）798 × 93 =	（8）871 × 58 =	（8）8 065 × 71 =
（9）47 × 21 =	（9）904 × 834 =	（9）629 × 483 =
（10）31 × 54 =	（10）73 × 4.062 =	（10）9.4 × 0.5804 =

六、省乘法计算

（一）省乘法的概念

在日常运算工作中，常遇到小数位很多的数相乘，但要求计算结果精确到某一位即可，并不需要把全部积都算出来。如要求精确到1、0.1、0.01、0.001等，对于达到精确度以后的数字，显然是多余的。根据误差理论，在满足算题精确度要求的条件下，在计算前和运算过程中就限制乘数、被乘数和积的位数，把多余的数字省略掉，这种省去不必要的计算步骤求近似值的方法，称为省乘法，又叫限位乘法。

省乘法的运算，关键是确定首位乘积的十位档、截止档和压尾档。

根据积的精确度要求，将计算截止在某一档位上，则这个档称为截止档。截止档的右一档叫作压尾档或取舍档。压尾档上的数按四舍五入处理。

（二）省乘法的步骤

省乘法具体运算步骤如下：

1. 定位

采用固定积的个位档定位法，计算出首位乘积的十位档，公式为P = m + n。

2. 确定截止档和压尾档

截止档的位数计算公式如下：

截止档的位数 = 精确度 + 保险系数

【请注意】（1）截止档的位数是小数位；（2）一般情况下保险系数取2，视具体情况而定。如果积要求精确到0.01，那么 – 2位是截止档，– 3位是压尾档；如果积要求精确到0.0001，那么 – 4位是截止档，– 5位是压尾档。

3. 运算

运算加积时，一律将积拨加到截止档为止，将落在压尾档上的积按四舍五入处理。

压尾档上满五，在截止档加1，四以下舍去。

4. 取积

把截止档上的积按“四舍五入”处理，从而满足题中精确度的要求，以获取正确的近似值。

【请注意】经过“四舍五入”后尾数出现“0”时，要写至所要求的位数。

【做中学5-41】将下列各数进行“四舍五入”，精确到0.01。

（1）3.562；（2）0.846；（3）0.9951；（4）0.4043。

按要求取值：

（1）3.562 = 3.56，小数点后第三位2小于5，舍去。

（2）0.846 = 0.85，小数点后第三位6大于5，向前位进1。

（3）0.9951 = 1.00，小数点后第三位是5，向前位进1。

（4）0.4043 = 0.40，小数点后第三位4小于5，舍去。

【做中学5-42】5.648532 × 0.48629 = 2.75（精确到0.01）。

（1）定位：P = m + n = 1 + 0 = 1（位）。

（2）确定截止档和压尾档。截止档的位数 = 2 + 1 = 3（位），截止档是 - 2位，压尾档是 - 3位。

（3）运算。

① 4 × 5 648 532	2 2 5 9
② 8 × 5 648 532	4 5 1
③ 6 × 5 648 532	3 4
④ 2 × 5 648 532	1
盘中积数	2 7 4 5

（4）取积。盘中积数2 745精确到0.01，得2.75。

【做中学5-43】0.458362 × 3.96725 = 1.8184（精确到0.0001）。

（1）定位：P = m + n = 0 + 1 = 1（位）。

（2）确定截止档和压尾档。截止档的位数 = 4 + 1 = 5（位），截止档是 - 4位，压尾档是 - 5位。

（3）运算。

① 3 × 458 362	1 3 7 5 0 9
② 9 × 458 362	4 1 2 5 2
③ 6 × 458 362	2 7 5 0
④ 7 × 458 362	3 2 1
⑤ 2 × 458 362	0 9
⑥ 5 × 458 362	2
盘中积数	1 8 1 8 4 3

（4）取积。盘中积数精确到0.0001，得1.8184。

【做中学5-44】4.65427 × 38.96372 = 181.3477（精确到0.0001）。

（1）定位：P = m + n = 1 + 2 = 3（位）。

（2）确定截止档和压尾档。截止档的位数 = 4 + 1 = 5（位），截止档是 – 4 位，压尾档是 – 5 位。

（3）运算。

① 4 × 3 896 372	1 5 5 8 5 4 8 8
② 6 × 3 896 372	2 3 3 7 8 2 3
③ 5 × 3 896 372	1 9 4 8 1 9
④ 4 × 3 896 372	1 5 5 8 5
⑤ 2 × 3 896 372	0 7 7 9
⑥ 7 × 3 896 372	2 7 2
盘中积数	1 8 1 3 4 7 6 6

（4）取积。盘中积数精确到 0.0001，得 181.3477。

【做中学 5–45】0.53976 × 21.3648 = 11.53（精确到 0.01）。

（1）定位：P = m + n = 0 + 2 = 2（位）。

（2）确定截止档和压尾档。截止档的位数 = 2 + 1 = 3（位），截止档是 – 2 位，压尾档是 – 3 位。

（3）运算。

① 5 × 213 648	1 0 6 8 2
② 3 × 213 648	0 6 4 1
③ 9 × 213 648	1 9 2
④ 7 × 213 648	1 5
⑤ 6 × 213 648	1
盘中积数	1 1 5 3 1

（4）取积。盘中积数精确到 0.01，得 11.53。

【做中学 5–46】2.8374 × 0.64726 = 1.84（精确到 0.01）。

（1）定位：P = 1 + 0 = 1（位）

（2）确定截止档和压尾档。截止档的位数 = 2 + 1 = 3（位），截止档是 – 2 位，压尾档是 – 3 位。

（3）运算。

① 2 × 64 726	1 2 9 4
② 8 × 64 726	5 1 8
③ 3 × 64 726	1 9
④ 7 × 64 726	4
盘中积数	1 8 3 5

（4）取积。盘中积数精确到 0.01，得 1.84。

【做中学 5–47】764.34 × 0.85732 = 655.28（精确到 0.01）。

（1）定位：P = m + n = 3 + 0 = 3（位）。

（2）确定截止档和压尾档。截止档的位数 = 2 + 1 = 3（位），截止档是 – 2 位，压尾档是 – 3 位。

（3）运算。

① 7 × 85 732	6 0 0 1 2 4
② 6 × 85 732	5 1 4 3 9
③ 4 × 85 732	3 4 2 9
④ 3 × 85 732	2 5 7
⑤ 4 × 85 732	3 4
盘中积数	6 5 5 2 8 3

（4）取积。盘中积数精确到0.01，得655.28。

【同步训练5-6】

（1）训练内容：省乘法。

（2）训练指导：

①用空盘前乘法进行计算，一律加到截止档为止。

②计算完后，截止档下一档的数若满5时，按“四舍五入”进位，在截止档上多拨入1。

（3）任务布置：

①用省乘法计算表5-19中各题，要求保留两位小数（精确到0.01）。

表5-19　乘　算

24.782 × 0.6503 =	28.7 × 0.063563 =
0.652711 × 84.725 =	0.9846 × 79.36 =
4.725 × 7.326 =	0.0065 × 861 =
38.4269 × 0.6 =	41.0387 × 6.3024 =
0.063854 × 729.65 =	25.067 × 4.398 =
76.3549 × 34.67 =	82.461 × 3.209 =
645.965 × 7.456 =	32.76 × 3.258 =
5.14811 × 7.356 =	603.718 × 3.17 =
7.3423 × 31.08 =	543.86 × 1.536 =
371.09 × 0.58 =	567.3896 × 7.4592 =

②用省乘法计算表5-20中各题，要求保留四位小数（精确到0.000 1）。

表5-20　乘　算

54.360782 × 9.637698 =	98.76546 × 0.7896 =
63.7456 × 9.86236 =	9.264817 × 0.5678 =
3.86294 × 0.25917 =	6.93284 × 0.78943 =
523.497 × 0.63975 =	95.36085 × 0.74265 =
8.000 5 × 6.2745 =	8.19156 × 5.285 =
4.65072 × 9.8 =	0.00065 × 81.762 =
1.967683 4 × 18.3546 =	0.008192 × 5.1349 =
0.479185 × 62.7413 =	82.8296 × 0.05319 =
85.07629 × 0.047962 =	5.1234 × 6.1458 =
67.836924 × 0.05984 =	8.2359 × 0.002358 =

③用省乘法计算表5-21至表5-24的全国珠算技术等级鉴定模拟练习题（普通四级和普通一级）。

表5-21　全国珠算技术等级鉴定模拟练习题（一）

乘　算

普通四级
每10题限时5分钟

	乘　算（一）			保留两位小数，以下四舍五入
一	41	×	8 029 =	
二	1 607	×	718 =	
三	0.407 5	×	3.56 =	
四	39	×	4 036 =	
五	3 516	×	72 =	
六	17	×	2 638 =	
七	395	×	523 =	
八	6 704	×	0.18 =	
九	8 067	×	495 =	
十	296	×	562 =	

	乘　算（二）			保留两位小数，以下四舍五入
一	47	×	9 108 =	
二	3 906	×	76 =	
三	0.610 5	×	4.52 =	
四	531	×	805 =	
五	63	×	2 614 =	
六	6 132	×	87 =	
七	392	×	571 =	
八	7 049	×	396 =	
九	8.2	×	0.5407 =	
十	7 094	×	215 =	

	乘　算（三）			保留两位小数，以下四舍五入
一	68	×	4 075 =	
二	1 206	×	39 =	
三	305	×	932 =	
四	7 302	×	0.546 =	
五	1 849	×	32 =	
六	38	×	6 037 =	
七	453	×	829 =	
八	7 452	×	67 =	
九	9.3	×	0.405 1 =	
十	2 906	×	724 =	

	乘　算（四）			保留两位小数，以下四舍五入
一	6 178	×	96 =	
二	26	×	2 109 =	
三	453	×	846 =	
四	805	×	571 =	
五	0.487 2	×	7.4 =	
六	39	×	4 086 =	
七	2 651	×	23 =	
八	215	×	863 =	
九	0.46	×	3 798 =	
十	8 052	×	147 =	

	乘　算（五）			保留两位小数，以下四舍五入
一	1 067	×	51 =	
二	92	×	5 308 =	
三	361	×	803 =	
四	29	×	5 702 =	
五	5 182	×	0.479 =	
六	4 705	×	48 =	
七	63	×	8 046 =	
八	649	×	198 =	
九	1 904	×	4.3 =	
十	129	×	2 675 =	

	乘　算（六）			保留两位小数，以下四舍五入
一	75	×	8 539 =	
二	6 302	×	14 =	
三	106	×	287 =	
四	0.947	×	1 534 =	
五	18	×	6 025 =	
六	4 209	×	84 =	
七	73	×	3 194 =	
八	918	×	403 =	
九	6 057	×	86 =	
十	0.639	×	7 602 =	

表5-22 全国珠算技术等级鉴定模拟练习题（二）

乘 算

普通四级
每10题限时5分钟

	乘 算（一）			保留两位小数，以下四舍五入
一	3 509	×	41 =	
二	16	×	9 203 =	
三	248	×	306 =	
四	3 102	×	0.497 =	
五	2 057	×	78 =	
六	86	×	4 107 =	
七	6 385	×	58 =	
八	679	×	819 =	
九	0.85	×	1 596 =	
十	2 645	×	702 =	

	乘 算（二）			保留两位小数，以下四舍五入
一	51	×	3 409 =	
二	6 013	×	92 =	
三	482	×	306 =	
四	14.02	×	0.379 =	
五	78	×	2 705 =	
六	7 106	×	48 =	
七	83	×	6 538 =	
八	697	×	819 =	
九	0.85	×	1.94 =	
十	246	×	7 502 =	

	乘 算（三）			保留两位小数，以下四舍五入
一	8 017	×	68 =	
二	459	×	183 =	
三	318	×	8 109 =	
四	2 715	×	76 =	
五	6.34	×	0.470 9 =	
六	27	×	2 613 =	
七	3 059	×	52 =	
八	492	×	274 =	
九	6.4	×	0.508 4 =	
十	192	×	7 625 =	

	乘 算（四）			保留两位小数，以下四舍五入
一	316	×	645=	
二	702	×	9 327=	
三	9 402	×	82=	
四	7 416	×	89=	
五	9.1	×	0.830 5=	
六	49	×	8 015=	
七	561	×	308=	
八	74	×	3 945=	
九	1.42	×	3 825=	
十	5 106	×	76=	

	乘 算（五）			保留两位小数，以下四舍五入
一	1 038	×	69 =	
二	694	×	726 =	
三	57	×	4 812 =	
四	319	×	254 =	
五	0.710 3	×	0.376 =	
六	42	×	6 807 =	
七	3 602	×	49 =	
八	85	×	4 018 =	
九	3 952	×	57 =	
十	2.81	×	8 705 =	

	乘 算（六）			保留两位小数，以下四舍五入
一	1 903	×	86 =	
二	6 037	×	317 =	
三	7.59	×	0.210 8 =	
四	469	×	391 =	
五	57	×	8 452 =	
六	526	×	247 =	
七	6 074	×	84 =	
八	34	×	2 096 =	
九	1 804	×	58 =	
十	9.7	×	0.523 9 =	

表5-23　　全国珠算技术等级鉴定模拟练习题（三）

乘　算

普通四级

每10题限时5分钟

	乘　算（一）			保留两位小数，以下四舍五入
一	95	×	3 891 =	
二	3 015	×	83 =	
三	46	×	1 704 =	
四	238	×	872 =	
五	6 154	×	0.49 =	
六	35	×	2 067 =	
七	507	×	426 =	
八	4 985	×	92 =	
九	3.85	×	0.738 =	
十	164	×	3 702 =	

	乘　算（二）			保留两位小数，以下四舍五入
一	68	×	4 906 =	
二	465	×	8 017 =	
三	0.504 7	×	3.15 =	
四	24	×	3 901 =	
五	6 235	×	17 =	
六	19	×	7 293 =	
七	354	×	518 =	
八	7 629	×	81 =	
九	427	×	394 =	
十	8.6	×	0.480 5 =	

	乘　算（三）			保留两位小数，以下四舍五入
一	3 108	×	89 =	
二	168	×	7 018 =	
三	34	×	4 093 =	
四	0.604 7	×	5.35 =	
五	93	×	4 302 =	
六	5 217	×	64 =	
七	71	×	3 627 =	
八	394	×	258 =	
九	8 106	×	75 =	
十	9.4	×	0.540 8 =	

	乘　算（四）			保留两位小数，以下四舍五入
一	851	×	7 136 =	
二	4 209	×	29 =	
三	47	×	6 512 =	
四	0.390 8	×	5.3 =	
五	97	×	2 036 =	
六	492	×	219 =	
七	5 103	×	58 =	
八	61	×	3 416 =	
九	145	×	1 207 =	
十	4.38	×	0.789 =	

	乘　算（五）			保留两位小数，以下四舍五入
一	7 081	×	62 =	
二	395	×	481 =	
三	136	×	1 908 =	
四	72	×	5 176 =	
五	0.430 7	×	4.39 =	
六	53	×	3 095 =	
七	5 408	×	69 =	
八	4.6	×	0.408 5 =	
九	249	×	374 =	
十	392	×	7 104 =	

	乘　算（六）			保留两位小数，以下四舍五入
一	8 107	×	67 =	
二	195	×	483 =	
三	361	×	6 109 =	
四	6 172	×	57 =	
五	0.740 3	×	3.64 =	
六	53	×	3 059 =	
七	5 216	×	27 =	
八	95	×	4 608 =	
九	347	×	492 =	
十	4.9	×	0.805 6 =	

表5-24 全国珠算技术等级鉴定模拟练习题（四）

乘 算

普通一级
每10题限时5分钟

	乘 算（一）	保留两位小数，以下四舍五入
一	2 845 × 6 139 =	
二	70.26 × 386.45 =	
三	3 168 × 7 204 =	
四	0.493 2 × 308.51 =	
五	26 079 × 2 716 =	
六	640.5 × 2.549 3 =	
七	12 583 × 4 627 =	
八	0.349 1 × 509.82 =	
九	7 604 × 9 268 =	
十	91.67 × 68.45 =	

	乘 算（二）	保留两位小数，以下四舍五入
一	7 342 × 6 159 =	
二	95.37 × 50.82 =	
三	87 026 × 9 413 =	
四	38.15 × 0.476 =	
五	1 904 × 8 325 =	
六	60.91 × 0.374 82 =	
七	5 068 × 1 673 =	
八	8.365 9 × 204.8 =	
九	2 854 × 49.306 =	
十	371.82 × 98.57 =	

	乘 算（三）	保留两位小数，以下四舍五入
一	39 014 × 2 473 =	
二	26.08 × 340.29 =	
三	3 741 × 8 265 =	
四	450.69 × 675.2 =	
五	6 427 × 3 698 =	
六	183.5 × 1.053 6 =	
七	439.6 × 0.780 3 =	
八	7 183 × 3 084 =	
九	8 972 × 5 219 =	
十	0.150 7 × 4 836 =	

	乘 算（四）	保留两位小数，以下四舍五入
一	6 284 × 3 967 =	
二	20.71 × 963.45 =	
三	5 396 × 8 201 =	
四	8.096 2 × 54.18 =	
五	4 825 × 2 086 =	
六	75.09 × 417.3 =	
七	2 613 × 7 624 =	
八	34.57 × 5.019 2 =	
九	98 145 × 1 839 =	
十	0.973 6 × 35.48 =	

	乘 算（五）	保留两位小数，以下四舍五入
一	6 715 × 3 407 =	
二	9 124 × 4 275 =	
三	4 038 × 8 329 =	
四	2.670 9 × 18.56 =	
五	508.7 × 61.84 =	
六	3 962 × 2 603 =	
七	25.73 × 6.051 8 =	
八	1 359 × 7 941 =	
九	82.06 × 5.309 2 =	
十	5 672 × 8 956 =	

	乘 算（六）	保留两位小数，以下四舍五入
一	4 359 × 3 218 =	
二	31.28 × 49.75 =	
三	39 761 × 8 601 =	
四	56.7 × 1.073 4 =	
五	2 036 × 2 586 =	
六	0.641 8 × 5 397 =	
七	8 295 × 31 059 =	
八	9.014 3 × 98.72 =	
九	5 809 × 3 218 =	
十	0.706 2 × 539.7 =	

任务五　珠算除法技能

一、商的定位

在珠算除法的运算过程中，档位变化都有一定的规律性。在计算商数时，整数位有几位数、它的个位应在哪一档、后面有几位小数，这些内容在算式中是不易看出来的。因此，必须掌握商的定位方法。商的定位是根据被除数和除数的位数，按照一定的方法进行定位的。比较常用的商的定位有两种方法，即公式定位法和固定商的个位档定位法。

（一）公式定位法

商的公式定位法是根据被除数和除数的位数，利用公式来确定商的位数的一种定位方法。商的公式定位法，不仅适用于珠算，还适用于心算、笔算，以及其他计算工具的计算，因此也称为通用定位法。

设Q代表商的位数，m代表被除数的位数，n代表除数的位数。商的公式定位法计算公式如下：

$$Q = m - n \tag{1}$$

$$Q = m - n + 1 \tag{2}$$

商的公式定位法上述两个计算公式具体运用如下：

（1）当被除数的首位数小于除数首位数时，用公式（1）$Q = m - n$。若首位数相同，则依次比较第二位数、第三位数……

【做中学5-48】12 ÷ 3 = 4。

被除数的首位数“1”小于除数首位数“3”，用公式$Q = m - n = 2 - 1 = 1$（位），即商数为+1位，得数为4。

【做中学5-49】1 872 ÷ 24 = 78。

被除数的首位数“1”小于除数首位数“2”，用公式$Q = m - n = 4 - 2 = 2$（位），即商数为+2位，得数为78。

【做中学5-50】186 ÷ 0.06 = 3 100。

被除数的首位数“1”小于除数首位数“6”，用公式$Q = m - n = 3 - (-1) = 4$（位），即商数为+4位，得数为3 100。

【做中学5-51】1.56 ÷ 36 = 0.04（精确到0.01）。

被除数的首位数“1”小于除数首位数“3”，用公式$Q = m - n = 1 - 2 = -1$（位），即商数为−1位，保留小数点后面两位数，得数为0.04。

【做中学5-52】0.374 8 ÷ 0.59 = 0.64（精确到0.01）。

被除数的首位数“3”小于除数首位数“5”，用公式$Q = m - n = 0 - 0 = 0$（位），即商数为0位，保留小数点后面两位数，得数为0.64。

【做中学5-53】568 320 ÷ 592 = 960。

被除数的首位数与除数的首位数均为“5”，比较它们的第二位数，6<9，用公式$Q = m - n = 6 - 3 = 3$（位），即商数为+3位，得数为960。

【做中学5-54】4.528 ÷ 0.0459 = 98.65（精确到0.01）。

被除数的首位数、第二位数与除数的首位数、第二位数均相等，比较它们的第三位数，2<9，用公式$Q = m - n = 1 - (-1) = 2$（位），即商数为+2位，得数为98.65。

（2）当被除数的首位数大于除数的首位数时，用公式（2）$Q = m - n + 1$。若首位数相同，则依次比较第二位数、第三位数……

【做中学5-55】96÷4=24。

被除数的首位数“9”大于除数的首位数“4”，用公式$Q = m - n + 1 = 2 - 1 + 1 = 2$（位），即商数为+2位，得数为24。

【做中学5-56】828 ÷ 23 000 = 0.04（精确到0.01）。

被除数的首位数“8”大于除数的首位数“2”，用公式$Q = m - n + 1 = 3 - 5 + 1 = -1$（位），即商数为−1位，保留小数点后面两位数，得数为0.04。

【做中学5-57】9.78 ÷ 4.3 = 2.27（精确到0.01）。

被除数的首位数“9”大于除数的首位数“4”，用公式$Q = m - n + 1 = 1 - 1 + 1 = 1$（位），即商数为+1位，保留小数点后面两位数，得数为2.27。

【做中学5-58】0.862 ÷ 7.34 = 0.12（精确到0.01）。

被除数的首位数“8”大于除数的首位数“7”，用公式$Q = m - n + 1 = 0 - 1 + 1 = 0$（位），即商数为0位，保留小数点后面两位数，得数为0.12。

【做中学5-59】0.569 ÷ 0.562 = 1.01（精确到0.01）。

被除数的首位数、第二位数与除数的首位数、第二位数均相等，比较它们的第三位数，9>2，用公式$Q = m - n + 1 = 0 - 0 + 1 = 1$（位），即商数为+1位，得数为1.01。

商的公式定位法概括为：被小位数要相减，被大相减要加一，头平次位看大小，小相减，大加一。

（二）固定商的个位档定位法

固定商的个位档定位法是指运算前在算盘上任选一档确定为商的个位档，运算后要达到所得商数的个位档正好是事先确定的个位档的定位方法。被除数首位数所在的档为定位档。定位档的位数用Q表示，计算公式如下：

$$Q = m - (n + 1)$$
$$= m - n - 1$$

通过上述公式可以求得被除数首位数所在的档位数，从这一档布入被除数。固定商的个位档定位法的主要优点是直接显示出商所在的档位，便于近似值的取舍。这种方法不考虑是否等位够除，只需算前在算盘上选定一档为商的个位档，且只用一个公式。因此，不仅易学还不会出错，尤其适用于除不尽的算题。商数值以靠梁的算珠明显地反映在算盘上，一目了然。

固定商的个位档定位法的步骤：

（1）确定商的个位档。在算盘上选一个有定位点的档作为商的个位档。

（2）计算定位档的位数。根据被除数和除数的位数，利用公式Q = m –（n + 1），求出被除数的首位数布入算盘所在档的位数，即定位档的位数。

（3）置数。将被除数首位数从定位档即Q档布入算盘中。

【做中学5-60】2 088 ÷ 5.8。

步骤：

（1）在算盘上选一个有定位点的档作为商的个位档。

（2）计算定位档的位数。Q = m –（n + 1）= 4 –（1 + 1）= 2（位）。

（3）把被除数的首位数从+2位档布入盘中，如图5-46所示。

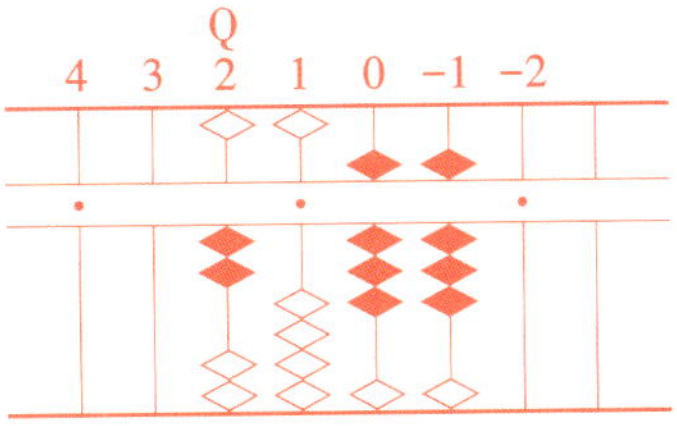

图5-46　盘示

【做中学5-61】0.062 4 ÷ 0.004。

步骤：

（1）在算盘上选一个有定位点的档作为商的个位档。

（2）计算定位档的位数。Q = m –（n + 1）= –1 –（–2 + 1）= 0（位）。

（3）把被除数首位数从0位档布入盘中，如图5-47所示。

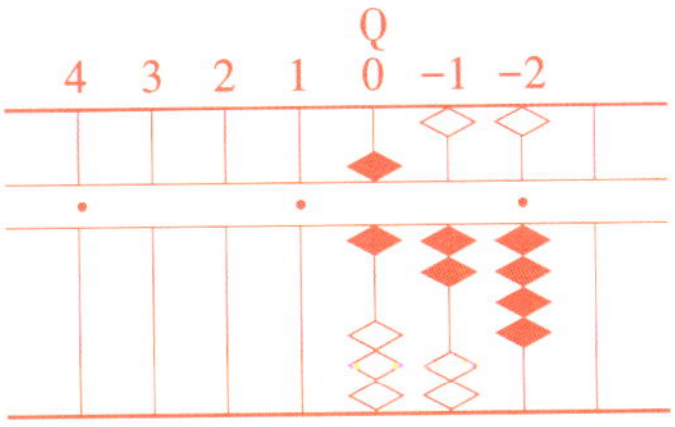

图5-47　盘示

【做中学5-62】28.98 ÷ 70。

步骤：

（1）在算盘上选一个有定位点的档作为商的个位档。

（2）计算定位档的位数。Q = m –（n + 1）= 2 –（2 + 1）= –1（位）。

（3）把被除数首位数从–1位档布入盘中，如图5-48所示。

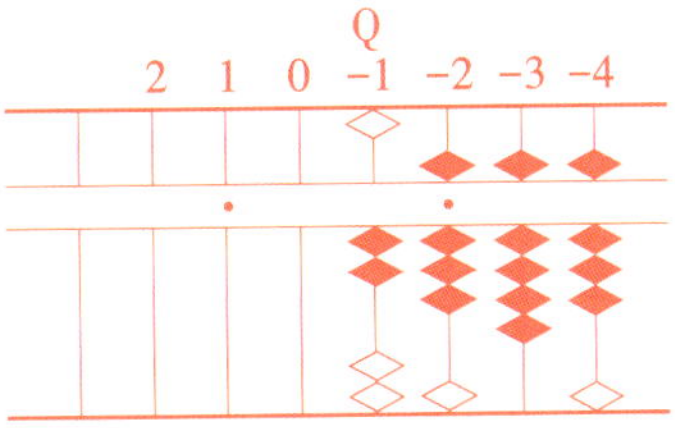

图5-48　盘示

二、商除法计算

微课

珠算除法

最常用的珠算除法是商除法。商除法的计算与笔算除法相似，也有人称它为“似笔算除法”。商除法求商，要求用“大九九口诀”，不需要颠倒相乘两数的位置，不易出错。商除法通常分为一位商除法和多位商除法。

（一）一位商除法

除数是一位有效数字的商除法，称为一位商除法。一位商除法是多位商除法的基础，其计算步骤如下：

（1）选定个位档。选一个有定位点的档作为商的个位档。

（2）定位。根据固定商的个位档定位法公式 $Q = m - (n + 1)$ 计算定位档的位数。

（3）置数。将被除数的首位数从定位档布入算盘中。

（4）估商。看被除数与除数相同的数位里含有几倍除数的过程，称为估商。估商的方法：被大看一位，被小看两位。如 $6 \div 3 = 2$，$12 \div 3 = 4$。

（5）立商。把估得的商数拨在算盘的对应档位上的过程，称为立商。立商原则如下：

① 被大隔位立商：被除数与除数相同位数的数字比较，当被除数大于或等于除数时，在被除数的首位数之前的隔一位（隔位）立商。

② 被小挨位立商：被除数与除数相同位数的数字比较，当被除数小于除数时，在被除数的首位数之前一位（挨位）立商。

（6）减积。在被除数中减去商与除数相乘之积的过程，称为减积。减积的原则如下：每估出一位商数之后，都要同除数的首位数相乘，乘积的十位档就从商的右一档减去，个位档再向右移一档。减去乘积的十位档数为“0”时，要用“0”占位，以免减错档位。

（7）得数。抄写答案时要盯盘写数。

【做中学5-63】$1\,785 \div 5 = 357$。

（1）选一个有定位点的档作为商的个位档。

（2）计算定位档的位数。$Q = m - (n + 1) = 4 - (1 + 1) = 2$（位）。

（3）将被除数的首位数从+2位档布入盘中，如图5-49所示。

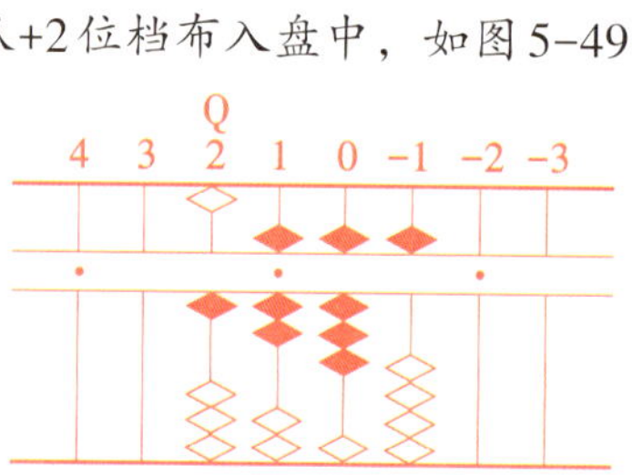

图5-49　盘示

（4）运算。

1 7 8 5

不够除，挨位商，试商3：3×5=15　　3－1 5

余数　2 8 5

不够除，挨位商，试商5：5×5=25　　5－2 5

余数　3 5

不够除，挨位商，试商7：7×5=35　　7－3 5

除尽　　商　3 5 7

【做中学5-64】97.30 ÷ 3 = 32.43（精确到0.01）。

（1）选一个有定位点的档作为商的个位档。

（2）计算定位档的位数。Q = m －（n + 1）= 2 －（1 + 1）= 0（位）。

（3）将被除数的首位数从0位档布入盘中，如图5-50所示。

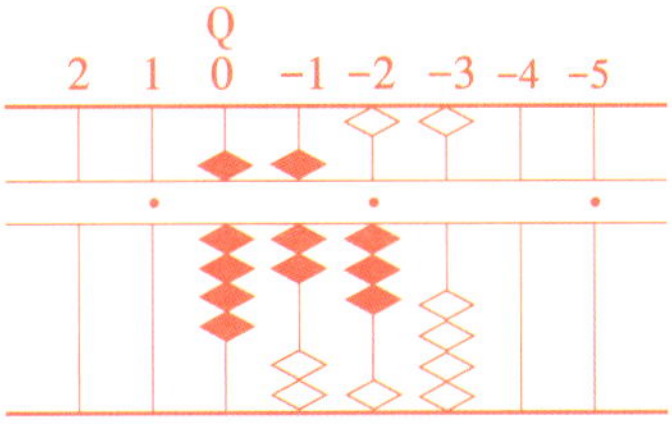

图5-50　盘示

（4）运算。

9 7 3 0

够除，隔位商，试商3：3 × 3 = 09　　3－0 9

余数　7 3 0

够除，隔位商，试商2：2 × 3 = 06　　2 －0 6

余数　1 3 0

不够除，挨位商，试商4：4 × 3 = 12　　4 －1 2

余数　1 0

不够除，挨位商，试商3：3 × 3 = 09　　3 －0 9

余数　1

余数1，不足除数3的一半，舍去。　　商　3 2.4 3

（二）多位商除法

除数是两位数或两位数以上的商除法，称为多位商除法。多位商除法的计算步骤与一位商除法相同，只是由于除数位数增加，减积时要用商数同除数从高位顺次相乘。

商与除数相乘减积的原则如下：①每估出一位商数之后，都要先同除数的首位数相乘，乘积的十位数从商的右一档减去，个位数再向右移一档。当减去乘积的十位数为“0”时，要用“0”占位，以免减错档。②用商数与除数的第二位相乘，其乘积的十位数为上次减积的各位（错档迭减），依此方法直至减到除数与商数最后一位的乘积的个位为止。

【做中学 5-65】287 232 ÷ 816 = 352。

（1）选一个有定位点的档作为商的个位档。

（2）计算定位档的位数。Q = m –（n + 1）= 6 –（3 + 1）= 2（位）。

（3）将被除数的首位数从+2 位档布入盘中，如图 5-51 所示。

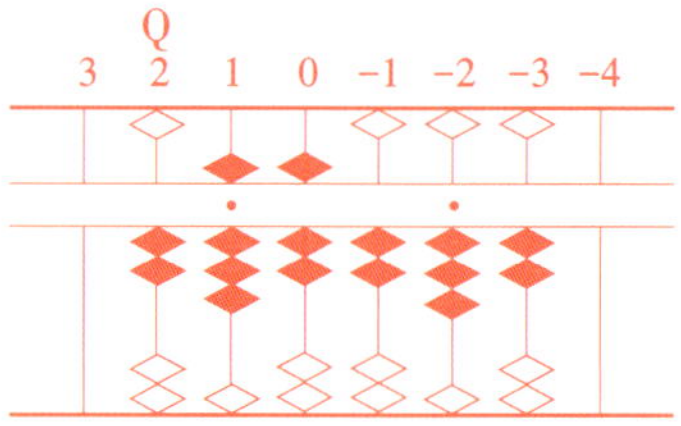

图5-51 盘示

（4）运算。

		2 8 7 2 3 2
不够除，挨位商，试商 3		3 – 2 4
减积：3 × 816 = 2 448		0 3
		1 8
	余数	4 2 4 3 2
不够除，挨位商，试商 5		5 – 4 0
减积：5 × 816 = 4 080		0 5
		3 0
	余数	1 6 3 2
不够除，挨位商，试商 2		2 – 1 6
减积：2 × 816 = 1 632		0 2
		1 2
除尽	商	3 5 2

【做中学 5-66】966.724 ÷ 380.6 = 2.54。

（1）选一个有定位点的档作为商的个位档。

（2）计算定位档的位数。Q = m –（n + 1）= 3 –（3 + 1）= –1（位）。

（3）将被除数的首位数从–1 位档布入盘中，如图 5-52 所示。

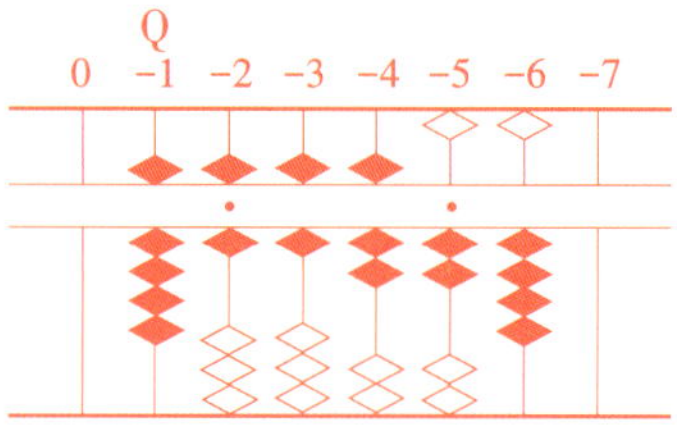

图5-52 盘示

（4）运算。

	9 6 6 7 2 4
够除，隔位商，试商2	2 − 0 6
减积：2 × 3 806 = 7 612	1 6
	0 0
	1 2
	余数　2 0 5 5 2 4
不够除，挨位商，试商5	5 − 1 5
减积：5 × 3 806 = 19 030	4 0
	0 0
	3 0
	余数　1 5 2 2 4
不够除，挨位商，试商4	4 − 1 2
减积：4 × 3 806 = 15 224	3 2
	0 0
	2 4
除尽	商　2.5 4

三、估商方法

运用多位商除法进行计算时，估商是一个非常关键的步骤。为了能快速、准确地估出商数，缩短运算时间，在日常计算中常用口诀估商法和分组估商法。

（一）口诀估商法

口诀估商法内容如下：

够除隔位商，挨商用口诀。
头同商为九，二除商折半。
三除商三倍，四除倍加一。
五除商加倍，六除商大二。
七、八除商大一，九除商同头。

口诀中："够除隔位商"是说被除数和除数比较，够除时，在被除数的左边空一档立商，即隔位商，最大是4，最小是1。不够除时，即挨位商，需要运用口诀。不够除的口诀中，每句前面的二至九除是指除数的首位而言；每句后面的折半、倍、加、大、同头都是指除数的首位数与被除数首位数的关系。

1. 够除隔位商

被除数大于除数时看一位，用"大九九口诀"试商。

【做中学5-67】9 702 ÷ 231 = 42。

盘示定位：Q = m − n − 1 = 4 − 3 − 1 = 0（位）。

置数：把被除数从0位档布入，如图5-53所示。

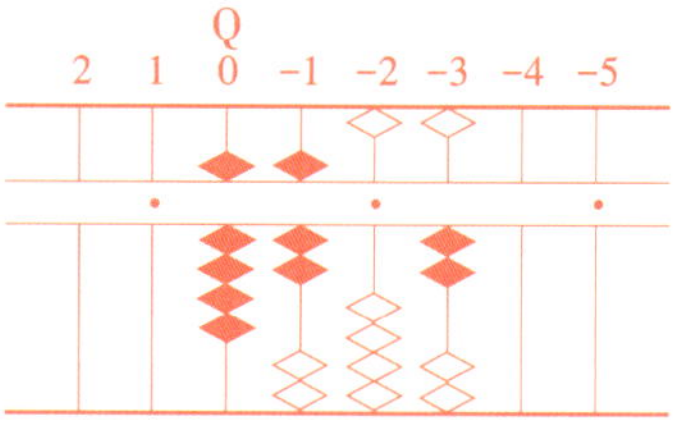

图5-53 盘示

	9 7 0 2
估商：被9>2，隔位商4	4 -0 8
减积：4 × 231 = 924	1 2
	0 4
	余数 4 6 2
估第二位商：被4>2，隔位商2	2 -0 4
减积：2 × 231 = 462	0 6
	0 2
除尽	商 4 2

2. 头同商为九

当除数的首位数和被除数的首位数相同时，商数为9。

【做中学 5-68】 34 848 ÷ 352 = 99。

盘示定位：Q = m − n − 1 = 5 − 3 − 1 = 1（位）。

置数：把被除数从+1位档布入，如图 5-54 所示。

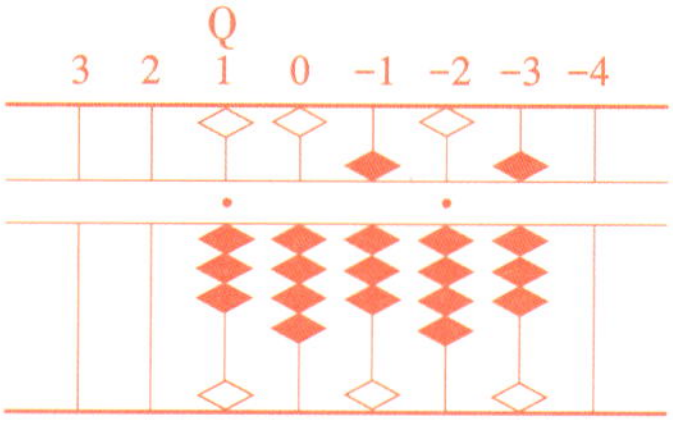

图5-54 盘示

	3 4 8 4 8
估商：被3 = 3，看次位4<5，头同挨位商9	9 − 2 7
减积：9 × 352 = 3 168	4 5
	1 8
	余数 3 1 6 8
估第二位商：被31<35，挨位商9	9 −2 7
减积：9 × 352 = 3 168	4 5
	1 8
除尽	商 9 9

3. 二除商折半

当除数的首位数是2、被除数首位数是1时，商是5。

【做中学 5-69】 131 535 ÷ 237 = 555。

盘示定位：Q = m − n − 1 = 6 − 3 − 1 = 2（位）。

置数：把被除数从+2位档布入，如图5-55所示。

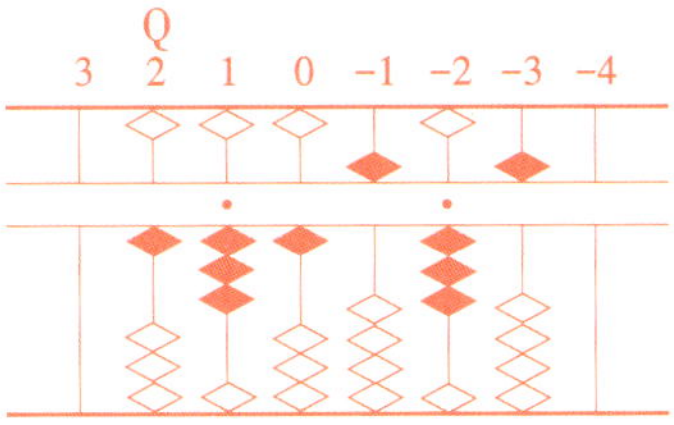

图5-55　盘示

1 3 1 5 3 5

估商：2除1商5，挨位商5　　5－1 0

减积：5 × 237 = 1 185　　1 5

3 5

余数　1 3 0 3 5

估第二位商：被1<2，挨位商5　　5－1 0

减积：5 × 237 = 1 185　　1 5

3 5

余数　1 1 8 5

估第三位商：被1<2，挨位商5　　5－1 0

减积：5 × 237 = 1 185　　1 5

3 5

除尽　　商　5 5 5

4. 三除商三倍

当除数的首位数是3时，商是被除数首位数的3倍。

【做中学5-70】266 805 ÷ 385 = 693。

盘示定位：Q = m − n − 1 = 6 − 3 − 1 = 2（位）。

置数：把被除数从+2位档布入，如图5-56所示。

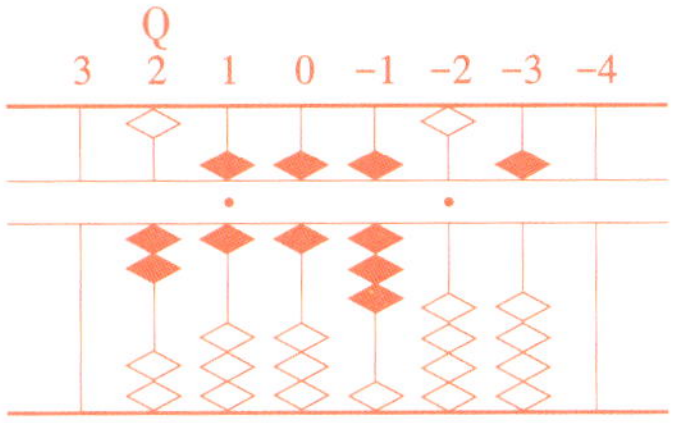

图5-56　盘示

2 6 6 8 0 5

估商：3除2，挨位商6　　6－1 8

减积：6 × 385 = 2 310　　4 8

3 0

余数　3 5 8 0 5

估第二位商：被35<38，挨位商9	9 －2 7
减积：9×385＝3 465	7 2
	4 5
	余数　1 1 5 5
估第三位商：被1<3，挨位商3	3－0 9
减积：3×385＝1 155	2 4
	1 5
除尽	商　6 9 3

5. 四除倍加一

当除数的首位数是4时，商是被除数首位数加倍后再加1。

【做中学5-71】41 496÷456＝91。

盘示定位：Q＝m－n－1＝5－3－1＝1（位）

置数：把被除数从+1位档布入，如图5-57所示。

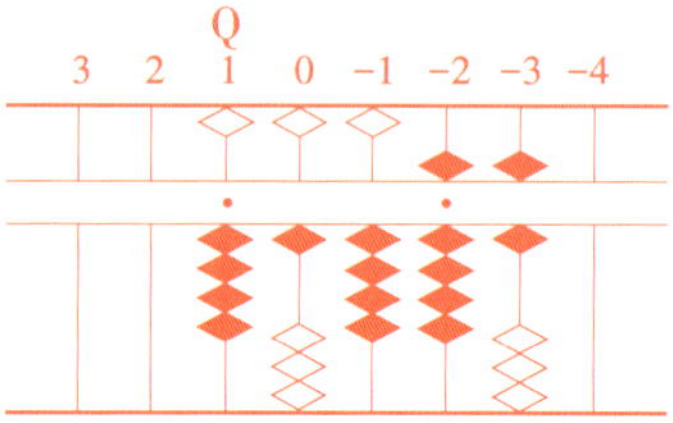

图5-57　盘示

	4 1 4 9 6
估商：四除倍加一，挨位商9	9－3 6
减积：9×456＝4 104	4 5
	5 4
	余数　4 5 6
估第二位商：被456＝456，隔位商1	1－0 4
减积：1×456＝456	0 5
	0 6
除尽	商　9 1

6. 五除商加倍

当除数的首位数是5时，商是被除数的首位数加一倍。

【做中学5-72】41 718÷51＝818。

盘示定位：Q＝m－n－1＝5－2－1＝2（位）

置数：把被除数从+2位档布入，如图5-58所示。

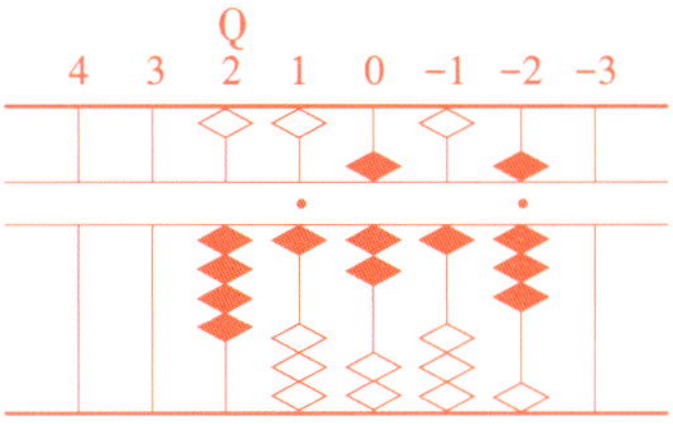

图5-58　盘示

	4 1 7 1 8
估商：五除商加倍，挨位商8	8 - 4 0
减积：8 × 51 = 408	0 8
	余数　9 1 8
估第二位商：被9>5，隔位商1	1 - 0 5
减积：1 × 51 = 51	0 1
	余数　4 0 8
估第三位商：被4<5，挨位商8	8 - 4 0
减积：8 × 51 = 408	0 8
除尽	商　8 1 8

7. 六除商大二

当除数的首位数是6时，商是被除数的首位数加2。

【做中学5-73】27 810 ÷ 618 = 45。

盘示定位：Q = m - n - 1 = 5 - 3 - 1 = 1（位）

置数：把被除数从+1位档布入，如图5-59所示。

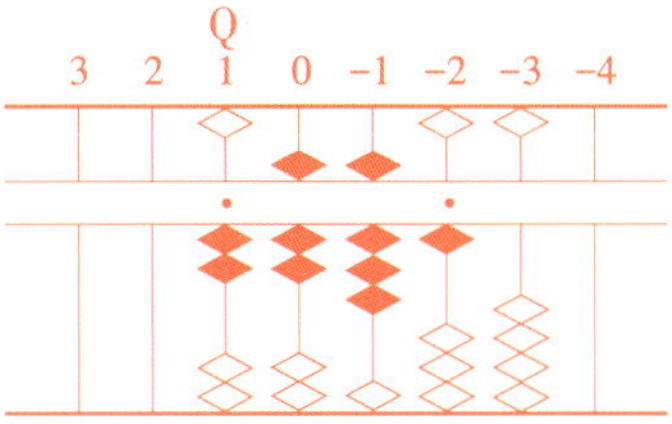

图5-59　盘示

	2 7 8 1 0
估商：六除商大二，挨位商4	4 - 2 4
减积：4 × 618 = 2 472	0 4
	3 2
	余数　3 0 9 0
估第二位商：被3<6，挨位商5	5 - 3 0
减积：5 × 618 = 3 090	0 5
	4 0
除尽	商　4 5

8. 七、八除商大一

当除数的首位数是7或8时，商是被除数的首位数加1。

【做中学5-74】530 024 ÷ 836 = 634。

盘示定位：Q = m − n − 1 = 6 − 3 − 1 = 2（位）。

置数：把被除数从+2位档布入，如图5-60所示。

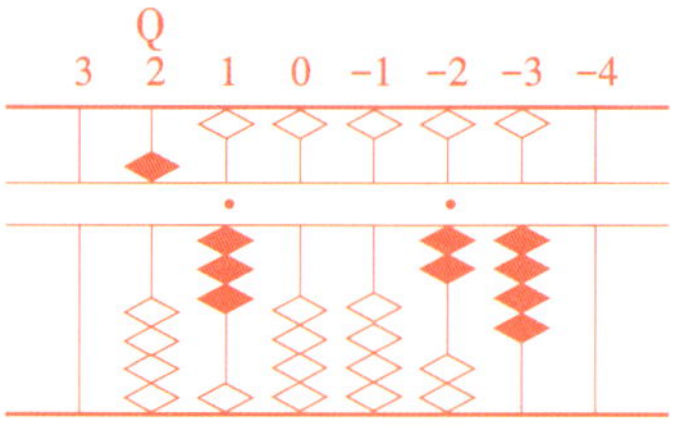

图5-60 盘示

	5 3 0 0 2 4
估商：七、八除商大一，挨位商6	6 − 4 8
减积：6 × 836 = 5 016	1 8
	3 6
	余数 2 8 4 2 4
估第二位商：被2<8，挨位商3	3 − 2 4
减积：3 × 836 = 2 508	0 9
	1 8
	余数 3 3 4 4
估第三位商：被3<8，挨位商4	4 − 3 2
减积：4 × 836 = 3 344	1 2
	2 4
除尽	商 6 3 4

9. 九除商同头

当除数的首位数是9时，商与被除数的首位数相同。

【做中学5-75】417 208 ÷ 968 = 431。

盘示定位：Q = m − n − 1 = 6 − 3 − 1 = 2（位）。

置数：把被除数从+2位档布入，如图5-61所示。

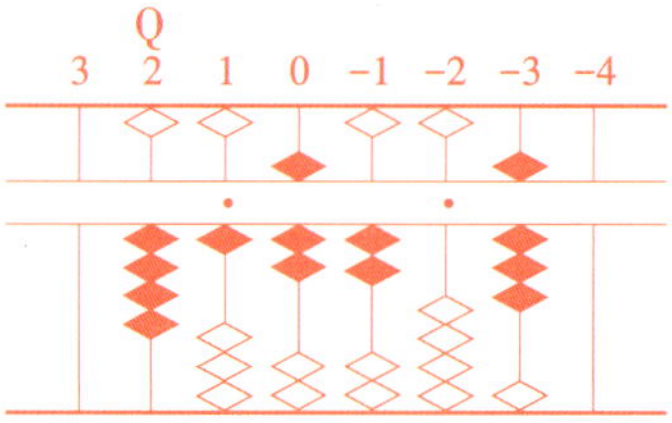

图5-61 盘示

	4 1 7 2 0 8
估商：九除商同头，挨位商4	4－3 6
减积：4 × 968 = 3 872	2 4
	3 2
	余数　3 0 0 0 8
估第二位商：被3<9，挨位商3	3 －2 7
减积：3 × 968 = 2 904	1 8
	2 4
	余数　9 6 8
估第三位商：被968 = 968，隔位商1	1－0 9
减积：1 × 968 = 968	0 6
	0 8
除尽	商　4 3 1

（二）分组估商法

分组估商法是指在多位数除法中，可以根据除数首位数大小的不同将其分为大数组、中数组和小数组进行估商的方法。

1. 大数组9、8、7的估商法

凡除数第二位数和被除数首位数是9、8、7的，均按大数看待。具体估商方法如下：

（1）凡除数第二位数是9、8、7的，除数首位数无论是任何数，均用除数首位数加1后的数求商。

【做中学5-76】（1）272 670 ÷ 894 = 305；（2）302 696 ÷ 482 = 628；（3）203 357 ÷ 973 = 209。

上述各题均用除数首位数加1，即9、5、1求商。

（2）凡除数首位数是9、8、7，除数第二位数是6、5、4的，均用除数首位数加1后的数求商。

【做中学5-77】（1）456 192 ÷ 768 = 594；（2）330 498 ÷ 854 = 387；（3）817 261 ÷ 947 = 863。

上述各题均用除数首位数加1，即8、9、1求商。

（3）凡除数首位数是9、8、7，除数第二位数是3以下各数的，只用除数首位数求商。

【做中学5-78】（1）468 428 ÷ 724 = 647；（2）303 552 ÷ 816 = 372；（3）808 775 ÷ 935 = 865。

上述各题可分别用7、8、9求商。

2. 中数组6、5、4的估商法

凡除数首位数是6、5、4，除数第二位数是6、5、4、3的，均按中数看待。具体估商方法如下：

（1）除数第二位数是6、5、4、3的，用首位数估商，试出的商是5以上（含5）的减1后试商，是4以下（含4）的不减。

【做中学5-79】469 248 ÷ 564 = 832。

用除数首位数5估商，被除数前两位数46中有9个5，从9中减1，估商为8。

【做中学5-80】155 155 ÷ 455 = 341。

用除数首位数4估商，被除数前两位数15中有3个4，估商为3。

（2）除数第二位数是2、1的，用首位数估商，估出的商数即为准确值。

3.小数组3、2、1的估商法

凡除数首位数是3、2、1的，除数第二位数是6、5、4、3、2的，均按小数看待。具体估商方法如下：

（1）凡除数首位数是3、2的，分以下两种情形：

① 除数第二位数是6、5的，用除数首位数加1估商，商再加1。

② 除数第二位数是4、3、2的，用除数首位数估商，商减1。

【做中学5-81】169 004 ÷ 253 = 668。

用除数首位数2加1即3估商，被除数前两位数16中有5个3，再加1，估商为6。

【做中学5-82】168 295 ÷ 347 = 485。

用除数首位数3估商，被除数前两位数16中有5个3，再减1，估商为4。

【试一试】

212 025 ÷ 257 = 825	84 846 ÷ 237 = 358	114 142 ÷ 263 = 434
198 940 ÷ 245 = 812	182 115 ÷ 355 = 513	217 392 ÷ 336 = 647
343 145 ÷ 367 = 935	124 944 ÷ 228 = 548	228 360 ÷ 264 = 865
84 966 ÷ 238 = 357	181 602 ÷ 354 = 513	168 502 ÷ 346 = 487

（2）凡除数首位数是1的，分以下两种情形：

① 除数第二位数是5、4的，用除数首位数加1估商，试出的商是4以上（含4）的加2为商，是3以下（含3）的加1为商。

② 除数第二位数是3、2的，用除数首位数估商，试出的商是6以上（含6）的减2为商，是5以下（含5）的减1为商。

【做中学5-83】72 200 ÷ 152 = 475。

除数第二位数是5，用除数首位数1加1即2估商，被除数首位数7中有3个2，再加1，估商为4。

【做中学5-84】12 250 ÷ 14 = 875。

除数第二位数是4，用除数首位数1加1即2估商，被除数前两位数12中有6个2，再加2，估商为8。

【做中学5-85】8 411 ÷ 13 = 647。

除数第二位数是3，用除数首位数1估商，被除数首位数8中有8个1，再减2，估商为6。

【做中学5-86】108 234 ÷ 126 = 859。

除数第二位数是2，用除数首位数1估商，被除数前两位数10中有10个1，再减2，估商为8。

【做中学5-87】54 991 ÷ 127 = 433。

除数第二位数是2，用除数首位数1估商，被除数首位数5中有5个1，再减1，估商为4。

四、调商方法

商除法估商不可能做到十分准确，在估商中有的商数能一次估准，有的商数会估大或估小，无论估大或估小均需要调整。商数估小了需要补商，商数估大了需要退商。

（一）补商

减积时发现商数估小了，需要补商。补商时，将商数加1，隔位再减去除数。

（二）退商

减积时发现商数估大了，需要退商。退商时，将商数减1，同时加上已经减积过的除数，然后再用调整后的商数与未乘减的隔位除数相乘减。

【做中学5-88】5 796 ÷ 84 = 69。

试商7，与除数首位数8的乘积够减，但与除数第二位数4的乘积不够减，此时商改6，隔位加上8，然后用调整后的商数6与除数第二位数4减积。

退商口诀：

试商大，莫着急，不够减时商借一。
借一后，连续减，要用原商乘到底。
九前减一要牢记，隔位除数加上去。
加到破九前进位，前为商数后为余。

口诀说明：

（1）商与除数各位数乘减到中途不够减时，由商位借一，继续用原商乘减到除数的末位。

（2）调商：用原商乘减后，在商数后面出现多个相连的9，要在最后一个9的左一档减1，再从最后一个9的右一档加一个除数，加进一个除数后将最后一个9破掉，促使进位。破九前的商数均为定商，如减1，隔位加进一个除数。不能进位时，再按上述办法调商一次，直至调到能进位为止。

【做中学5-89】15 786 078 ÷ 658 = 23 991。

盘示定位：Q = m − n − 1 = 8 − 3 − 1 = 4（位）。

置数：把被除数从+4位档布入，如图5-62所示。

图5-62 盘示

	1 5 7 8 6 0 7 8
估商：6除1商3，3 × 658 = 1 974	3−1 8
不够减由商借1继续乘减到末位	1 5
	2 4
	盘示 3 9 6 0 4 6 0 7 8
调商：在9前减1，隔位加658	−1 + 6 5 8
	盘示 2 2 6 2 6 0 7 8
6除2商4，4 × 658 = 2 632	4−2 4
	−1 2 0
不够减由商借1继续乘减到末位	3 2
	盘示 2 3 9 9 9 4 0 7 8
在最后一个9前减1，隔位加658	−1+6 5 8
连商2 399	盘示 2 3 9 9 0 0 6 5 8
余数658，商1	1 6 5 8
除尽	商 2 3 9 9 1

【同步训练5-7】

（1）训练内容：调商方法。

（2）训练指导：

①记住调商的档位，补商、退商时注意“指不离档”。

②用乘法口诀做减积时，注意把试商读在前，除数读在后。

（3）任务布置：计算表5-25中各题。

表5-25 除 算

350 280 ÷ 504 =	126 360 ÷ 216 =	525 420 ÷ 756 =
201 150 ÷ 675 =	574 086 ÷ 978 =	557 702 ÷ 799 =
445 710 ÷ 895 =	402 882 ÷ 809 =	623 675 ÷ 325 =
154 191 ÷ 309 =	322 791 ÷ 809 =	527 745 ÷ 755 =
773 570 ÷ 86 =	324 480 ÷ 65 =	5 054 493 ÷ 723 =

五、省除法计算

（一）省除法的概念

在多位数除法运算中，尤其是在多位小数除法运算中，在精确度不受影响的情况下，通常只需两至三位的商数，如3.29%、0.23等，如果适当地截去几位除数和被除数，就可以减少许多复杂的拨珠运算。在计算前截去除数和被除数的部分尾数，并在计算中对除数进行逐次截位，使运算更加简捷的除法，称为省除法。

省除法的计算要点是在不会影响商的精确度的情况下，精简了对实际近似值没有作用的那一部分数字的计算。

（二）省除法的计算步骤

省除法的计算主要包括以下几个步骤：

1. 截位

用截位公式求出有几位有效数字参与计算。计算公式如下：

$$\frac{\text{参与计算的}}{\text{位数}}=\frac{\text{被除数的}}{\text{位数(m)}}-\frac{\text{除数的}}{\text{位数(n)}}+\frac{\text{要求保留的}}{\text{小数位数}}+2(\text{常数})$$

【请注意】被除数与除数截取的有效数字的位数相同，截取尾数可以按四舍五入方法取舍，常数“2”是为了保证计算结果准确无误而多取的位数。

2. 定位

用公式定位法或固定商的个位档定位法均可。

3. 置数

把参与计算的被除数位数对应的数字拨入算盘，并记住其后一档为截位档。

4. 运算

用基本除法计算。减积时，只减到被除数的截位档。如果商数与除数的乘积在压尾档上的数字大于或等于5，则在压尾档的前一档减去1；如果小于5，则舍去。

5. 求商

求商至要求的精确度为止，即压尾档的前两档为余数，并目测进行商数的尾数处理。

6. 得数

看盘写答案。如果目测余数加倍大于除数前两位数，则商的末位数加1；否则舍弃。

【做中学5-90】328 947.15 ÷ 5 173 249.86 = 0.0636（精确到0.0001）。

用固定商的个位档定位法定位，进行不隔位商除法下省除法的计算。

截取公式：参与计算的位数 = 6 − 7 + 4 + 2 = 5（位）。

盘示定位：Q = m − n − 1 = 6 − 7 − 1 = −2（位）。

置数：把被除数参与计算的5位数32 895（四舍五入）从−2位档布入，如图5-63所示。

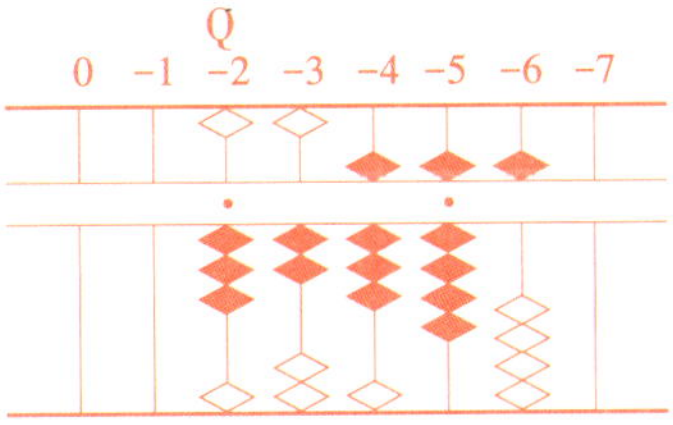

图5-63　盘示

	3 2 8 9 5
估商：被3<5，不够除挨位商6	6 −3 0
减积：6 × 5 173 = 31 038	0 6
	4 2
	1 8
	余数 1 8 5 7
估第二位商：被1<5，不够除挨位商3	3 −1 5 5 2
减积：3 × 5 173 =15 519	余数 3 0 5
估第三位商：被3<5，不够除挨位商5	5 −2 5 9
减积：5 × 5 173 = 25 865	余数 4 6
余数46加倍大于除数前两位数51，故商的末位数加1，得数为0.0636	商 0.0 6 3 5

【做中学5-91】986 745.32 ÷ 480 391.27 = 2.05（精确到0.01）。

用固定商的个位档定位法定位，进行隔位商除法下省除法的计算。

截取公式：参与计算的位数 $= 6 - 6 + 2 + 2 = 4$（位）。

盘示定位：$Q = m - n - 1 = 6 - 6 - 1 = -1$（位）

置数：把被除数参与计算的4位数9 867（四舍五入）从−1位档布入，如图5-64所示。

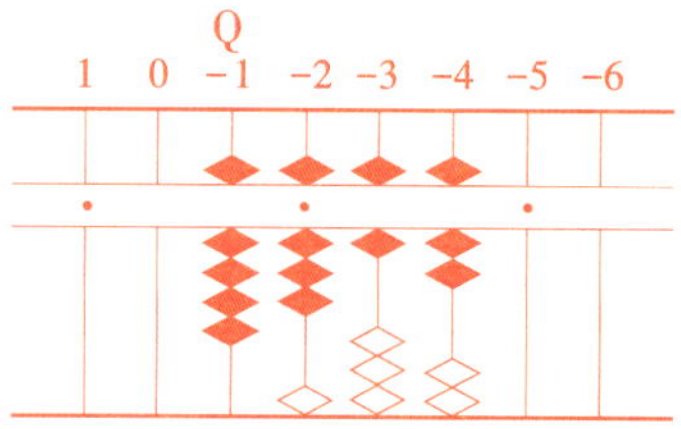

图5-64 盘示

估商：被9>4，隔位商2

减积：2 × 4 804 = 9 608

估第二位商：被2<4，挨位商5

减积：5 × 4 804 = 24 020

余数19加倍小于除数前两位数48，故得数为2.05

	9 8 6 7
	2 − 0 9 6 0 8
余数	2 5 9
	5 − 2 4 0
余数	1 9
商	2. 0 5

【同步训练5-8】

（1）训练内容：除法定位、小数除法。

（2）训练指导：

①注意固定商的个位档定位法。

②确定商的截止档。

③答案书写时四舍五入，注意精确的位数。

（3）任务布置：

①省除法练习题（精确到0.01）见表5-26。

表5-26 除 算

48 205 913 ÷ 2 890 645 =	7 506 132 ÷ 568 423 =
40 289 356 ÷ 32 847 956 =	7 856 023 ÷ 12 397 856 =
958 436.27 ÷ 812 573.69 =	980 563.47 ÷ 523 694.78 =
37 486.95 ÷ 107 423.86 =	103 428.65 ÷ 31 856.94 =
593 241.67 ÷ 32 760.84 =	658 713.29 ÷ 437 015.86 =

②通过全国珠算技术等级鉴定模拟练习题（见表5-27至表5-32）练习多位数除法和调商。

表 5-27 全国珠算技术等级鉴定模拟练习题（一）

除 算

普通四级
每10题限时5分钟

	除 算（一）	保留两位小数，以下四舍五入
一	55 024 ÷ 724 =	
二	31 278 ÷ 39 =	
三	294 476 ÷ 809 =	
四	293 080 ÷ 431 =	
五	2.494 5 ÷ 0.63 =	
六	57 980 ÷ 65 =	
七	363 426 ÷ 714 =	
八	9 729 ÷ 207 =	
九	4.196 9 ÷ 5.36 =	
十	33 810 ÷ 805 =	

	除 算（二）	保留两位小数，以下四舍五入
一	38 315 ÷ 79 =	
二	73 304 ÷ 308 =	
三	30 150 ÷ 45 =	
四	43 216 ÷ 584 =	
五	24 156 ÷ 3.92 =	
六	17 306 ÷ 34 =	
七	87 711 ÷ 507 =	
八	173 232 ÷ 216 =	
九	139 722 ÷ 803 =	
十	2.270 4 ÷ 9.26 =	

	除 算（三）	保留两位小数，以下四舍五入
一	47 270 ÷ 815 =	
二	37 758 ÷ 93 =	
三	111 548 ÷ 706 =	
四	4.039 26 ÷ 4.82 =	
五	17 136 ÷ 504 =	
六	43 052 ÷ 47 =	
七	457 520 ÷ 602 =	
八	104 601 ÷ 357 =	
九	19 632 ÷ 48 =	
十	0.479 5 ÷ 0.194 =	

	除 算（四）	保留两位小数，以下四舍五入
一	19 722 ÷ 519 =	
二	45 066 ÷ 74 =	
三	262.74 ÷ 302 =	
四	38 420 ÷ 85 =	
五	59.788 7 ÷ 6.34 =	
六	114 367 ÷ 407 =	
七	51 936 ÷ 541 =	
八	6 984 ÷ 36 =	
九	541 440 ÷ 768 =	
十	0.141 762 ÷ 0.209 =	

	除 算（五）	保留两位小数，以下四舍五入
一	13 018 ÷ 46 =	
二	570 580 ÷ 607 =	
三	164 352 ÷ 192 =	
四	17 304 ÷ 56 =	
五	7 014.95 ÷ 8.34 =	
六	48 042 ÷ 306 =	
七	12 079 ÷ 257 =	
八	27 404 ÷ 34 =	
九	5.743 7 ÷ 0.902 =	
十	60 120 ÷ 835 =	

	除 算（六）	保留两位小数，以下四舍五入
一	23 865 ÷ 645 =	
二	29 036 ÷ 34 =	
三	97 308 ÷ 901 =	
四	3 045.46 ÷ 0.825 =	
五	119 288 ÷ 403 =	
六	40 614 ÷ 967 =	
七	40 132 ÷ 79 =	
八	386 840 ÷ 509 =	
九	15 132 ÷ 78 =	
十	3 225.47 ÷ 6.13 =	

表 5-28

全国珠算技术等级鉴定模拟练习题（二）

除算

普通四级
每10题限时5分钟

	除 算（一）	保留两位小数，以下四舍五入
一	49 131 ÷ 309 =	
二	434 217 ÷ 713 =	
三	44 786 ÷ 98 =	
四	3.126 6 ÷ 4.93 =	
五	394 680 ÷ 506 =	
六	28 388 ÷ 47 =	
七	573 160 ÷ 805 =	
八	52 605 ÷ 63 =	
九	52 142 ÷ 841 =	
十	5.426 7 ÷ 5.67 =	

	除 算（二）	保留两位小数，以下四舍五入
一	57 744 ÷ 72 =	
二	34 733 ÷ 519 =	
三	433 920 ÷ 904 =	
四	3 605.11 ÷ 3.86 =	
五	22 413 ÷ 241 =	
六	58 515 ÷ 83 =	
七	33 534 ÷ 207 =	
八	7.163 2 ÷ 0.751 =	
九	36 530 ÷ 65 =	
十	383 834 ÷ 803 =	

	除 算（三）	保留两位小数，以下四舍五入
一	198 708 ÷ 348 =	
二	29 184 ÷ 96 =	
三	22 161 ÷ 267 =	
四	143 558 ÷ 802 =	
五	2 076.19 ÷ 0.451 =	
六	66 970 ÷ 74 =	
七	14 252 ÷ 509 =	
八	177 660 ÷ 378 =	
九	1 966.78 ÷ 6.03 =	
十	52 530 ÷ 85 =	

	除 算（四）	保留两位小数，以下四舍五入
一	26 448 ÷ 76 =	
二	74 888 ÷ 814 =	
三	4.548 5 ÷ 0.631 =	
四	268 830 ÷ 309 =	
五	20 703 ÷ 67 =	
六	45 125 ÷ 95 =	
七	35 088 ÷ 408 =	
八	18 460 ÷ 284 =	
九	2.272 5 ÷ 0.507 =	
十	131 831 ÷ 259 =	

	除 算（五）	保留两位小数，以下四舍五入
一	27 365 ÷ 421 =	
二	24 024 ÷ 78 =	
三	533 877 ÷ 709 =	
四	41 820 ÷ 615 =	
五	1 669.25 ÷ 6.75 =	
六	325 875 ÷ 869 =	
七	64 224 ÷ 72 =	
八	494 676 ÷ 604 =	
九	26 076 ÷ 53 =	
十	3.891 7 ÷ 0.903 =	

	除 算（六）	保留两位小数，以下四舍五入
一	133 045 ÷ 451 =	
二	308 688 ÷ 708 =	
三	3.996 8 ÷ 0.472 =	
四	39 347 ÷ 49 =	
五	16 576 ÷ 28 =	
六	433 440 ÷ 602 =	
七	809 991 ÷ 903 =	
八	7 498 ÷ 163 =	
九	5.952 5 ÷ 8.35 =	
十	47 795 ÷ 79 =	

表5-29　　全国珠算技术等级鉴定模拟练习题（三）

普通四级
每10题限时5分钟

除算

	除　算（一）	保留两位小数，以下四舍五入
一	26 418 ÷ 714 =	
二	418 110 ÷ 905 =	
三	53 568 ÷ 62 =	
四	15.741 2 ÷ 4.08 =	
五	73 075 ÷ 79 =	
六	60 732 ÷ 723 =	
七	12 727 ÷ 89 =	
八	51 075 ÷ 681 =	
九	2.132 4 ÷ 2.35 =	
十	261 950 ÷ 403 =	

	除　算（二）	保留两位小数，以下四舍五入
一	461 720 ÷ 485 =	
二	13 167 ÷ 63 =	
三	45 066 ÷ 518 =	
四	28 512 ÷ 36 =	
五	28.301 4 ÷ 6.74 =	
六	292 817 ÷ 709 =	
七	58 432 ÷ 83 =	
八	313 720 ÷ 506 =	
九	1 282.36 ÷ 2.09 =	
十	246 330 ÷ 714 =	

	除　算（三）	保留两位小数，以下四舍五入
一	204 204 ÷ 561 =	
二	76 670 ÷ 902 =	
三	1.4438 ÷ 0.24 =	
四	52 494 ÷ 673 =	
五	41 246 ÷ 82 =	
六	24 388 ÷ 364 =	
七	375 360 ÷ 408 =	
八	394 158 ÷ 537 =	
九	49 664 ÷ 97 =	
十	7 348 ÷ 7.05 =	

	除　算（四）	保留两位小数，以下四舍五入
一	242 572 ÷ 407 =	
二	19 782 ÷ 314 =	
三	45 568 ÷ 64 =	
四	12.845 4 ÷ 6.18 =	
五	43 165 ÷ 89 =	
六	34 314 ÷ 903 =	
七	22 825 ÷ 275 =	
八	53 550 ÷ 85 =	
九	27.065 4 ÷ 2.79 =	
十	125 763 ÷ 407 =	

	除　算（五）	保留两位小数，以下四舍五入
一	66 792 ÷ 726 =	
二	8.251 8 ÷ 9.02 =	
三	40 296 ÷ 69 =	
四	838 992 ÷ 908 =	
五	18 564 ÷ 26 =	
六	51 282 ÷ 814 =	
七	153 824 ÷ 304 =	
八	29 778 ÷ 42 =	
九	15.375 8 ÷ 2.97 =	
十	397 120 ÷ 584 =	

	除　算（六）	保留两位小数，以下四舍五入
一	440 000 ÷ 625 =	
二	43 536 ÷ 907 =	
三	48 128 ÷ 5.26 =	
四	24 274 ÷ 53 =	
五	610 280 ÷ 803 =	
六	129 162 ÷ 209 =	
七	53 704 ÷ 548 =	
八	7.471 5 ÷ 0.93 =	
九	18 564 ÷ 714 =	
十	25 606 ÷ 62 =	

表 5-30　　全国珠算技术等级鉴定模拟练习题（四）

普通四级
每10题限时5分钟

除算

	除　算（一）	保留两位小数，以下四舍五入
一	306 611 ÷ 379 =	
二	5 146 478 ÷ 1 258 =	
三	2 177.152 3 ÷ 13.5 =	
四	40 269 312 ÷ 78 651 =	
五	226 282.59 ÷ 9.18 =	
六	48 085 962 ÷ 80 546 =	
七	2 946 696 ÷ 4 162 =	
八	16.564 07 ÷ 0.027 =	
九	2 480 953 ÷ 5 893 =	
十	69.377 75 ÷ 0.724 =	

	除　算（二）	保留两位小数，以下四舍五入
一	73 332.406 9 ÷ 486 =	
二	3 408 738 ÷ 4 359 =	
三	1 074.211 5 ÷ 17.8 =	
四	319 248 ÷ 2 956 =	
五	5 948 096 ÷ 15 904 =	
六	1 370 339 ÷ 1 657 =	
七	39.351 94 ÷ 0.408 =	
八	904 464 ÷ 176 =	
九	15.579 91 ÷ 0.049 =	
十	6 077 984 ÷ 24 508 =	

	除　算（三）	保留两位小数，以下四舍五入
一	141.459 57 ÷ 3.67 =	
二	2 248 112 ÷ 6 854 =	
三	17 466.77 ÷ 18.9 =	
四	8 668 302 ÷ 51 906 =	
五	2 423 590 ÷ 2 678 =	
六	30.277 92 ÷ 0.531 =	
七	2 481 988 ÷ 3 452 =	
八	5.769 364 ÷ 0.309 3 =	
九	14 346 912 ÷ 40 528 =	
十	2 612 397 ÷ 317 =	

	除　算（四）	保留两位小数，以下四舍五入
一	55.925 67 ÷ 4.53 =	
二	975 456 ÷ 4 516 =	
三	30 685.52 ÷ 67.9 =	
四	1 577 576 ÷ 2 758 =	
五	12 717 056 ÷ 18 064 =	
六	1 919 552 ÷ 5 392 =	
七	128.855 4 ÷ 0.187 =	
八	5 381 475 ÷ 825 =	
九	2.131 05 ÷ 0.031 =	
十	20 163 671 ÷ 63 209 =	

	除　算（五）	保留两位小数，以下四舍五入
一	6 063 049 ÷ 20 693 =	
二	2 061 808 ÷ 7 184 =	
三	3 483.480 6 ÷ 7.56 =	
四	246 125 ÷ 1 375 =	
五	3 281.596 7 ÷ 39.1 =	
六	2 440 592 ÷ 4 258 =	
七	25.435 61 ÷ 0.062 =	
八	6 867 4 13 ÷ 917 =	
九	84.130 64 ÷ 0.906 =	
十	11 915 658 ÷ 57 843 =	

	除　算（六）	保留两位小数，以下四舍五入
一	28 727 352 ÷ 537 =	
二	2 700 672 ÷ 12 984 =	
三	3 762 297 ÷ 5 607 =	
四	836.262 5 ÷ 4.91 =	
五	7 463 424 ÷ 8 256 =	
六	5 238.64 ÷ 70.2 =	
七	1 610 455 ÷ 4 183 =	
八	37.264 85 ÷ 0.049 =	
九	26 313 955 ÷ 60 215 =	
十	32.651 35 ÷ 0.398 =	

表 5-31　　全国珠算技术等级鉴定模拟练习题（五）

除 算

普通一级
每10题限时5分钟

	除　算（一） 保留两位小数，以下四舍五入
一	5 181 639 ÷ 573 =
二	1 791 120 ÷ 816 =
三	6 012 503 ÷ 6 349 =
四	1 878 128 ÷ 328 =
五	654 515 ÷ 1 657 =
六	595.148 82 ÷ 0.976 =
七	44 780 093 ÷ 840.96 =
八	53 475 528 ÷ 732 =
九	0.021 184 ÷ 0.0129 =
十	15 738.48 ÷ 3 290.5 =

	除　算（二） 保留两位小数，以下四舍五入
一	999 774 ÷ 134 =
二	10 154 354 ÷ 19 603 =
三	2 676 375 ÷ 4 875 =
四	3 435.794 7 ÷ 3.92 =
五	4 230 654 ÷ 6 018 =
六	598.479 9 ÷ 42.7 =
七	5 484 801 ÷ 5 637 =
八	5.379 41 ÷ 0.073 =
九	67 761 375 ÷ 82 135 =
十	243.916 7 ÷ 0.968 =

	除　算（三） 保留两位小数，以下四舍五入
一	10 258 168 ÷ 974 =
二	12 264 665 ÷ 12 605 =
三	1 192 217 ÷ 4 069 =
四	796.785 2 ÷ 8.17 =
五	2 219 862 ÷ 5 298 =
六	4 086.89 ÷ 25.1 =
七	1 015 245 ÷ 3 465 =
八	4.935 33 ÷ 0.082 =
九	60 436 848 ÷ 61 923 =
十	17.5343 4 ÷ 0.437 =

	除　算（四） 保留两位小数，以下四舍五入
一	1 436 764 ÷ 194 =
二	4 349 231 ÷ 719 =
三	26 205 176 ÷ 8 251 =
四	625 641 ÷ 347 =
五	0.619 373 ÷ 0.0792 =
六	12 532 936 ÷ 962 =
七	1 736 526 ÷ 5 478 =
八	504.704 2 ÷ 6.35 =
九	25.738 925 ÷ 4.7093 =
十	29 978.8 ÷ 6 390.2 =

	除　算（五） 保留两位小数，以下四舍五入
一	290.5543 ÷ 5.91 =
二	25 308 928 ÷ 27 094 =
三	5 430 550 ÷ 7 825 =
四	6.742 941 ÷ 0.213 =
五	9 140 745 ÷ 10 947 =
六	6 096 739 ÷ 6 479 =
七	1.379 138 ÷ 0.098 =
八	2 687 586 ÷ 5 682 =
九	2 159.084 1 ÷ 57.3 =
十	828 022 ÷ 946 =

	除　算（六） 保留两位小数，以下四舍五入
一	11 484 072 ÷ 216 =
二	51 621 724 ÷ 748 =
三	1 153 152 ÷ 572 =
四	46 007.78 ÷ 497 =
五	3 089 240 ÷ 8 024 =
六	3 753 255 ÷ 7 935 =
七	1 776 729 ÷ 681 =
八	13.848 08 ÷ 3.0269 =
九	0.372 96 ÷ 0.0458 =
十	4 160.66 ÷ 580.43 =

表 5-32 全国珠算技术等级鉴定模拟练习题（六）

除 算

普通一级
每10题限时5分钟

	除 算（一） 保留两位小数，以下四舍五入
一	6 798.283 8 ÷ 24.7 =
二	4 469 874 ÷ 5 498 =
三	634 551.95 ÷ 67.1 =
四	508 109 ÷ 2 503 =
五	37 521 424 ÷ 41 506 =
六	1 603 701 ÷ 1 837 =
七	77 415.79 ÷ 0.816 =
八	8 052 902 ÷ 962 =
九	23 805.19 ÷ 0.064 =
十	25 414 857 ÷ 32 049 =

	除 算（二） 保留两位小数，以下四舍五入
一	303.199 4 ÷ 6.43 =
二	2 821 728 ÷ 3 458 =
三	25 062.47 ÷ 28.7 =
四	378 120 ÷ 2.76 =
五	10 276 256 ÷ 18 092 =
六	2 331 183 ÷ 7 129 =
七	29.291 37 ÷ 0.546 =
八	2 538 965 ÷ 871 =
九	22.406 61 ÷ 0.093 =
十	21 553 905 ÷ 35 047 =

	除 算（三） 保留两位小数，以下四舍五入
一	6 182 820 ÷ 735 =
二	2 337 375 ÷ 813 =
三	6 059 099 ÷ 6 439 =
四	2 214 656 ÷ 328 =
五	663 300 ÷ 1 675 =
六	589.699 81 ÷ 0.967 =
七	4 389.7219 ÷ 480.96 =
八	42 432 369 ÷ 573 =
九	0.043526 ÷ 0.279 =
十	1 081 076.76 ÷ 2 309.4 =

	除 算（四） 保留两位小数，以下四舍五入
一	135 751 ÷ 287 =
二	26 695 592 ÷ 93 016 =
三	51 686.35 ÷ 7 851 =
四	5 491 622 ÷ 694 =
五	565 362 ÷ 1 923 =
六	2 863 281.94 ÷ 32.7 =
七	2 241 975 ÷ 4 175 =
八	5 091 044 ÷ 1 054 =
九	43 803 968 ÷ 72 046 =
十	60 985.77 ÷ 0.589 =

	除 算（五） 保留两位小数，以下四舍五入
一	1 753 641 ÷ 813 =
二	10 542.27 ÷ 0.278 =
三	3 356 802 ÷ 13 814 =
四	2 870 388 ÷ 6 738 =
五	2 324 629.01 ÷ 2.67 =
六	2 129 457 ÷ 4 103 =
七	5 847 ÷ 81.4 =
八	2 410 152 ÷ 2 586 =
九	50 105 ÷ 0.096 =
十	23 292 240 ÷ 54 168 =

	除 算（六） 保留两位小数，以下四舍五入
一	154 018.63 ÷ 4.35 =
二	2 936 052 ÷ 5 348 =
三	32 622.034 8 ÷ 76.1 =
四	974 820 ÷ 3 165 =
五	9 623 581 ÷ 16 507 =
六	164.297 47 ÷ 0.397 =
七	5 609 638 ÷ 7 802 =
八	3.600 699 ÷ 0.048 =
九	29 181 537 ÷ 42 109 =
十	944 877 ÷ 573 =

思政园地

算盘，是中国古代劳动人民发明创造的一种计算工具，被称作“最古老的计算机”。以算盘为工具进行数字计算的珠算，是中国古代数学算法体系的重要组成部分，被誉为中国的第五大发明。

程大位（1533—1606年），明代南直隶徽州府休宁县率口（今安徽省黄山市屯溪区）人，其穷尽毕生精力写就的《直指算法统宗》和《算法纂要》，开创了中国珠算新的里程碑，并流传到日本、朝鲜等国家，影响深远。

在以程大位的名字命名的屯溪大位小学，作者见到了“程大位珠算法”（国家级非物质文化遗产项目）代表性传承人汪素秋。

“4 853 + 6 376 − 9 514 + 6 581……”随着汪素秋快速报出一组四位数字的加减运算题，作者掏出手机，与小朋友们同时进行计算，然而还未等作者按完所有数字，不少八九岁的孩子已报出准确答案。

“这是珠心算的神奇之处。”汪素秋说，孩子们并非天才，在他们的脑海中有一副算盘，每当一个数字报出，这副算盘便迅速拨动算珠，快速得出准确结果，而珠心算的前提，便是传统的珠算。

“我外公是商人，珠算非常娴熟，自然也希望我把算盘练好。”谈起与珠算的渊源，汪素秋说，外公使用的就是“程大位珠算法”，“珠算时需手脑并用，久而久之，心中也就有了一副算盘。”

在汪素秋看来，珠算亦浓缩了众多中国传统文化的智慧：“算盘上的‘梁’区分算珠的上下位置，体现了累数、位值等数学思想；算珠向‘梁’拨动为加，向边框拨动为减，两者是对立的，也是相互统一的。”

汪素秋说，算盘的上珠往往只有一两个，而它们所代表的数字范围却比四五个下珠宽广，这寓意着为人处世要不断积累提高，才能做到更多的事情。

“在各种现代计算工具十分普及的今天，许多人片面地认为珠算仅仅是一种计算方法，而忽略了它作为思维训练的巨大优势。”汪素秋说，珠算采用双手拨珠的形式，注重双手的配合和协调，使孩子们左右脑同时得到开发，是开发智力的很好途径。

如今珠算教学在屯溪大位小学已经普及开来。“作为一名教师，我需要考虑如何指导和培养参加比赛的选手，但作为非遗传承人，传承珠算文化的责任更重。”汪素秋说，不仅仅要传授珠算，还要做好珠算的保护、传承和延续。未来，她还将身体力行地推动珠算的普及宣传，让更多人知晓并认可这一国粹。

（资料来源：中国新闻网）

“台上一分钟，台下十年功。”这句话对会计工作者来说是十分适用的。会计工作需要很强的操作技巧。打算盘需要深厚的基本功。作为专职会计人员，不但要具备处理一般会计事务的专业基本知识，还要具备较高的处理会计事务的专业知识水平和较强的数字运算能力。

在计算机普及的年代里，珠算有计算机不可替代的功能。在计算加减方面，珠算的速度要比计算机快，珠算的基础功能就是“珠动数出”，在计算过程当中，能够了解数值的由来与结果（知其然还知其所以然）；在开发大脑方面，珠算需要手眼脑的协调一致。双手打算盘可以同时提高左右脑的思维能力。中国老式算盘的拨珠方法是三指拨珠，对人体的肺经、大肠经、心包经都有益处。日本人从我国的明朝开始，引进珠算技术，并不断地革新，至现代，珠算在日本非常普及，并得到重视。党的二十大报告指出：“坚持和发展马克思主义，必须同中华优秀传统文化相结合。只有植根本国、本民族历史文化沃土，马克思主义真理之树才能根深叶茂。”自从2013年12月4日我国珠算申遗成功后，世界上许多的国家和地区都在引进珠算技术，并编进了学生课本。我国也将珠算技术重新编进学生课本，现在许多金融、财会专业的大学生都在学习珠算，也有许多的珠算爱好者和怀旧的中老年朋友都没有放弃珠算。

角色演练

【任务】珠算速算。

【角色】财务会计人员、银行柜员等。

【情境】

（1）在课堂上组织一次关于算盘与珠算指法的知识问答竞赛。为了提高同学们的积极性及参与程度，竞赛分组进行。授课教师预先准备好关于算盘的构造、种类、计数、看数、置数、写数、握笔及珠算指法的题目。采取抢答的形式，看哪组答得又快又准。

（2）在课堂上组织一次关于数字差错检查方法的讨论。课前布置同学们搜集相关资料，课上组织同学们踊跃发言，畅所欲言，老师充当记录员。最后由老师根据同学们的发言总结出数字差错的常用检查方法。

（3）准备珠算加减法练习题若干，数字不同、类型相同，让每个同学根据抽到的练习题进行珠算加减法技术训练，看哪位同学在最短的时间内得出正确答案。

（4）将全班同学按1∶1分成参赛者与监考员两部分。参赛者坐在对应的座位上，算盘、比赛用的珠算技术等级鉴定题（普通四级）、笔置于桌面正确位置上，监考员手持手机计时器或秒表分别对应每一位参赛者站立。老师宣布比赛开始，参赛者体验一下如何在最短的时间内算出正确答案。

项目小结

珠算是以算盘为计算工具、以数学规律为基础，用手指拨动算珠进行数值计算的一门技术。拨珠是珠算的基本动作，菱形小算盘常用的指法有单指单拨和双指联拨。珠算无诀加减法是利用凑数和补数的概念，直接进行拨珠的一种计算方法。珠算简捷加减法是以无诀加减法为基础，根据数字的排列和算盘的特点，用特定的方法简化运算过程，减少拨珠次数，提高运算速度和准确率的计算方法，常用的有一目多行加减法、穿梭法等。珠算乘法是指用算盘求多个相同数字相加的和的简便算法。珠算乘法的种类很多，按总的分类，有基本乘法和简捷乘法，基本乘法介绍了空盘前乘法，简捷乘法介绍了省乘法。珠算除法的种类很多，一般分为基本除法和简捷除法，基本除法介绍了商除法，简捷除法介绍了省除法。珠算乘法和除法要运用“大九九口诀”进行。

技能考核

全国珠算技术等级鉴定限时20分钟（加减10分钟，乘、除各5分钟）。使用珠算技术等级鉴定的四级题型鉴定普通四至六级，一级题型鉴定普通一至三级，能手级题型鉴定能手一至六级，普通级加减算、乘算、除算各10道题；能手级加减算、乘算、除算各20道题。各级别以加减算、乘算、除算三项最少对题数量作为鉴定标准。全国珠算技术等级鉴定对题量标准见表5-33。

表5-33 全国珠算技术等级鉴定对题量标准

鉴定题型	合格等级	对题量		
		加减算	乘算	除算
四级	普通六级	6	6	6
	普通五级	7	7	7
	普通四级	8	8	8
一级	普通三级	6~7	6~7	6~7
	普通二级	8	8	8
	普通一级	9	9	9
能手级	能手六级	8	10	10
	能手五级	10	11	11
	能手四级	12	12	12
	能手三级	14	14	14
	能手二级	16	16	16
	能手一级	18	18	18

项目六

会计档案的整理与保管技能

【知识点】

1. 会计档案的整理
2. 会计档案的保管
3. 会计档案的移交
4. 会计档案的销毁

【技能点】

1. 会计凭证整理和装订
2. 会计账簿整理和装订
3. 财务会计报告整理和装订

【课程思政融入点】

1. “恪守法规，画出圆满人生”。会计资料的归档、整理、装订、保管等工作符合《中华人民共和国会计法》和《会计档案管理办法》的规定，做到整齐、规范、有序
2. 充分认识档案的重要性和价值，使档案工作更好地服务于社会经济发展。档案是人类历史最重要的载体之一，它通过自己的记载，向后人揭示事情的真相。而会计档案作为记录和反映企事业单位经济业务发生情况的重要史料和证据，是企事业单位的重要经济档案，是检查企事业单位过去经济活动的重要依据，也是国家档案的重要组成部分。在会计档案整理和保管的过程中，要遵守国家相关法律法规，遵守职业道德规范，增强法律意识，做一名遵纪守法的职业从业人员

引言

会计档案是指会计凭证、会计账簿和财务会计报告等会计核算专业资料，是记录和反映单位经济业务的重要史料和证据。会计档案的整理和装订是每位会计人员必备的一项会计技能。会计凭证记账后，应及时装订，会计凭证的装订一般每月装订一次，装订后的凭证按年分月妥善保管归档。装订的范围有原始凭证、记账凭证、科目汇总表、银行对账单等。各种会计账簿年度结账后，除跨年使用的账簿外，其他账簿应按时整理、立卷。财务会计报告编制完成及时报送后，留存的财务会计报告按月装订成册谨防丢失。

任务一　会计凭证的整理、装订技能

一、会计凭证整理和装订

会计凭证，简称凭证，是指用以记录经济业务事项发生或完成情况，明确经济责任并作为登记账簿依据的书面证明。会计凭证按用途和填制程序可分为原始凭证和记账凭证。原始凭证又称单据，是指在经济业务发生或完成时取得或填制的，用作记账原始依据的会计凭证。它既可以作为经济业务事项发生或完成的初始证明，又可作为填制和审核记账凭证的直接依据，是经济业务事项真实性和合法性的书面证明，如销售发票、借款单、工资表等。记账凭证是会计人员根据审核无误的原始凭证，按照经济业务事项的内容加以归类，经确定会计分录后据以记账的凭证。记账凭证可分为专业记账凭证和通用记账凭证两种形式。

会计人员的记账过程，就是一个对原始凭证进行整理、归档、分类、定性的过程。每一笔经济业务的发生，在财务上反映为原始凭证的书面记载。原始凭证的填写与单位的各个部门有关，财务部门需要根据单位制定的财务制度，对原始凭证的使用、填开等作出详尽的要求。而原始凭证的整理等工作，则是会计人员必须谙熟的基本功之一。会计凭证整理和装订的好坏，不但影响会计凭证的整齐美观，更重要的是会直接影响会计资料的安全、完整及会计凭证的保管和调阅。因此，会计人员在日常工作中应充分重视这项工作。

（一）会计凭证的整理

1.对会计凭证进行检查

正常情况下，会计人员对日常发生的经济业务都应及时处理，按每项业务整理原始凭证并据以编制记账凭证。对会计凭证的检查要从以下几个方面进行：

（1）检查会计凭证及其附件是否齐全，编号从小到大是否连续，确保无误。

（2）凭证上的大头针、曲别针、订书钉等是否全部去掉。

（3）记账凭证上有关人员（如财务主管、复核人、记账人、制单人等）的印章是否齐全。

（4）每张科目汇总表与所附记账凭证要装订在一起，不准跨月装订。

（5）原始凭证及其附件的面积如果大于记账凭证，应以记账凭证为标准进行折叠，便于翻阅。

（6）凡是有汇总原始凭证的，其所附的原始凭证均属附件，数量过多的原始凭证可以单独装订保管（不包括发票），在封面上注明账凭证日期、编号、种类，同时在记账凭证上注明原始凭证名称、编号及“附件另订”字样。

各种经济合同、存出保证金收据、涉外文件和上级批准文件等重要资料，应当作为文书档案另编目录，单独登记保管，并在有关的记账凭证上注明日期和编号。

2. 对会计凭证进行整理

因为原始凭证的纸张大小与记账凭证不可能安全一致，有的前者大于后者，有的后者大于前者，这就需要会计人员在制作会计凭证时对原始凭证加以适当整理，以便下一步装订成册。

（1）粘贴原始凭证。用胶棒、胶水等在凭证粘贴单上粘牢左方的票头，把纸张大小相同、票面金额相同的发票粘在一起。

（2）对于纸张面积大于记账凭证的原始凭证，可按记账凭证的面积尺寸，先自右向左，再自下向上进行两次折叠。注意应把凭证的左上角或左侧面让出来，以便装订后，还可以展开查阅。

（3）对于纸张面积过小的原始凭证，一般不能直接装订，要按一定顺序和类别排列。同类同金额的原始凭证尽量粘在一起，从右至左粘贴到单子上，两张票据不能完全重合，便于翻找核对金额。在一旁注明张数和合计金额。如果是板状票证，可以将票面票底轻轻撕开，厚纸板弃之不用。

（4）原始凭证附在记账凭证后的顺序应与记账凭证所记载的内容、顺序一致，不应该按原始凭证的面积大小来排序。

经过整理后的会计凭证，为汇总装订打下了基础。

（二）会计凭证的装订

会计凭证的装订是指把定期整理完毕的会计凭证按照编号顺序，外加封面、封底，装订成册。

在封面上，应写明单位名称、年度、月份、专用记账凭证的种类、起讫日期、起讫号数，以及记账凭证的起止页数及张数，并在骑缝处加盖单位财务专用章及会计主管的骑缝图章。

对各种重要的原始单据，以及各种需要随时查阅和退回的单据，应另编目录，单独登记保管，并在有关的记账凭证和原始凭证上相互注明日期和编号。

微课

整理装订凭证

会计凭证装订的要求是既美观大方又便于翻阅，所以在装订时要先设计好装订册数及每册的厚度。一般来说，一本凭证的厚度以1.5cm~2.0cm为宜，太厚了不便于翻阅核查，太薄了又不利于戳立放置。凭证册数可根据凭证多少来定，原则上以月份为单位装订，每月订成一册或若干册。有些单位业务量小，凭证不多，把若干个月份的凭证合并订成一册也可以，只要在凭证封面注明本册所含的凭证月份即可。

会计凭证封面格式如图6-1所示。

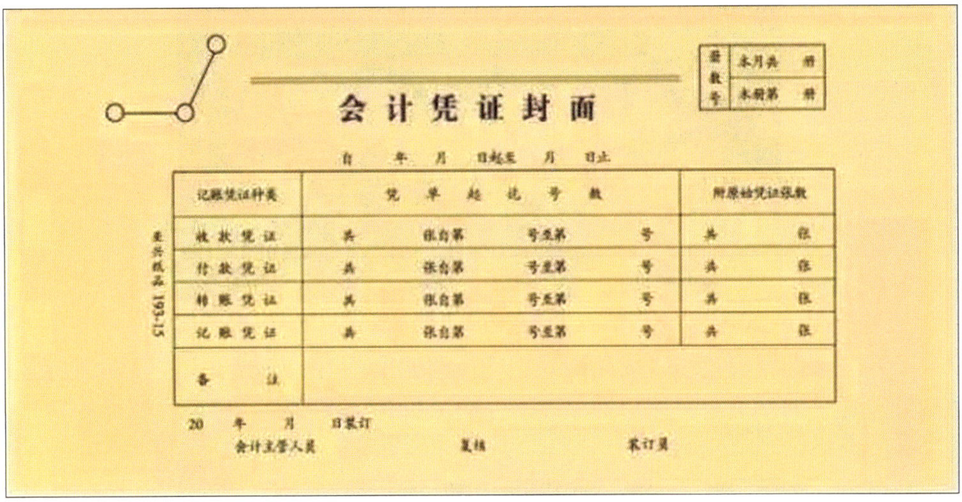

图6-1　会计凭证封面

为了使装订成册的会计凭证外形美观，在装订时要考虑凭证的整齐均匀，特别是装订线的位置，可用一些纸条或薄纸片，均匀地垫在此处，以保证它的厚度与凭证中间的厚度一致。会计凭证的装订主要有两种方法：一是三针引线装订法；二是塑管热熔法。

1. 三针引线装订法

在会计凭证左侧的装订线位置上打三个孔进行装订。它的具体操作步骤如下：

（1）整理相关凭证，记账凭证封面、包角纸放在待装订的记账凭证上面，以凭证的右侧为标准对齐，方向与凭证方向一致，用夹子夹紧，如图6-2所示。

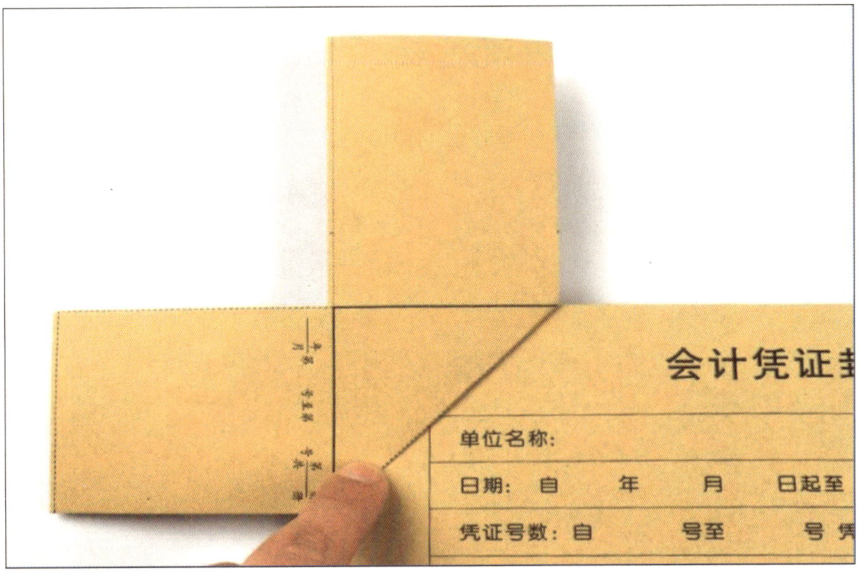

图6-2　加凭证封皮

（2）在凭证左上角装订位置上用装订机分布均匀地打上三个孔，如图6-3所示。

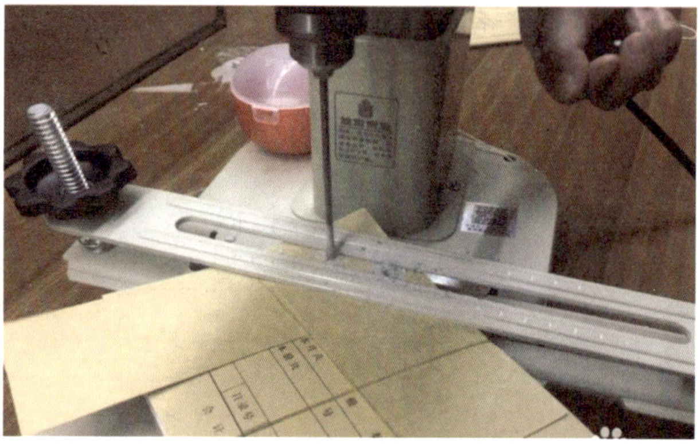

图6-3 打孔

（3）在凭证的背面打结。线绳最好把凭证两端也系上。将护角向左上侧面折，并将一侧剪开至凭证的左上角，然后抹上胶水。向上折叠，将侧面和背面的线绳扣粘死，如图6-4所示。

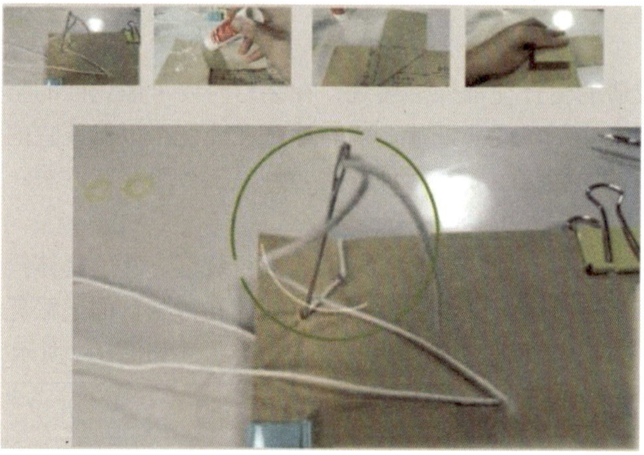

图6-4 穿线

（4）把包角纸向后折叠，将背面的线绳扣粘牢，如图6-5所示。

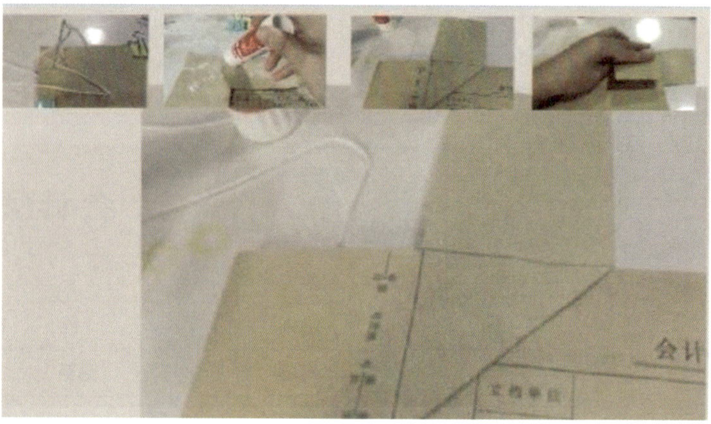

图6-5 折叠并粘牢封面

（5）装订成册后，在凭证的脊背上面填写年、月、凭证号、目录号、保管期限等项目，封面上要注明单位名称、年度、月份和起止日期、凭证种类、起止号码等，要在骑缝处加盖单位财务专用章及会计人员印章，如图6-6所示。

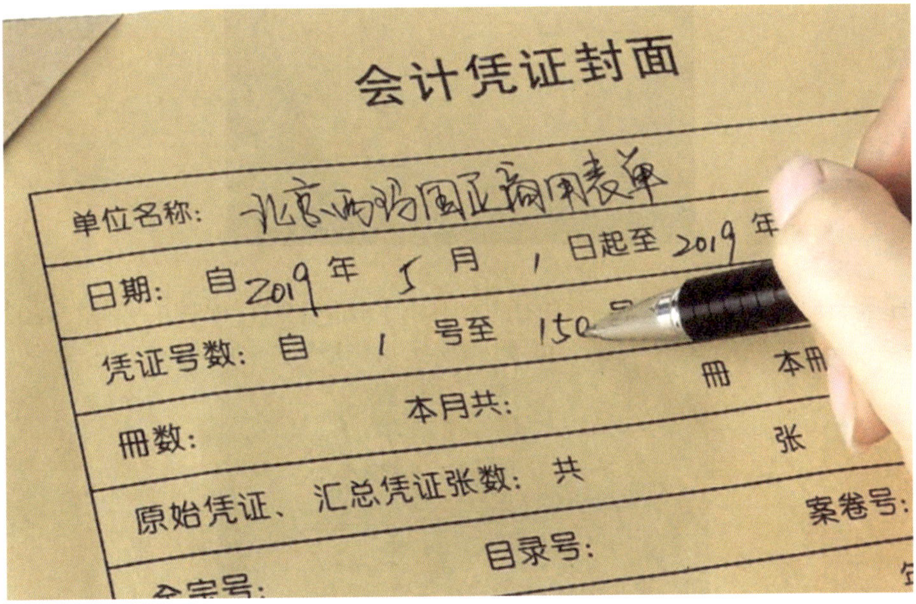

图6-6　填写封脊与封面

（6）装订好的凭证如图6-7所示。

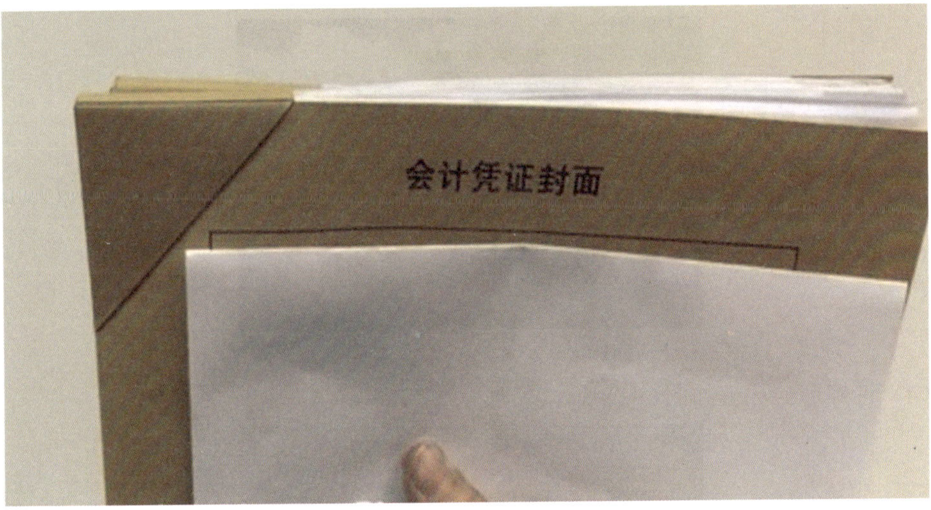

图6-7　装订好的凭证

2.塑管热熔法

（1）把记账凭证封面折叠放在待装订的记账凭证上面，以凭证的右侧为标准对齐，方向与凭证方向一致，用夹子夹紧。

（2）使用专用的塑管热熔机在凭证左边装订位置上均匀地打上两个孔，如图6-8所示。

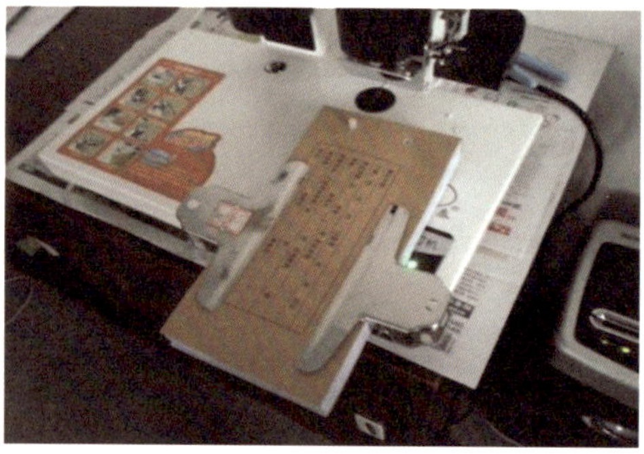

图6-8　打孔

（3）将自动切下的热熔管放入打好的孔中，压下手柄进行热熔，如图6-9和图6-10所示。

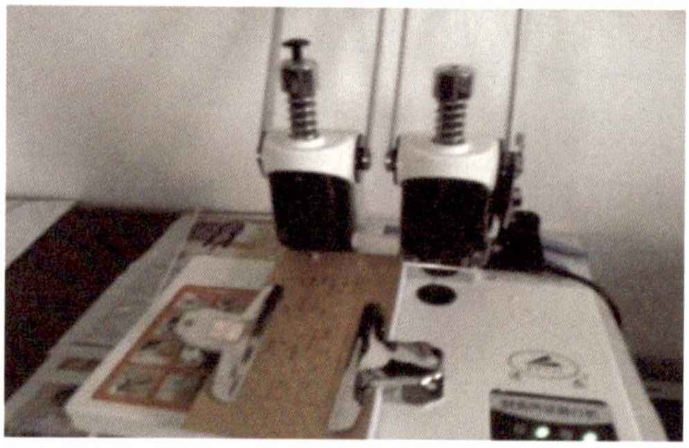

图6-9　加热熔管

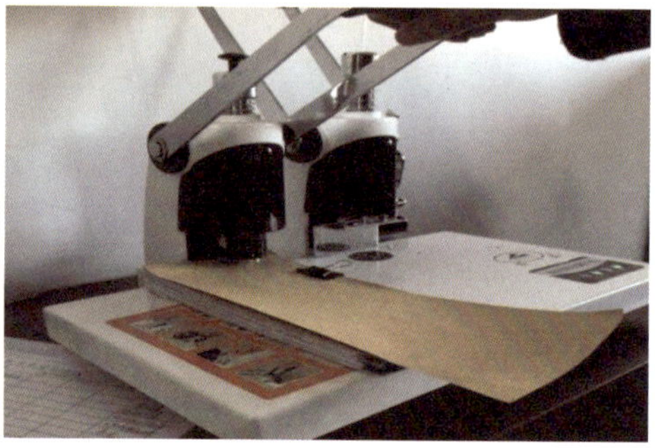

图6-10　压封

（4）订好后的凭证如图6-11所示。

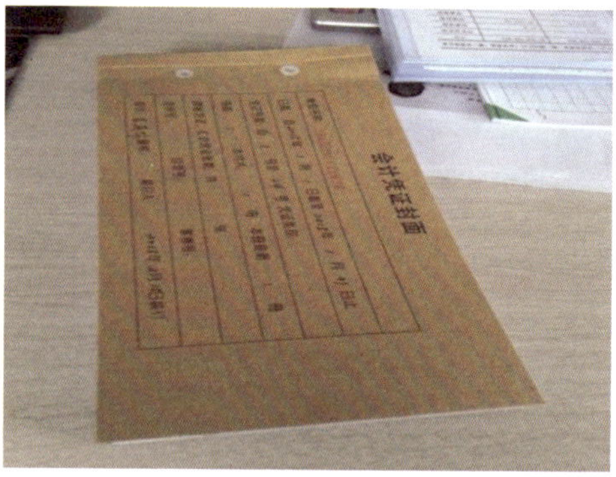

图6-11　压封后的凭证

（5）将凭证封底沿凭证左侧方向向后折在胶管处粘牢，在封脊上填写年、月、凭证号、目录号、保管期限等项目，并与左侧面对齐并填写上述项目内容，如图6-12所示。

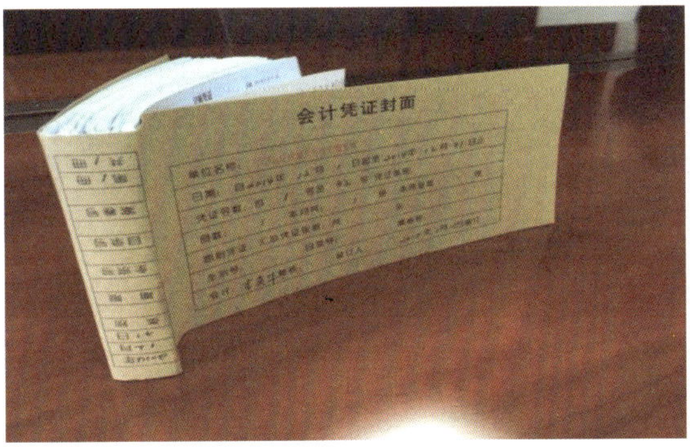

图6-12　填写封脊与封面

（6）装订成册后，封面上要注明单位名称、年度、月份和起止日期、凭证种类、起止号码等，在骑缝处加盖单位财务专用章及会计人员印章。装订好的凭证如图6-13所示。

图6-13　装订好的凭证

当年形成的凭证档案资料，在会计年度终了后，可暂由会计机构保管1年。装订好的各月凭证如图6-14所示。

图6-14　各月凭证

（三）其他会计资料的整理与装订

其他会计资料，包括年度或季度成本计划、利润计划、月度财务收支计划、经济活动分析报告、银行对账单、银行余额调节表、工资计算表，以及一些重要的经济合同，也应随同会计档案进行收集整理。这部分资料并不全部移交档案部门，有的在相当长的时间内要由财务部门保存。这就需要认真筛选，把收集起来的这些资料，逐件进行鉴别，将需移交档案部门保管存放的，按要求另行组卷装订后移交档案部门。会计档案的整理要规范化，封面、盒、袋要按统一的尺寸、规格制作，卷脊、封面的内容要按统一的项目印制、填写。要做到“收集按范围、整理按规范、装订按标准”。

【同步训练6-1】

（1）训练内容：粘贴原始凭证、粘贴多张大小不一的票据、会计凭证的装订。

（2）训练指导：

①提供一个月的会计凭证，按照会计凭证整理和装订的要求逐项进行整理、装订。

②将已粘贴好的原始凭证按三针引线装订法进行装订。

（3）任务布置：

①采用三针引线装订法装订会计凭证。

②采用塑管热熔法装订会计凭证。

任务二　会计账簿的整理、装订技能

会计账簿简称账簿，是由具有一定格式、相互联系的账页所组成，以经过审核的会计凭证为依据，全面、系统、连续地记录各项经济业务的工具。

会计账簿包括库存现金日记账、银行存款日记账、总分类账、各种明细分类账及辅助账等。会计账簿按外形特征可分为订本账、活页账和卡片账三种。

一、会计账簿的整理

年度结账后，除跨年使用的账簿外，其他账簿应按时整理、立卷。

（一）账簿装订前的整理

按账簿启用表的使用页数核对各个账户是否相符，账页数是否齐全，序号排列是否连续。

（二）活页账簿装订前的整理

（1）保留已使用过的账页，将账页数填写齐全，去除空白页和撤掉账夹，用质地好的纸张做封面、封底。

（2）多栏式活页账、三栏式活页账、数量金额式活页账等不得混装，将同类业务、同类账页归在一起。

二、会计账簿的装订

年度财务决算后，按照会计账簿封面、账簿启用表、账户目录、顺序排列的账页、会计账簿封底的顺序装订。将活页账簿沿左边的装订孔用棉线系好，在封面上注明单位名称、账簿种类、装订人和装订日期。装订的目的是不容易随意抽取、更换账页，从而使得账页不易散失。库存现金日记账、银行存款日记账和总分类账本身是订本式的，无须装订。

会计账簿装订的要求如下：

（1）会计账簿应牢固、平整，不得有折角、缺角、错页、掉页、加空白纸的现象。

（2）会计账簿的封口要严密，封口处要加盖有关印章。

（3）封面应齐全、平整，并注明所属年度及账簿名称、编号。编号为一年一编，编号顺序为总分类账、库存现金日记账、银行存款日记账、各种明细分类账。

（4）会计账簿按保管期限分别编制卷号，如库存现金日记账全年按顺序编制卷号；总分类账、各种明细分类账、辅助账等全年按顺序编制卷号，如图6-15所示。由会计主管人员和装订人（经办人）签章。

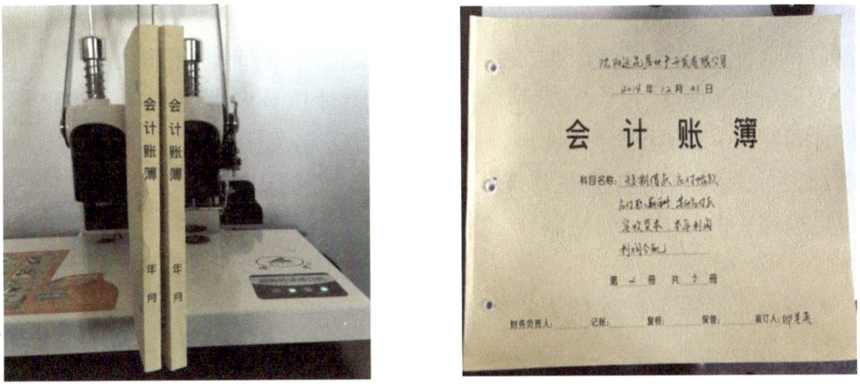

图6-15　装订好的账簿

【同步训练6-2】

（1）训练内容：会计账簿的整理和装订。

（2）训练指导：提供一年的活页明细账，按照会计账簿整理和装订的要求进行整理、装订。

（3）任务布置：熟练、规范地进行会计账簿整理和装订技能训练。

任务三　财务会计报告的整理、装订技能

财务会计报告是指企业对外提供的反映企业某一特定日期财务状况和某一会计期间经营成果、现金流量的文件。它包括资产负债表、利润表、现金流量表等会计报表、会计报表附注和财务情况说明书。其中，会计报表是财务会计报告的主要组成部分。

财务会计报告分为年度、半年度、季度和月度财务会计报告。年度、半年度财务会计报告由会计报表、会计报表附注和财务情况说明书三部分组成。季度和月度财务会计报告仅指会计报表。

财务会计报告或会计报表编制完成并及时报送后，留存的财务会计报告或会计报表按月装订成册谨防丢失。小企业可按季装订成册。

一、财务会计报告的整理

按编报目录核对是否齐全，整理会计报表页数，上边和左边对齐压平，防止折角，如有损坏部位需要及时修补，保证完整无缺。

二、财务会计报告的装订

财务会计报告的装订应左上角对齐。其装订顺序如下：财务会计报告的封面、财务情况说明书、按会计报表的编号顺序排列的各种会计报表、财务会计报告的封底。

三、其他会计资料的整理和装订

按照银行存款余额调节表和银行对账单类、财务收支计划类、重要合同类、会计档案保管清册和会计档案销毁清册类、会计档案移交清册和查阅登记清册类、增设或清查类、经济活动分析和审计报告类等其他应保存的会计核算专业资料的顺序整理、立卷。类内按照时间顺序，分册或合并装订，并编制年度案卷总序号。

总之，会计资料的收集整理要规范。卷脊、封面的内容要按统一的项目填写，封面、盒袋要按统一的尺寸、规格制作。

【同步训练6-3】

（1）训练内容：财务会计报告的装订。

（2）训练指导：

①四人一组，分组进行。

②按照财务会计报告整理和装订的要求逐项进行整理和装订。

③教师检查装订的质量，进行讲评。

（3）任务布置：进行财务会计报告的整理和装订。

任务四　会计档案的保管技能

一、会计档案的整理

会计档案的整理主要包括分类、立卷、编目、装订入盒、案卷目录的编制等环节。根据国家有关规定，会计档案的立卷工作由财务部门承担，其他整理环节的工作，原则上由档案部门负责。

（一）分类

会计档案的整理，是从会计档案的分类开始的。会计档案分类方法的选择，要从本单位会计档案的实际情况出发，一经确定，就要长期固定使用一种方法，以保持其一贯性，为档案的保管和利用提供方便。

在会计档案的分类方法中，最普遍的一种方法是年度类别法。首先将会计档案按会计年度分开，再把一个会计年度的档案按报表、账簿、凭证等形式分为几类，然后在各自类别内按不同的保管期限分别组卷。

会计档案的排列通常采取按年度分类别排列，或是按类别分年度排列的方法，然后再按保管期限的长短排列。期限长的排在前面，期限短的排在后面。会计档案的编号要便于管理和查找，通常采用按年度或类别编写流水号的方法。

（二）立卷

1. 年度报表、工资表独立组卷

对会计报表进行分析和说明的文字（如财务情况说明书）是会计报表的重要组成部分，它们要与会计报表一同组卷归档，并置于被说明的会计报表前。工资表应按时间顺序整理，各单位可根据工资表的数量一年一卷或数卷。

2. 账簿一册一卷

每本账簿在原封面右上角贴上会计档案小标签，并按标签上的内容填写。对活页账、卡片式账簿，在年终结账后，应拆除硬封面，自制软封面，并在封面的右上角贴上会计档案小标签。

3. 各种记账凭证组成一卷或多卷

会计人员在完成报账手续后，将各种记账凭证连同所附的原始凭证和原始凭证汇总表，按照记账的先后顺序，根据其数量多少，组成一卷或多卷。

【请注意】由于会计凭证在若干年内具有考查作用，所以会计人员在凭证装订成册后，往往在装订线上封签，并在封签处盖章，以示责任，并说明这种卷册不许其他任何人拆开，以防抽换、舞弊。凡属本单位房地产、经济合同、人员工资、涉外事项、数额较大的开支和固定资产的凭证要单独装订，可与本年度的凭证一起编号，在目录上注明保管期限。

（三）编目

1. 编页码

会计报表、工资表等卷内文件材料，均在有书写内容的页面编写页号。每卷单独编号，页号从“1”开始。页号编写位置为：单面书写的文件材料在其右上角编写页号；双面书写的文件材料，正面在其右上角，背面可在其左上角编写页号。订本式账簿不用拆去空白页，按已有填写内容的页面编顺序号。

2. 卷内文件目录编制

年度会计报表、工资表按卷内文件目录的格式照实抄录。

3. 案卷号编制

案卷号指的是案卷在整理过程中排列的序号。同一类别下若干年编一个案卷顺序号，但这个案卷的顺序号最大不超过四位数。

4. 案卷封面、卷内备考表编制

案卷题名要求简明、准确表明卷内文件材料的内容。

（四）装订入盒

（1）组好的案卷年度会计报表、工资表，依次按照案卷封面、卷内文件材料、备考表的顺序排列，采用三孔一线装订法，齐下齐左，在案卷的左侧装订。

（2）会计凭证档案必须使用国家统一标准的软封面来装订，封面要按项目填写。

（3）各类会计档案，按卷号顺序装满一盒再装第二盒。不同类的档案，不能混装一盒，盒面不需要填写，只填写脊背的内容。对账簿太大的案卷，不用装盒，按顺序排在盒的后面。

（五）案卷目录的编制

案卷目录的编制方法主要有两种：一是编制会计凭证、会计账簿、财务会计报告的统一的会计档案案卷目录；二是分别编制会计凭证、会计账簿、财务会计报告目录。一般情况下，我们通常分别编制会计凭证、会计账簿、财务会计报告3本目录。案卷目录填写项目有：案卷号、案卷标题、起止日期、张数、保管期限、存放位置、备注等。

（1）案卷目录按目录的格式照实抄录，用文档管理软件进行著录管理，打印一式两份与相应的卷内文件目录一起装订成检索目录，一份由会计部门保管，一份移交本单位综合档案室。

（2）按财务会计报告、会计账簿、会计凭证、工资表及其他等五类装订成检索目录，每册目录编一个目录号，每满一册断号。

对会计档案进行整理是会计档案管理的重要内容，是保存、利用会计档案的前提，会计机构和会计人员必须认真对待，努力做好会计档案的整理工作。会计电子档案是伴随着信息技术的发展和应用而产生的，它的信息化程度和对程序化控制的要求都越来越高。通过采用先进的管理方法和技术成果，解决电子档案的保真、保密、保存等问题。

二、会计档案的保管

（一）会计档案保管的要求

当年形成的会计档案，在会计年度终了后，可由单位会计管理机构临时保管1年，再移交单位档案管理机构保管。因工作需要确需推迟移交的，应当经单位档案管理机构同意。

（1）单位会计管理机构临时保管会计档案最长不超过3年。临时保管期间，会计档案的保管应当符合国家档案管理的有关规定，且出纳人员不得兼管会计档案。

（2）单位会计管理机构在办理会计档案移交时，应当编制会计档案移交清册，并按照国家档案管理的有关规定办理移交手续。

（3）纸质会计档案移交时应当保持原卷的封装。电子会计档案移交时应当将电子会计档案及其元数据一并移交，且文件格式应当符合国家档案管理的有关规定。特殊格式的电子会计档案应当与其读取平台一并移交。

（4）单位档案管理机构接收电子会计档案时，应当对电子会计档案的准确性、完整性、可用性、安全性进行检测，符合要求的才能接收。

（5）单位应当严格按照相关制度利用会计档案，在进行会计档案查阅、复制、借出时履行登记手续，严禁篡改和损坏。

（6）单位保存的会计档案一般不得对外借出。确因工作需要且根据国家有关规定必须借出的，应当严格按照规定办理相关手续。

（7）会计档案借用单位应当妥善保管和利用借入的会计档案，确保借入会计档案的安全完整，并在规定时间内归还。

（二）会计档案保管的期限

会计档案保管期限分为永久和定期两类。定期保管期限分为10年和30年，保管期限从会计年度终了后第一天算起。企业和其他组织的年度财务会计报告（包括文字分析）、会计档案保管清册和会计档案销毁清册等应永久保存。企业和其他组织会计档案保管期限表见表6-1，财政总预算、行政单位、事业单位和税收会计档案保管期限表见表6-2。

表6-1　企业和其他组织会计档案保管期限表

序号	档案名称	保管期限	备注
一	**会计凭证**		
1	原始凭证	30年	
2	记账凭证	30年	
二	**会计账簿**		
3	总账	30年	
4	明细账	30年	
5	日记账	30年	
6	固定资产卡片		固定资产报废清理后保管5年
7	其他辅助性账簿	30年	
三	**财务会计报告**		
8	月度、季度、半年度财务会计报告	10年	
9	年度财务会计报告	永久	
四	**其他会计资料**		
10	银行存款余额调节表	10年	
11	银行对账单	10年	
12	纳税申报表	10年	
13	会计档案移交清册	30年	
14	会计档案保管清册	永久	
15	会计档案销毁清册	永久	
16	会计档案鉴定意见书	永久	

表6-2 财政总预算、行政单位、事业单位和税收会计档案保管期限表

序号	档案名称	保管期限			备 注
		财政总预算	行政单位事业单位	税收会计	
一	**会计凭证**				
1	国家金库编送的各种报表及缴库退库凭证	10年		10年	
2	各收入机关编送的报表	10年			
3	行政单位和事业单位的各种会计凭证		30年		包括：原始凭证、记账凭证和传票汇总表
4	财政总预算拨款凭证和其他会计凭证	30年			包括：拨款凭证和其他会计凭证
二	**会计账簿**				
5	日记账		30年	30年	
6	总账	30年	30年	30年	
7	税收日记账（总账）			30年	
8	明细分类、分户账或登记簿	30年	30年	30年	
9	行政单位和事业单位固定资产卡片				固定资产报废清理后保管5年
三	**财务会计报告**				
10	政府综合财务报告	永久			下级财政、本级部门和单位报送的保管2年
11	部门财务报告		永久		所属单位报送的保管2年
12	财政总决算	永久			下级财政、本级部门和单位报送的保管2年
13	部门决算		永久		所属单位报送的保管2年
14	税收年报（决算）			永久	
15	国家金库年报（决算）	10年			
16	基本建设拨、贷款年报（决算）	10年			
17	行政单位和事业单位会计月、季度报表		10年		所属单位报送的保管2年
18	税收会计报表			10年	所属税务机关报送的保管2年
四	**其他会计资料**				
19	银行存款余额调节表	10年	10年		
20	银行对账单	10年	10年	10年	
21	会计档案移交清册	30年	30年	30年	
22	会计档案保管清册	永久	永久	永久	
23	会计档案销毁清册	永久	永久	永久	
24	会计档案鉴定意见书	永久	永久	永久	

注：税务机关的税务经费会计档案保管期限，按行政单位会计档案保管期限规定办理。

三、会计档案的移交

（一）移交前的准备工作

（1）已经受理的经济业务尚未填制会计凭证的，应当填制完毕。

（2）尚未登记的账目，应当登记完毕，并在最后一笔余额后加盖经办人员印章。

（3）整理应该移交的各项资料，对未了事项写出书面材料。

（4）库存现金日记账、银行存款日记账与库存现金总账、银行存款总账核对相符，现金账面余额与实际库存现金核对一致，银行存款账面余额与银行对账单核对无误。如有不符，要找出原因，弄清问题所在，加以解决，务求在移交前做到相符。

（5）在会计账簿扉页上的“账簿启用登记表”上填写交接日期并加盖名章。

（6）编制移交清册，列明应当移交的会计凭证、会计账簿、会计报表、印章、现金、有价证券、支票簿、发票、文件、其他会计资料和物品等内容；实行会计电算化的单位，从事该项工作的移交人员还应当在移交清册中列明会计软件及密码、会计软件数据磁盘（磁带等）及有关资料、实物等内容。

（二）移交的内容

（1）会计凭证（原始凭证、记账凭证）、会计账簿、相关会计报表等资料。

（2）现金、银行存款、金银珠宝、有价证券和其他一切公有物品。

（3）用于银行结算的各种票据、票证、支票簿等。

（4）各种发票、收款收据，包括空白发票、空白收据、已用或作废的发票或收据的存根联等。

（5）印章，包括财务专用章、发票专用章、银行预留印鉴卡片，以及“现金收讫”“现金付讫”“银行收讫”“银行付讫”等业务专用章。

（6）各种文件资料和其他业务资料，如银行对账单，应由出纳人员保管的合同、协议等资料。

（7）办公室、办公桌与保险工具的钥匙，各种保密号码。

（8）本部门保管的各种档案资料和公用会计工具、器具等。

（9）经办未了的事项。

（10）实行会计电算化的，还应包括会计软件及密码、磁盘、磁带等有关电算化的资料、实物。

（三）移交的程序

会计人员办理交接手续，必须有监交人。一般会计人员交接，由单位会计机构负责人、会计主管人员监交；会计机构负责人、会计主管人员交接，由单位负责人监交，必要时可由上级主管部门派人会同监交。

移交人员在办理移交时，要按移交清册逐项移交；接替人员要逐项核对点收。

（1）现金、有价证券要根据会计账簿有关记录进行点交。库存现金、有价证券必须与会计账簿记录保持一致。不一致时，移交人员必须限期查清原因。

（2）会计凭证、会计账簿、会计报表和其他会计资料必须完整无缺。如有短缺，必须查清原因，并在移交清册中注明，由移交人员负责。

（3）银行存款账户余额要与银行对账单核对，如不一致，应当编制银行存款余额调节表调节相符，各种财产物资和债权债务的明细账户余额要与总账有关账户余额核对相符；必要时，要抽查个别账户的余额，与实物核对相符，或者与往来单位、个人核对清楚。

（4）移交人员经管的票据、印章和其他实物等，必须交接清楚；移交人员从事会计电算化工作的，有关电子数据要在实际操作状态下进行交接。

（5）交接完毕后，交接双方和监交人员要在移交清册上签名或者盖章。在移交清册上注明：单位名称，交接日期，交接双方和监交人员的职务、姓名，移交清册页数，以及需要说明的问题和意见等。移交清册一般应当填制一式三份，交接双方各执一份、存档一份。

（6）移交人员对所移交的会计凭证、会计账簿、会计报表和其他有关资料的合法性、真实性承担法律责任。

（7）接替人员应当继续使用移交的会计账簿，不得自行另立新账，以保持会计记录的连续性。

常见的档案移交清册如下：

出纳岗位档案移交清册

单位名称：________________________

交接日期：______年______月______日

一、货币资金

1.库存现金：____月____日账面余额________元，与实存相符，与总账核对相符。

2.银行存款：____月____日账面余额________元，与总账核对相符，与银行存款余额调节表核对相符。

3.其他货币资金：

银行汇票____张（出票日期____月____日，到期日____月____日）。

银行承兑汇票____张（出票日期____月____日，到期日____月____日）。

……

二、会计账簿

1.库存现金日记账____本。

2.银行存款日记账____本。

3.空白现金支票____张（____号至____号）。

4.空白转账支票____张（____号至____号）。

5.现金支票使用登记簿____本。

6.转账支票使用登记簿____本。

……

三、印鉴

1.“现金收讫”印章____枚。

2.“现金付讫”印章____枚。

3.“银行收讫”印章____枚。

4.“银行付讫”印章____枚。

5.“财务专用章”印章____枚。
6.“发票专用章”印章____枚。
……
四、物品
……
五、其他
……
六、移交事项经双方确定无误，本清册一式三份，双方各执一份、存档一份。

移交人：________　　接管人：________　　监交人：________
年　月　日　　年　月　日　　年　月　日

________公司（公章）
年　月　日

四、会计档案的销毁

会计档案的销毁是会计档案管理的重要内容，必须严格规范，有序进行。

根据《会计档案管理办法》的规定，单位应当定期对已到期的会计档案进行鉴定，并形成会计档案鉴定意见书。经鉴定，仍需继续保存的会计档案，应当重新划定保管期限；对保管期满，确无保存价值的会计档案，可以销毁。

会计档案鉴定工作应当由单位档案管理机构牵头，组织单位会计、审计、纪检、监察等机构或人员共同进行。经鉴定可以销毁的会计档案，应当按照以下程序销毁：

（1）编制会计档案销毁清册。单位档案管理机构编制会计档案销毁清册，列明拟销毁会计档案的名称、卷号、册数、起止年度、档案编号、应保管期限、已保管期限、销毁时间等内容。

（2）负责人审批。单位负责人、档案管理机构负责人、会计管理机构负责人、档案管理机构负责人、会计管理机构经办人在会计档案销毁清册上签署意见。

（3）专人负责监销。单位档案管理机构负责会计档案的销毁工作，并与会计管理机构共同派人员监销。监销人员在会计档案销毁前，应当按照会计档案销毁清册所列内容对所要销毁的会计档案进行清点核对；在会计档案销毁后，应当在会计档案销毁清册上签名或盖章，及时将监销情况向本单位负责人报告。

电子档案的销毁还应当符合有关电子档案的规定，并由档案管理机构、会计机构和信息系统管理机构共同派员监销。

【提示】保管期满但未结清的债权债务原始凭证及涉及其他未了事项的原始凭证，不得销毁。纸质会计档案应当单独抽出立卷，电子会计档案单独转存，保管到未了事项完结时为止。单独抽出立卷的会计档案，应当在会计档案销毁清册和会计档案保管清册中列明。正在项目建设期间的建设单位，其保管期满的会计档案不得销毁，必须妥善保管。

【同步训练6-4】

（1）训练内容：编写会计档案保管清册、编写会计档案移交清册、编写会计档案销毁审批表、编写会计档案销毁清册。

（2）训练指导：

①会计档案平时由单位财会部门的指定人员负责保管，并填写“会计档案保管清册”，详细登记各类档案卷号、类别、名称、时期等信息，按照规范的保管方法加强管理。在财会部门保管1年后，编制“会计档案移交清册”，移交单位档案管理部门管理。

②按照《会计档案管理办法》的规定保管期满的会计档案，应编制“会计档案销毁审批表”，经相关领导审批后，进行销毁。

③作为会计相关人员必须了解国家会计档案管理的有关制度，掌握会计档案的管理、装订、保管、移交和销毁。

（3）任务布置：会计档案整理。

思政园地

王某是山东省某投资公司的一名出纳，其丈夫是一家国有企业的技术工人，两人有一个活泼可爱的儿子。王某一家像城市中的许多人一样，过着平淡的生活。在简单、枯燥的生活中，她有着自己的梦想——让自己的孩子像有钱人的孩子一样上名校、考大学、出国留洋。在一次同学聚会中，王某看到自己的同学，发财的发财、升官的升官，想想自己学习不比他们差，水平不比他们低，结果工作单位平平，要地位没地位，要钱财没钱财，心里很不平衡。

在闲谈中王某听到同学李小虎“炒股”发了大财，一年赚了100多万元，心里羡慕极了，也想买点股票试一试，可是资金从哪里来呢？同学们你一言，我一语，替她出谋划策。其中有个同学说：“你真是个死心眼，你不是管着单位的钱吗？先拿来用一用，等赚了钱再还回去不就行了，这有什么难的，公款炒股，公款私存，不是很正常的吗？”听了同学的话，王某动摇了。第二天，她就挪用了50万元并投入股市。贪婪一旦战胜理智，就如同洪水猛兽一般，一发不可收拾。到事情败露前的5年间，王某利用提取现金不记账等手段累计挪用资金249.7万元，非法获利87.6万元。

（资料来源：百度网站）

一失足成千古恨。这位已为人母的王某，将有6年时间在铁窗中度过。漫长的牢狱生活分明在告诫人们：会计人员应该自尊、自爱，自觉遵守国家的财经法规，廉洁自律，切记：手莫伸，伸手必被捉！

在建立市场经济体制的过程中，个别会计人员受到不良社会风气的影响，在追求物质利益时，个人主义、利己主义、享乐主义等思想逐步抬头，私欲不断膨胀，削弱了爱国主义、集体主义、全心全意为人民服务的思想。部分会计人员不顾会计行业实事求是、客观公正的道德规范，在个人利益的驱使下，不顾一切地故意伪造、变造、隐匿、毁损会计资料，他们利用职务之便监守自盗，大肆贪污、挪用公款，最终以身试法，甚至走向断头台。

角色演练

【任务】会计档案整理和装订。

【角色】财务会计人员、银行柜员等。

【情境】

（1）将学生分成若干组，由老师提供原始凭证、记账凭证、科目汇总表等，各小组将会计凭证整理好，装订成册并填好封面和封脊，用时最少、内容完整、装订整齐的小组获胜。

（2）将学生分成若干组，由老师提供总分类账、明细分类账等各类账页，各小组将账页装订成册并填好封面和封脊，用时最少、内容完整、装订整齐的小组获胜。

（3）将学生分成若干组，由老师提供会计报表（也可用纸张代替），各小组将报表装订成册并填好封面，用时最少、内容完整、装订整齐的小组获胜。

（4）将学生进行分组，每四位一组，分别担任各个角色，根据装订好的会计凭证、会计账簿和会计报表，填写会计档案保管清册、会计档案移交清册、会计档案销毁清册，并按规定签名盖章。

项目小结

会计档案是指会计凭证、会计账簿和财务会计报告等会计核算专业材料，是记录和反映单位经济业务的重要史料和证据。

会计凭证，简称凭证，是指用以记录经济业务事项发生和完成情况，明确经济责任并作为登记账簿依据的书面证明。会计凭证分为原始凭证和记账凭证。对凭证的整理等工作，是会计人员必须掌握的基本功之一。

会计凭证的装订是指把整理完毕的会计凭证按照编号顺序，外加封面、封底，装订成册。装订的方法有：三针引线装订法、塑管热熔法等。

会计账簿按要求进行整理，主要是活页账，按会计账簿封面、账簿启用表、账簿目录、该账簿按页数顺序排列的账页、会计账簿封底的顺序装订。

财务会计报告的装订要求：应左上角对齐。财务会计报告的装订顺序为：会计报表封面、财务情况说明书、各种会计报表按编号顺序排列、会计报表封底。

技能考核

会计档案的考核标准见表6-3。

表6-3 会计档案的考核标准

项 目	考核内容	参考分数
会计凭证的整理和装订	原始票据的粘贴	10
	原始凭证附在记账凭证后的顺序应与记账凭证所记载的内容顺序一致	10
	用三针引线装订法进行装订 凭证装订美观、整齐、牢固，厚度符合标准	10
	装订凭证封面，项目填写规范、完整	10
	记账凭证上有关人员印章齐全	5
会计账簿的整理和装订	封面应齐全、平整，并注明所属年度及账簿名称、编号	5
	账簿目录项目齐全，账户对应页次规范	5
	会计账簿装订牢固、平整，不得有折角、缺角、错页、掉页、加空白纸的现象	10
	会计账簿的封口严密，封口处要加盖有关印章	5
	会计账簿按保管期限分别编制卷号	5
财务会计报告的整理和装订	报表和会计账簿核对一致	2
	按编报目录整理报表页数	1
	会计报告封面内容完整、规范	1
	按照会计报表顺序排列装订	1
	使用专用的塑管热熔机装订平整，无折角	10
会计档案的保管	会计档案案卷目录规范、完整	4
	会计档案保管清册填写规范、完整	2
	会计档案移交清册填写规范、完整	2
	会计档案销毁清册填写规范、完整	2

参考文献

[1] 姚珑珑. 计算技术［M］. 5版. 大连：东北财经大学出版社，2017.

[2] 赵杰，林迎春. 财经岗位基本技能与实训［M］. 北京：经济科学出版社，2012.

[3] 王伟，李冬菊. 会计基本技能［M］. 北京：中国商业出版社，2011.

[4] 徐雷. 传票算技能强化训练［M］. 北京：高等教育出版社，2011.

[5] 盛永志. 财经基本技能与训练［M］. 上海：上海财经大学出版社，2011.

[6] 邵珍珍. 会计基本技能与实训指导［M］. 北京：经济管理出版社，2015.

[7] 李小金. 财会金融基本技能训练［M］. 北京：北京师范大学出版社，2011.

[8] 高翠莲. 会计基本技能［M］. 2版. 北京：高等教育出版社，2019.

[9] 杜希杰. 出纳实务［M］. 武汉：武汉大学出版社，2013.

[10] 杜希杰. 会计学原理［M］. 武汉：武汉大学出版社，2014.

附　录

中华人民共和国人民币管理条例

（2000年2月3日中华人民共和国国务院令第280号发布　根据2014年7月29日《国务院关于修改部分行政法规的决定》第一次修订　根据2018年3月19日《国务院关于修改和废止部分行政法规的决定》第二次修订）

第一章　总则

第一条　为了加强对人民币的管理，维护人民币的信誉，稳定金融秩序，根据《中华人民共和国中国人民银行法》，制定本条例。

第二条　本条例所称人民币，是指中国人民银行依法发行的货币，包括纸币和硬币。

从事人民币的设计、印制、发行、流通和回收等活动，应当遵守本条例。

第三条　中华人民共和国的法定货币是人民币。以人民币支付中华人民共和国境内的一切公共的和私人的债务，任何单位和个人不得拒收。

第四条　人民币的单位为元，人民币辅币单位为角、分。1元等于10角，1角等于10分。

人民币依其面额支付。

第五条　中国人民银行是国家管理人民币的主管机关，负责本条例的组织实施。

第六条　任何单位和个人都应当爱护人民币。禁止损害人民币和妨碍人民币流通。

第二章　设计和印制

第七条　新版人民币由中国人民银行组织设计，报国务院批准。

第八条　人民币由中国人民银行指定的专门企业印制。

第九条　印制人民币的企业应当按照中国人民银行制定的人民币质量标准和印制计划印制人民币。

第十条　印制人民币的企业应当将合格的人民币产品全部解缴中国人民银行人民币发行库，将不合格的人民币产品按照中国人民银行的规定全部销毁。

第十一条　印制人民币的原版、原模使用完毕后，由中国人民银行封存。

第十二条 印制人民币的特殊材料、技术、工艺、专用设备等重要事项属于国家秘密。印制人民币的企业和有关人员应当保守国家秘密；未经中国人民银行批准，任何单位和个人不得对外提供。

第十三条 除中国人民银行指定的印制人民币的企业外，任何单位和个人不得研制、仿制、引进、销售、购买和使用印制人民币所特有的防伪材料、防伪技术、防伪工艺和专用设备。有关管理办法由中国人民银行另行制定。

第十四条 人民币样币是检验人民币印制质量和鉴别人民币真伪的标准样本，由印制人民币的企业按照中国人民银行的规定印制。人民币样币上应当加印“样币”字样。

第三章 发行和回收

第十五条 人民币由中国人民银行统一发行。

第十六条 中国人民银行发行新版人民币，应当报国务院批准。

中国人民银行应当将新版人民币的发行时间、面额、图案、式样、规格、主色调、主要特征等予以公告。

中国人民银行不得在新版人民币发行公告发布前将新版人民币支付给金融机构。

第十七条 因防伪或者其他原因，需要改变人民币的印制材料、技术或者工艺的，由中国人民银行决定。

中国人民银行应当将改版后的人民币的发行时间、面额、主要特征等予以公告。

中国人民银行不得在改版人民币发行公告发布前将改版人民币支付给金融机构。

第十八条 中国人民银行可以根据需要发行纪念币。

纪念币是具有特定主题的限量发行的人民币，包括普通纪念币和贵金属纪念币。

第十九条 纪念币的主题、面额、图案、材质、式样、规格、发行数量、发行时间等由中国人民银行确定；但是，纪念币的主题涉及重大政治、历史题材的，应当报国务院批准。

中国人民银行应当将纪念币的主题、面额、图案、材质、式样、规格、发行数量、发行时间等予以公告。

中国人民银行不得在纪念币发行公告发布前将纪念币支付给金融机构。

第二十条 中国人民银行设立人民币发行库，在其分支机构设立分支库，负责保管人民币发行基金。各级人民币发行库主任由同级中国人民银行行长担任。

人民币发行基金是中国人民银行人民币发行库保存的未进入流通的人民币。

人民币发行基金的调拨，应当按照中国人民银行的规定办理。任何单位和个人不得违反规定动用人民币发行基金，不得干扰、阻碍人民币发行基金的调拨。

第二十一条 特定版别的人民币的停止流通，应当报国务院批准，并由中国人民银行公告。

办理人民币存取款业务的金融机构应当按照中国人民银行的规定，收兑停止流通的人民币，并将其交存当地中国人民银行。

中国人民银行不得将停止流通的人民币支付给金融机构，金融机构不得将停止流通的人民币对外支付。

第二十二条 办理人民币存取款业务的金融机构应当按照中国人民银行的规定，无偿为公众兑换残缺、污损的人民币，挑剔残缺、污损的人民币，并将其交存当地中国人民银行。

中国人民银行不得将残缺、污损的人民币支付给金融机构，金融机构不得将残缺、污损的人民币对外支付。

第二十三条 停止流通的人民币和残缺、污损的人民币，由中国人民银行负责回收、销毁。具体办法由中国人民银行制定。

第四章 流通和保护

第二十四条 办理人民币存取款业务的金融机构应当根据合理需要的原则，办理人民币券别调剂业务。

第二十五条 禁止非法买卖流通人民币。

纪念币的买卖，应当遵守中国人民银行的有关规定。

第二十六条 禁止下列损害人民币的行为：

（一）故意毁损人民币；

（二）制作、仿制、买卖人民币图样；

（三）未经中国人民银行批准，在宣传品、出版物或者其他商品上使用人民币图样；

（四）中国人民银行规定的其他损害人民币的行为。

前款人民币图样包括放大、缩小和同样大小的人民币图样。

第二十七条 人民币样币禁止流通。

人民币样币的管理办法，由中国人民银行制定。

第二十八条 任何单位和个人不得印制、发售代币票券，以代替人民币在市场上流通。

第二十九条 中国公民出入境、外国人入出境携带人民币实行限额管理制度，具体限额由中国人民银行规定。

第三十条 禁止伪造、变造人民币。禁止出售、购买伪造、变造的人民币。禁止走私、运输、持有、使用伪造、变造的人民币。

第三十一条 单位和个人持有伪造、变造的人民币的，应当及时上交中国人民银行、公安机关或者办理人民币存取款业务的金融机构；发现他人持有伪造、变造的人民币的，应当立即向公安机关报告。

第三十二条 中国人民银行、公安机关发现伪造、变造的人民币，应当予以没收，加盖“假币”字样的戳记，并登记造册；持有人对公安机关没收的人民币的真伪有异议的，可以向中国人民银行申请鉴定。

公安机关应当将没收的伪造、变造的人民币解缴当地中国人民银行。

第三十三条 办理人民币存取款业务的金融机构发现伪造、变造的人民币，数量较多、有新版的伪造人民币或者有其他制造贩卖伪造、变造的人民币线索的，应当立即报告公安机关；数量较少的，由该金融机构两名以上工作人员当面予以收缴，加盖“假币”字样的戳记，登记造册，向持有人出具中国人民银行统一印制的收缴凭证，并告知持有人可以向中国人民银行或者向中国人民银行授权的国有独资商业银行的业务机构申请鉴定。对伪造、变造的人民币收缴及鉴定的具体办法，由中国人民银行制定。

办理人民币存取款业务的金融机构应当将收缴的伪造、变造的人民币解缴当地中国人民银行。

第三十四条 中国人民银行和中国人民银行授权的国有独资商业银行的业务机构应当无偿提供鉴定人民币真伪的服务。

对盖有“假币”字样戳记的人民币，经鉴定为真币的，由中国人民银行或者中国人民银行授权的国有独资商业银行的业务机构按照面额予以兑换；经鉴定为假币的，由中国人民银行或者中国人民银行授权的国有独资商业银行的业务机构予以没收。

中国人民银行授权的国有独资商业银行的业务机构应当将没收的伪造、变造的人民币解缴当地中国人民银行。

第三十五条 办理人民币存取款业务的金融机构应当采取有效措施，防止以伪造、变造的人民币对外支付。

办理人民币存取款业务的金融机构应当在营业场所无偿提供鉴别人民币真伪的服务。

第三十六条 伪造、变造的人民币由中国人民银行统一销毁。

第三十七条 人民币反假鉴别仪应当按照国家规定标准生产。

人民币反假鉴别仪国家标准，由中国人民银行会同有关部门制定，并协助组织实施。

第三十八条 人民币有下列情形之一的，不得流通：

（一）不能兑换的残缺、污损的人民币；

（二）停止流通的人民币。

第五章 罚则

第三十九条 印制人民币的企业和有关人员有下列情形之一的，由中国人民银行给予警告，没收违法所得，并处违法所得1倍以上3倍以下的罚款，没有违法所得的，处1万元以上10万元以下的罚款；对直接负责的主管人员和其他直接责任人员，依法给予纪律处分：

（一）未按照中国人民银行制定的人民币质量标准和印制计划印制人民币的；

（二）未将合格的人民币产品全部解缴中国人民银行人民币发行库的；

（三）未按照中国人民银行的规定将不合格的人民币产品全部销毁的；

（四）未经中国人民银行批准，擅自对外提供印制人民币的特殊材料、技术、工艺或者专用设备等国家秘密的。

第四十条 违反本条例第十三条规定的，由工商行政[①]管理机关和其他有关行政执法机关给予警告，没收违法所得和非法财物，并处违法所得1倍以上3倍以下的罚款；

---

① 2018年3月，十三届全国人大一次会议召开第四次全体会议上，根据国务院机构改革方案显示，不再保留国家工商行政管理总局、国家质量监督检验检疫总局、国家食品药品监督管理总局，组建国家市场监督管理总局。

没有违法所得的，处2万元以上20万元以下的罚款。

第四十一条　办理人民币存取款业务的金融机构违反本条例第二十一条第二款、第三款和第二十二条规定的，由中国人民银行给予警告，并处1 000元以上5 000元以下的罚款；对直接负责的主管人员和其他直接责任人员，依法给予纪律处分。

第四十二条　故意毁损人民币的，由公安机关给予警告，并处1万元以下的罚款。

第四十三条　违反本条例第二十五条、第二十六条第一款第二项和第四项规定的，由工商行政管理机关和其他有关行政执法机关给予警告，没收违法所得和非法财物，并处违法所得1倍以上3倍以下的罚款；没有违法所得的，处1 000元以上5万元以下的罚款。

工商行政管理机关和其他有关行政执法机关应当销毁非法使用的人民币图样。

第四十四条　办理人民币存取款业务的金融机构、中国人民银行授权的国有独资商业银行的业务机构违反本条例第三十三条、第三十四条和第三十五条规定的，由中国人民银行给予警告，并处1 000元以上5万元以下的罚款；对直接负责的主管人员和其他直接责任人员，依法给予纪律处分。

第四十五条　中国人民银行、公安机关、工商行政管理机关及其工作人员违反本条例有关规定的，对直接负责的主管人员和其他直接责任人员，依法给予行政处分。

第四十六条　违反本条例第二十条第三款、第二十六条第一款第三项、第二十八条和第三十条规定的，依照《中华人民共和国中国人民银行法》的有关规定予以处罚；其中，违反本条例第三十条规定，构成犯罪的，依法追究刑事责任。

第六章　附则

第四十七条　本条例自2000年5月1日起施行。

对伪造、变造和贩运假人民币犯罪活动进行处罚、治罪的有关法律规定

一、《中华人民共和国刑法》的有关规定

第一百七十条　【伪造货币罪】伪造货币的，处三年以上十年以下有期徒刑，并处罚金；有下列情形之一的，处十年以上有期徒刑或者无期徒刑，并处罚金或者没收财产：

（一）伪造货币集团的首要分子；

（二）伪造货币数额特别巨大的；

（三）有其他特别严重情节的。

第一百七十一条　【出售、购买、运输假币罪；金融工作人员购买假币、以假币换取货币罪；伪造货币罪】出售、购买伪造的货币或者明知是伪造的货币而运输，数额较大的，处三年以下有期徒刑或者拘役，并处二万元以上二十万元以下罚金；数额巨大的，处三年以上十年以下有期徒刑，并处五万元以上五十万元以下罚金；数额特别巨大的，处十年以上有期徒刑或者无期徒刑，并处五万元以上五十万元以下罚金或者没收财产。

银行或者其他金融机构的工作人员购买伪造的货币或者利用职务上的便利，以伪造的货币换取货币的，处三年以上十年以下有期徒刑，并处二万元以上二十万元以下罚金；数额巨大或者有其他严重情节的，处十年以上有期徒刑或者无期徒刑，并处二万元以上二十万元以下罚金或者没收财产；情节较轻的，处三年以下有期徒刑或者拘役，并处或者单处一万元以上十万元以下罚金。

伪造货币并出售或者运输伪造的货币的，依照本法第一百七十条的规定定罪从重处罚。

第一百七十二条　【持有、使用假币罪】明知是伪造的货币而持有、使用，数额较大的，处三年以下有期徒刑或者拘役，并处或者单处一万元以上十万元以下罚金；数额巨大的，处三年以上十年以下有期徒刑，并处二万元以上二十万元以下罚金；数额特别巨大的，处十年以上有期徒刑，并处五万元以上五十万元以下罚金或者没收财产。

第一百七十三条　【变造货币罪】变造货币，数额较大的，处三年以下有期徒刑或者拘役，并处或者单处一万元以上十万元以下罚金；数额巨大的，处三年以上十年以下有期徒刑，并处二万元以上二十万元以下罚金。

二、《中华人民共和国中国人民银行法》的有关规定

第十九条　禁止伪造、变造人民币。禁止出售、购买伪造、变造人民币。禁止运输、持有、使用伪造、变造的人民币。禁止故意毁损人民币。禁止在宣传品、出版物或者其他商品上非法使用人民币图样。

第二十条　任何单位和个人不得印刷、发售代币票券，以代替人民币在市场上流通。

第四十二条　伪造、变造人民币，出售伪造、变造的人民币，或者明知是伪造、变造的人民币而运输，构成犯罪的，依法追究刑事责任；尚不构成犯罪的，由公安机关处十五日以下拘留、一万元以下罚款。

第四十三条　购买伪造、变造的人民币或者明知是伪造、变造的人民币而持有、使用，构成犯罪的，依法追究刑事责任；尚不构成犯罪的，由公安机关处十五日以下拘留、一万元以下罚款。

第四十四条　在宣传品、出版物或者其他商品上非法使用人民币图样的，中国人民银行应当责令改正，并销毁非法使用的人民币图样，没收违法所得，并处五万元以下罚款。

第四十五条　印制、发售代币票券，以代替人民币在市场上流通的，中国人民银行应当责令停止违法行为，并处二十万元以下罚款。

外币的防伪与鉴别

一、鉴别真伪钞的一般方法

日常鉴别钞票，除了使用新式设备外，一般是通过人体各感觉器官进行的，如眼睛观察、手指接触、耳朵辨声等，概括为看、触、听三个字。从目前伪钞的情况来看，它们一般具有以下特点：

（一）纸张、纸质

伪钞的纸张一般都是纤维结构松软、经漂白处理的成品纸，无韧性，挺度及耐磨性较差，易起毛，易破裂，厚薄不匀。在紫外线灯照射下，真钞不变色，伪钞呈青白色。

（二）制版及印刷

伪钞多采用照相制版，版纹较粗糙，线条粗细不匀，阴影部分呈实心，不见版纹，版面不整洁，图案呆板无立体感。此外，由于技术条件限制，伪钞多采用胶版印刷，手摸油墨无凹凸感，多色部位颜色过渡不自然，线条油墨互相渗透，无立体感。模仿的“折光法”图案粗糙，两面对印图案不准确。

（三）油墨

伪钞油墨颜色较暗、无光泽，印在纸上会渗化，使线条显得粗糙，不如真钞颜色纯正、自然、协调。

二、美元的防伪常识

现行流通的美元纸币有三类，数量最多的是联邦储备券，总面额占流通钞票的99%。其余1%是合众国钞票和银元票，均已停止印制，在市面上偶尔可以见到。

不同种类的美元纸币只要面额相同，其正面、背面的主景图案就是相同的，但票面上的财政部徽章和冠字号码的颜色不同，如联邦储备券上的徽章和冠字号码是绿色，合众国钞票上的徽章和冠字号码是红色，银元票上的徽章和冠字号码是蓝色。下面重点介绍联邦储备券的防伪常识。

（一）美元纸币的票面特征

美元是国际印钞界公认的设计特征变化最少的钞票之一。虽经多次改版，但不同版别的钞票变化并不大，只是防伪功能得到了不断加强。美元纸币的票面尺寸不论面额和版别，均为156毫米×66毫米。正面主景图案为人物头像，主色调为黑色；背面主景图案为建筑，主色调为绿色，但不同版别的颜色略有差异，如1934年版美元背面为深绿色，1950年版美元背面为草绿色；1963年以后各版美元背面均为墨绿色。

（二）美元纸币的防伪特征

1. 专用纸张

美元的纸张主要由棉、麻纤维抄造而成。纸张坚韧、挺括，在紫外线照射下无荧光反应。

2. 固定人像水印

1996年版美元纸张加入了与票面人物头像图案相同的水印。

3. 红、蓝彩色纤维

从1885年版美元起，美元纸张中加入了红、蓝彩色纤维丝。从1885年版到1928年版，美元的红、蓝彩色纤维是采用定向施放的，即红、蓝纤维丝分布在钞票的正中间，由上至下形成两条狭长条带。

1929年版及以后各版美元中的红、蓝彩色纤维丝则随机分布在整张钞票中。

4. 安全线

从1990年版美元起，5美元至100美元各面额纸币的纸张中加入了一条全埋安全线。这条安全线上印有“USA”及阿拉伯或英文单词面额数字字样。1996年版50美元、20美元安全线上还增加了美国国旗图案。1996年版美元的安全线还是荧光安全线，在紫外线照射下呈现出不同的颜色，100美元、50美元、20美元、10美元、5美元安全线分别为红色、黄色、绿色、棕色和蓝色。

5. 雕刻凹版印刷

美元正面和背面的人像、建筑、边框及面额数字等均采用雕刻凹版印刷，用手触摸有明显的凹凸感。1996年版美元的人像加大，形象也更生动。

6. 凸版印刷

美元纸币上的库印和冠字号码是采用凸版印刷的，在钞票背面的相应部位用手触摸，有凹凸感。

7. 细线印刷

1996年版美元正面人像的背景和背面建筑的背景采用细线设计，该设计有很强的防复印效果。

8. 凹印缩微文字

从1990年版美元起，美元人像边缘增加了一条由凹印缩微文字组成的环线，该凹印缩微文字为“THEUNITEDSTATESOFAMERICA”。1996年版100美元和20美元还分别在正面左下角面额数字中增加了“USA100”和“USA20”字样缩微文字，50美元则在正面两侧花边中增加了“FIFTY”字样缩微文字。

9. 冠字号码

美元纸币正面印有两组横号码，颜色为翠绿色。1996年版以前的美元的冠字号码由1位冠字、8位数字和1个后缀字母组成，1996年版美元增加了1位冠字，用以代表年号。

10. 光变面额数字

1996年版100美元、50美元、20美元、10美元正面左下角面额数字是用光变油墨印刷的，在与票面垂直角度观察时呈绿色，将钞票倾斜一定角度观察则变为黑色。

11. 磁性油墨

美元正面凹印油墨带有磁性，用磁性检测仪可检测出磁性。

（三）美元的真伪鉴别

采用直接对比法（眼看、手摸、耳听）和仪器检测法进行鉴别，即通常所说的“一看、二摸、三听、四测”。

1.看

首先，看票面的颜色。真钞正面主色调为深黑色，背面为墨绿色（1963年版以后各版），冠字号码和库印为翠绿色，并都带有柔润光泽；假钞颜色不够纯正，色泽也较暗淡。

其次，看票面图案、线条的印刷效果。真钞票面图案由点、线组成，线条清晰、光洁（有些线条有轻微的滋墨现象，是正常的），图案层次及人物表情丰富，人物目光有神；假钞线条发虚、发花，有丢点、线的情况，图案缺乏层次，人物表情呆滞，眼睛无神。

再次，看光变面额数字。1996年版10美元以上真钞均采用了光变面额数字，变换观察角度，可以看到颜色由绿变黑；假钞或者没有变色效果，或者变色效果不够明显，颜色较真钞也有差异。

最后，透光看纸张、水印和安全线。美元纸张有正方形的网纹，纹路清晰，纸中有不规则分布的彩色纤维。从1996年起，美元纸张中加入了与票面人物头像图案相同的水印，水印层次丰富，有较强的立体感。从1990年起，5美元以上面额纸币中加入了安全线，线条光洁，线上文字清晰。假钞纸张上或者没有网纹，或者网纹比较凌乱，水印图案缺乏层次和立体感，安全线上文字线条精细不匀，字体变形。

2.摸

一摸钞纸。真钞纸张挺括，光滑度适宜，有较好的韧性；而假钞纸张相对绵软，挺度较差，有的偏薄，有的偏厚，光滑度或者较高或者较低。

二摸凹印手感。真钞正面和背面主景图案及边框均采用凹版印刷，手摸有明显的凹凸感；假钞采用平版胶印，根本无凹凸感，即使采用凹版印刷，其版纹也比真钞要浅，凹凸感与真钞相比仍有一定差距。

3.听

用手抖动或用手指弹动纸张，真钞会发出清脆的声响，假钞的声响则较为沉闷。

4.测

一是用放大镜观察凹印缩微文字。从1990年起，5美元以上面额纸币加印了凹印缩微文字，在放大镜下观察，文字清晰可辨；假钞的缩微文字则较为模糊。

二是用磁性检测仪检测磁性。真钞的黑色凹印油墨含有磁性材料，用磁性检测仪可检测出磁性；假钞或者没有磁性，或者磁性强度与真钞有别。

三是用紫外线照射票面。真钞纸张无荧光反应，而假钞有明显的荧光反应；1996年版美元的安全线有明亮的荧光反应，而假钞的安全线无荧光反应，即使有荧光反应，颜色也不正，亮度也较暗。

微课索引

为了帮助读者更好地学习和掌握会计基本技能，编者针对本教材的重点难点内容制作了27个微课，其具体位置见括号内标注的页码，用手机扫描对应的二维码即可直接观看。